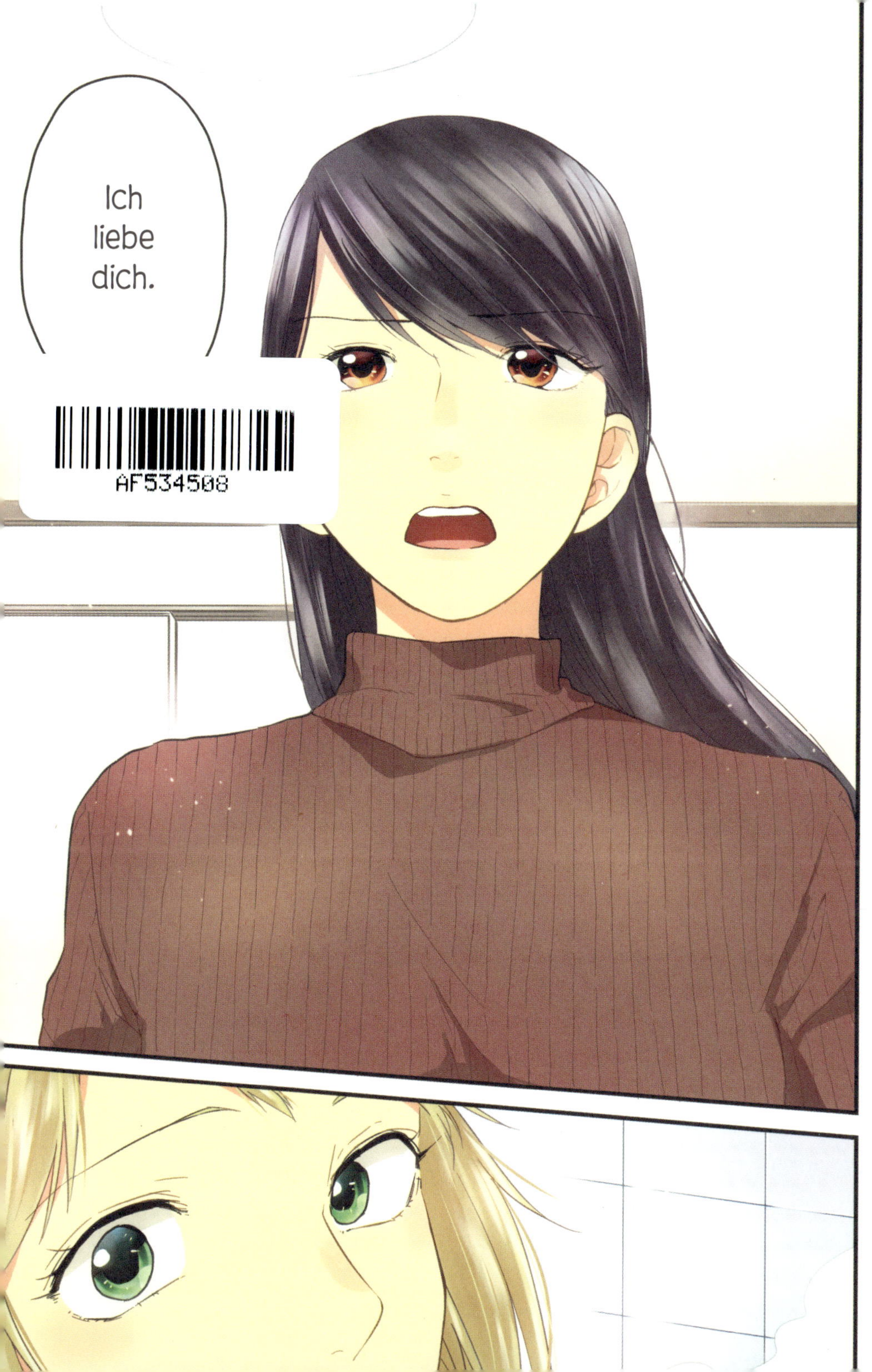
Ich liebe dich.

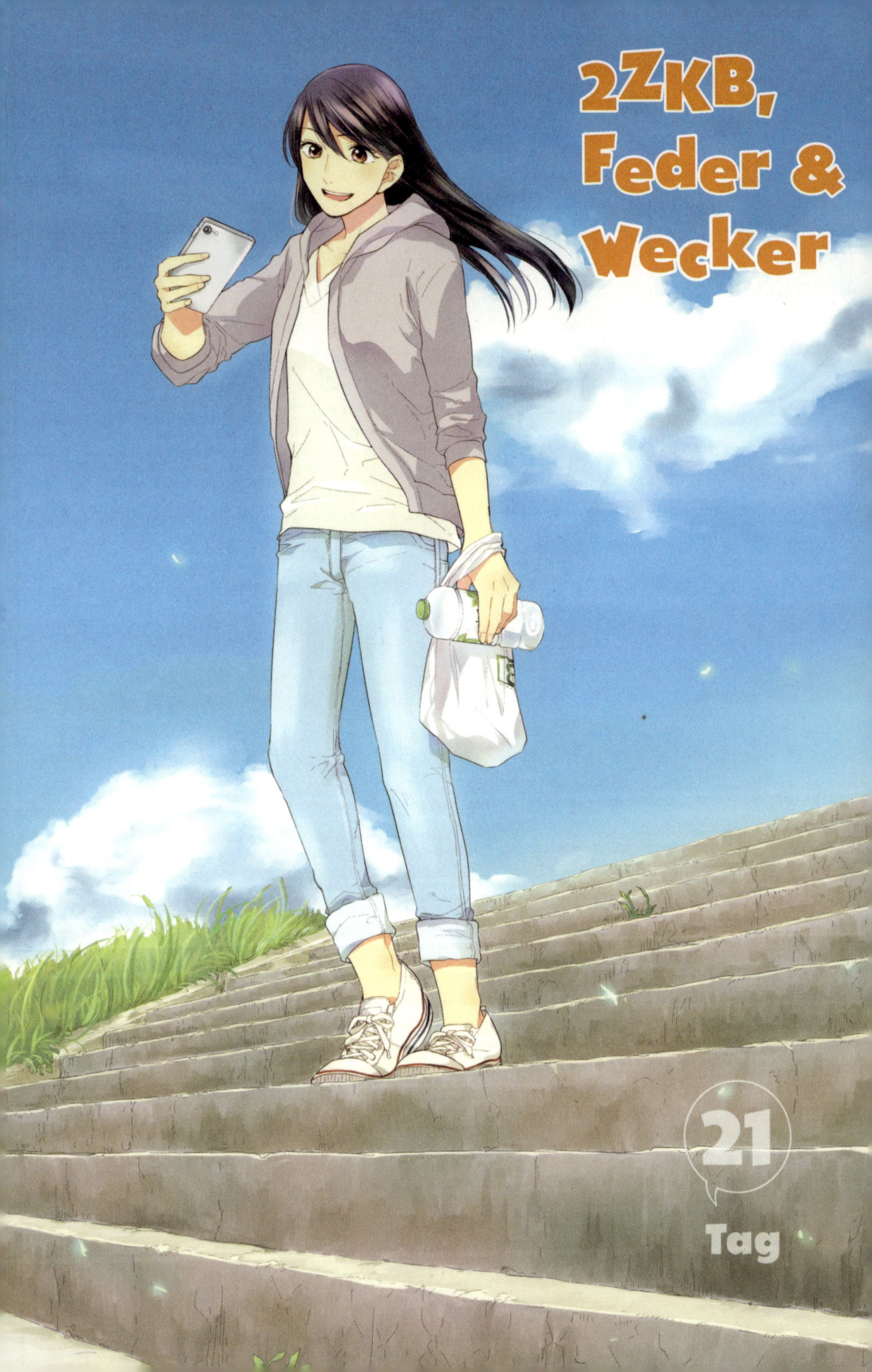
2ZKB, Feder & Wecker
21
Tag

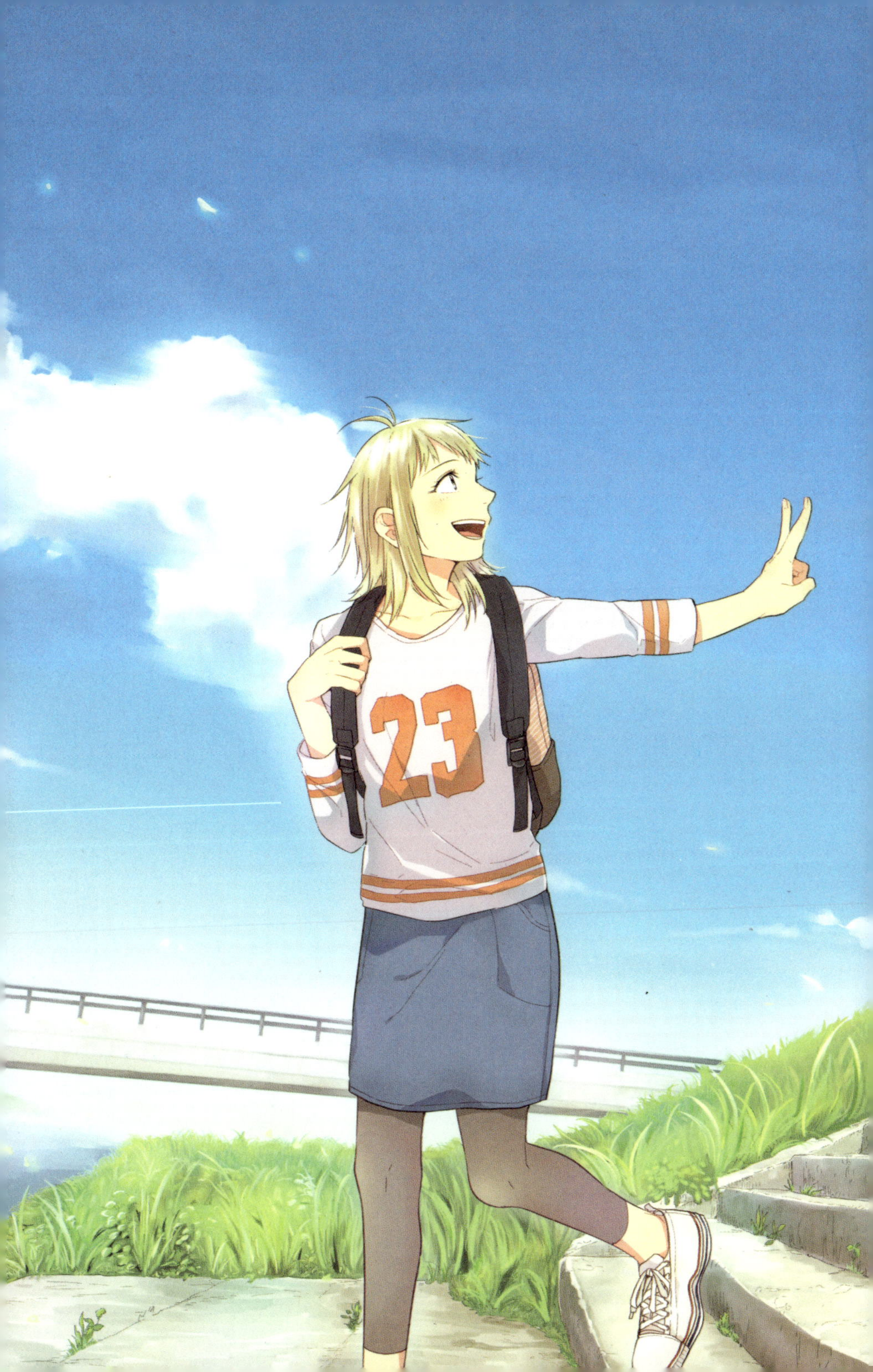
23

inhalt

2ZKB, Feder & Wecker 6

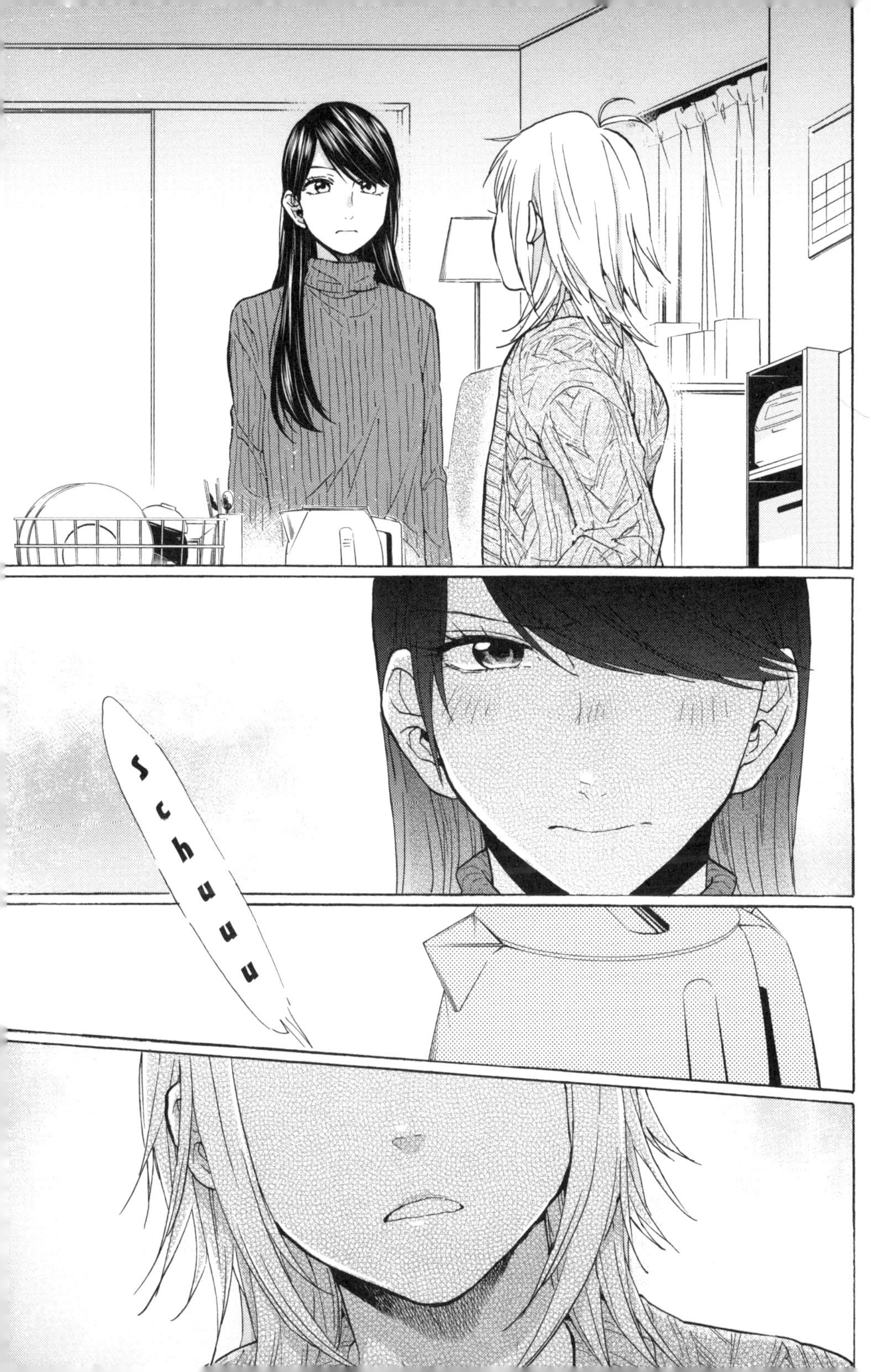
Schuuu

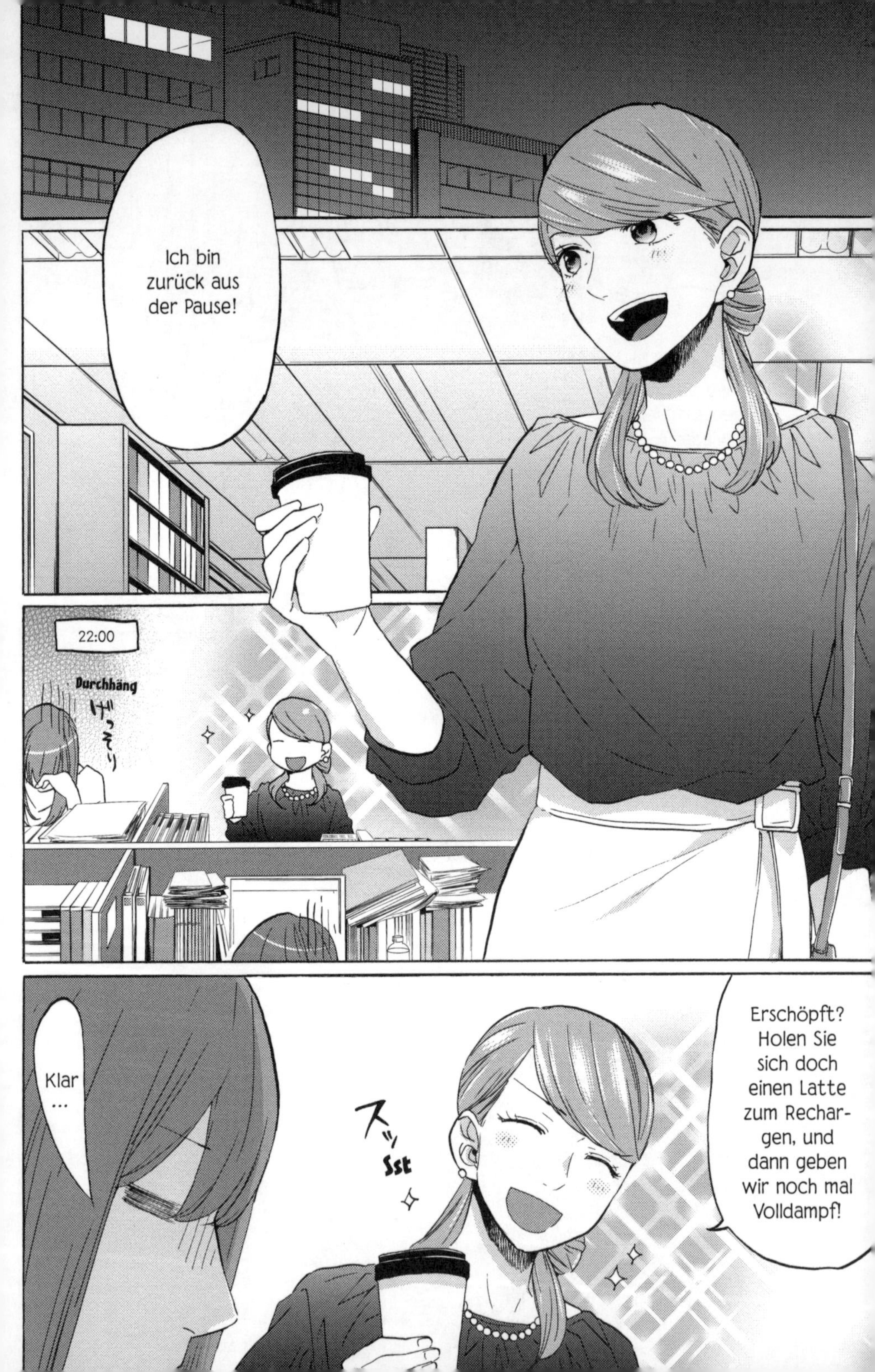
Ich bin zurück aus der Pause!
22:00
Durchhäng
げっそり
Erschöpft? Holen Sie sich doch einen Latte zum Rechargen, und dann geben wir noch mal Volldampf!
スッ
Sst
Klar ...

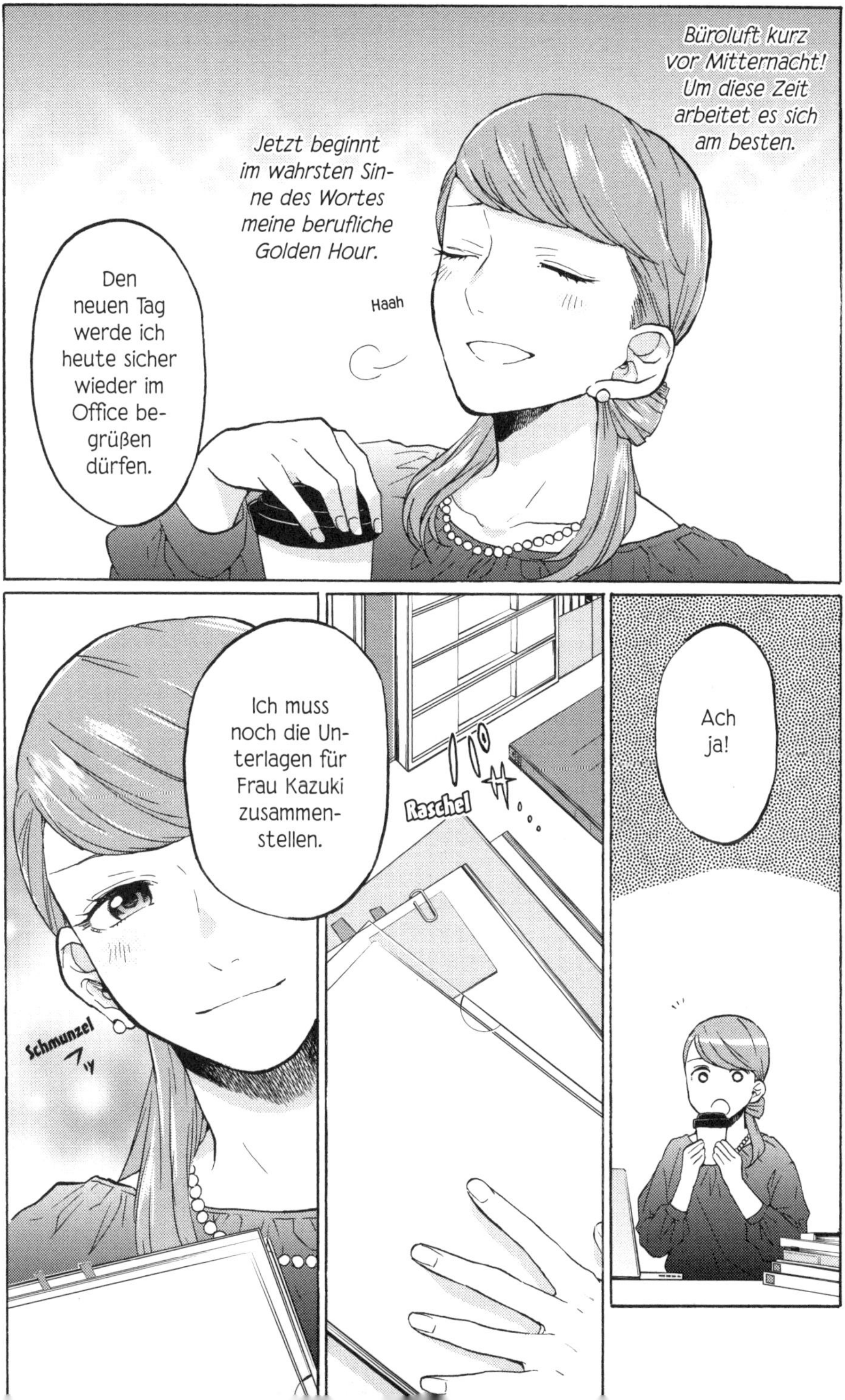

Büroluft kurz vor Mitternacht! Um diese Zeit arbeitet es sich am besten.

Jetzt beginnt im wahrsten Sinne des Wortes meine berufliche Golden Hour.

Haah

Den neuen Tag werde ich heute sicher wieder im Office begrüßen dürfen.

Ach ja!

Raschel

Ich muss noch die Unterlagen für Frau Kazuki zusammenstellen.

Schmunzel

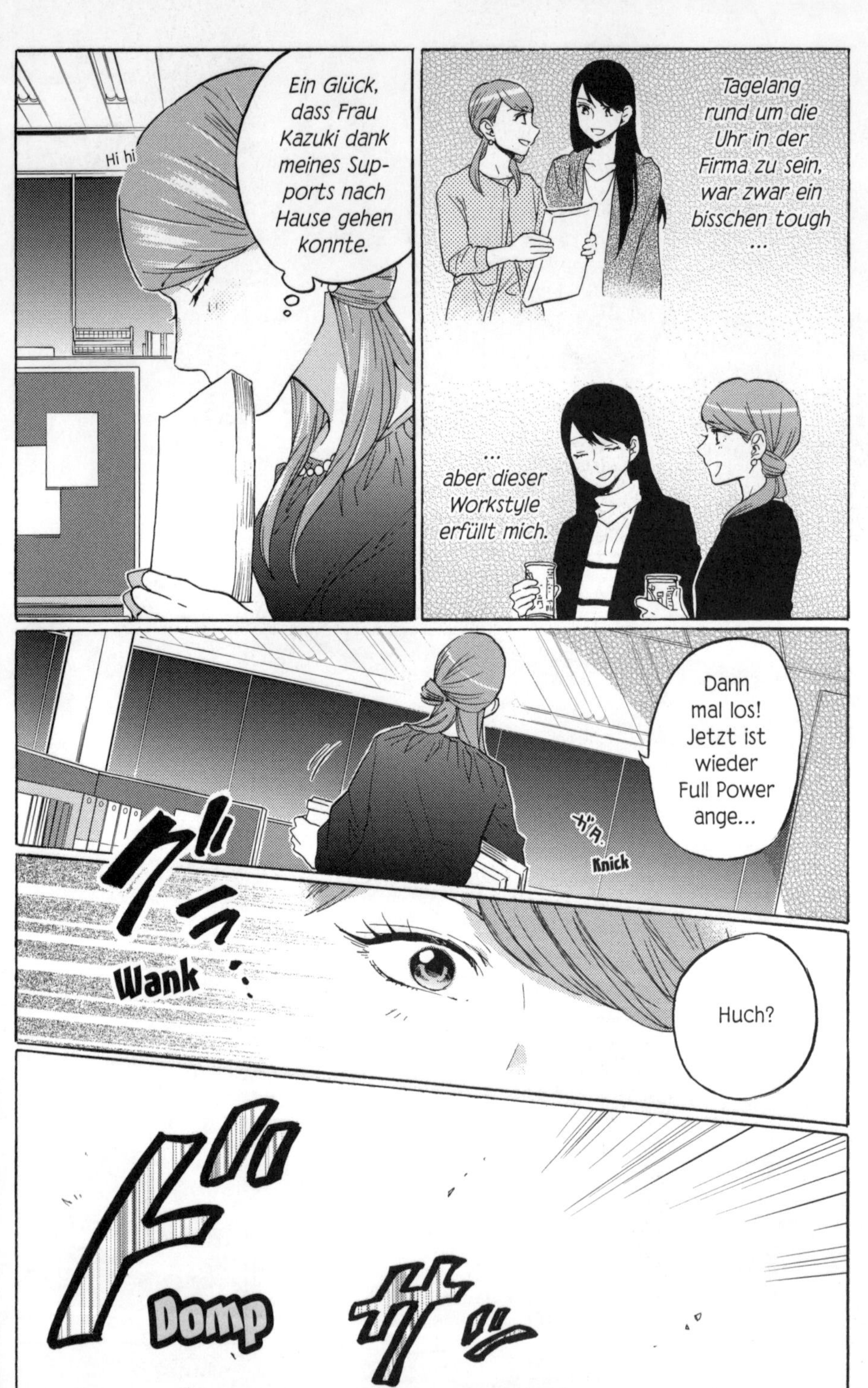
Tagelang rund um die Uhr in der Firma zu sein, war zwar ein bisschen tough ...
... aber dieser Workstyle erfüllt mich.
Hi hi
Ein Glück, dass Frau Kazuki dank meines Supports nach Hause gehen konnte.
Dann mal los! Jetzt ist wieder Full Power ange...
Knick
Wank
Huch?
Domp

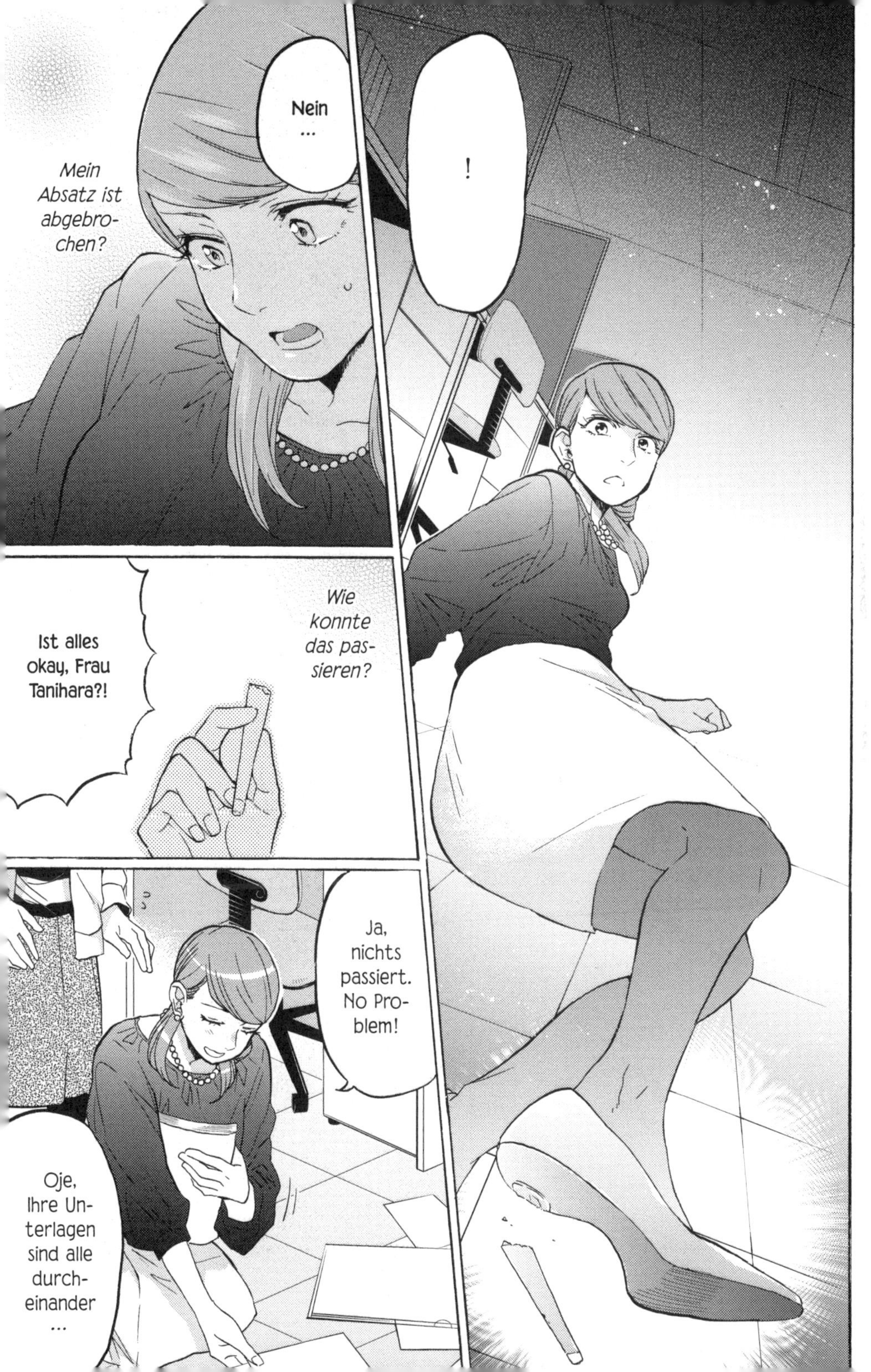
!
Nein ...
Mein Absatz ist abgebrochen?
Wie konnte das passieren?
Ist alles okay, Frau Tanihara?!
Ja, nichts passiert. No Problem!
Oje, Ihre Unterlagen sind alle durcheinander ...

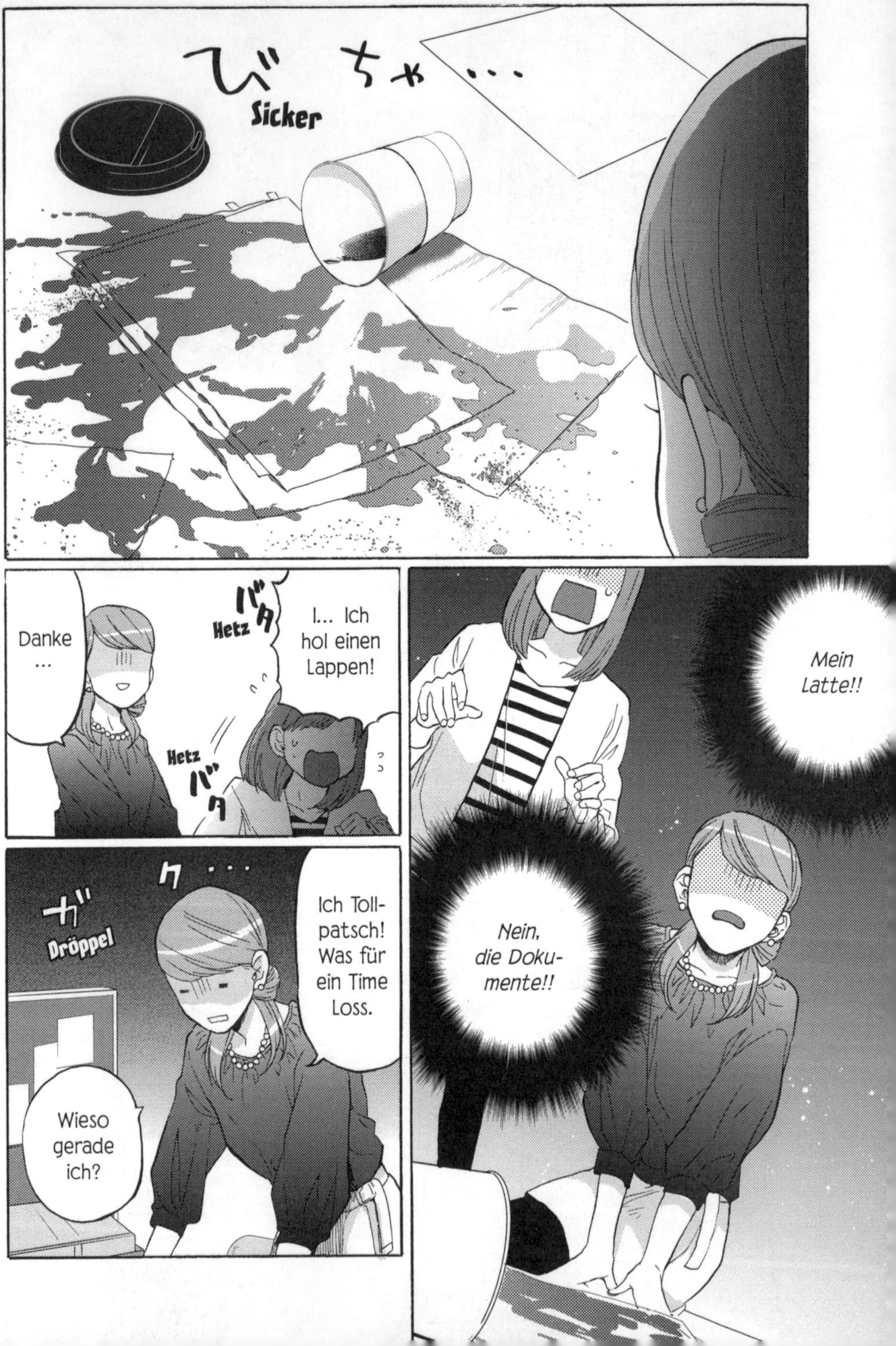

びちゃ…
Sicker

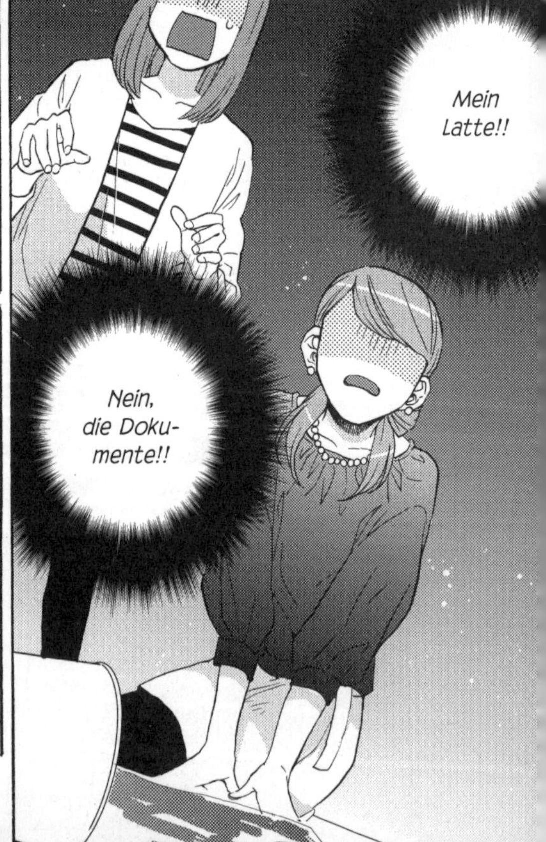
Mein Latte!!
Nein, die Dokumente!!

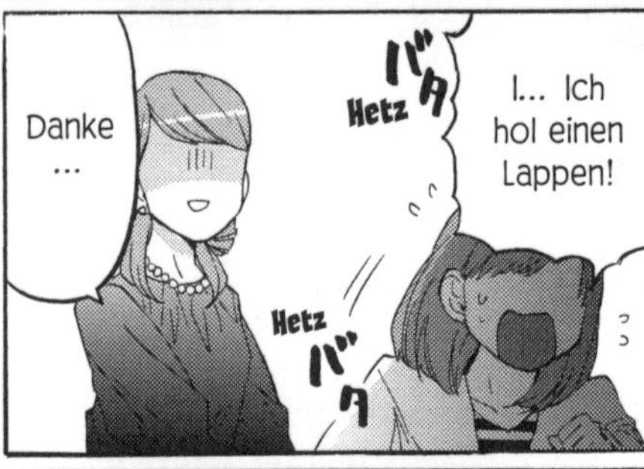
I... Ich hol einen Lappen!
バタ
Hetz
Hetz
バタ
Danke ...

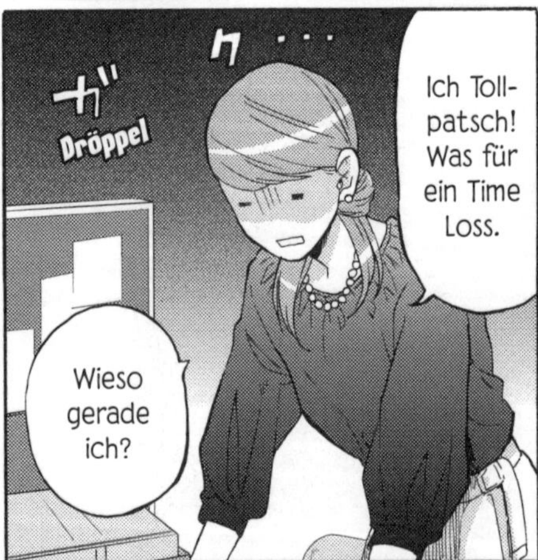
ク…
Ich Tollpatsch! Was für ein Time Loss.
ガ
Dröppel
Wieso gerade ich?

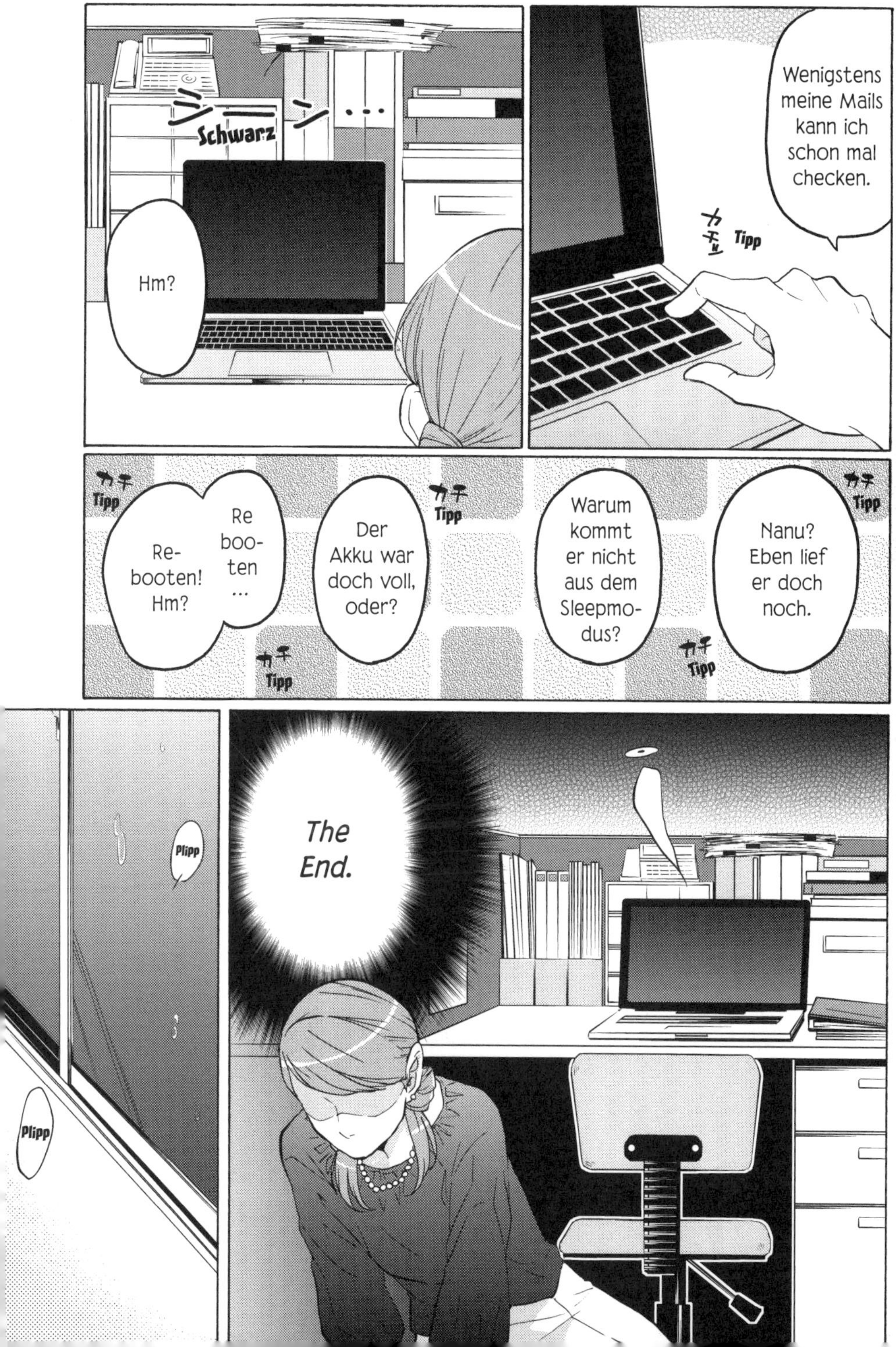

Wenigstens meine Mails kann ich schon mal checken.
Tipp
Schwarz
...
Hm?
Nanu? Eben lief er doch noch.
Tipp
Warum kommt er nicht aus dem Sleepmodus?
Tipp
Der Akku war doch voll, oder?
Tipp
Re boo-ten ...
Re-booten! Hm?
Tipp
The End.
Plipp
Plipp

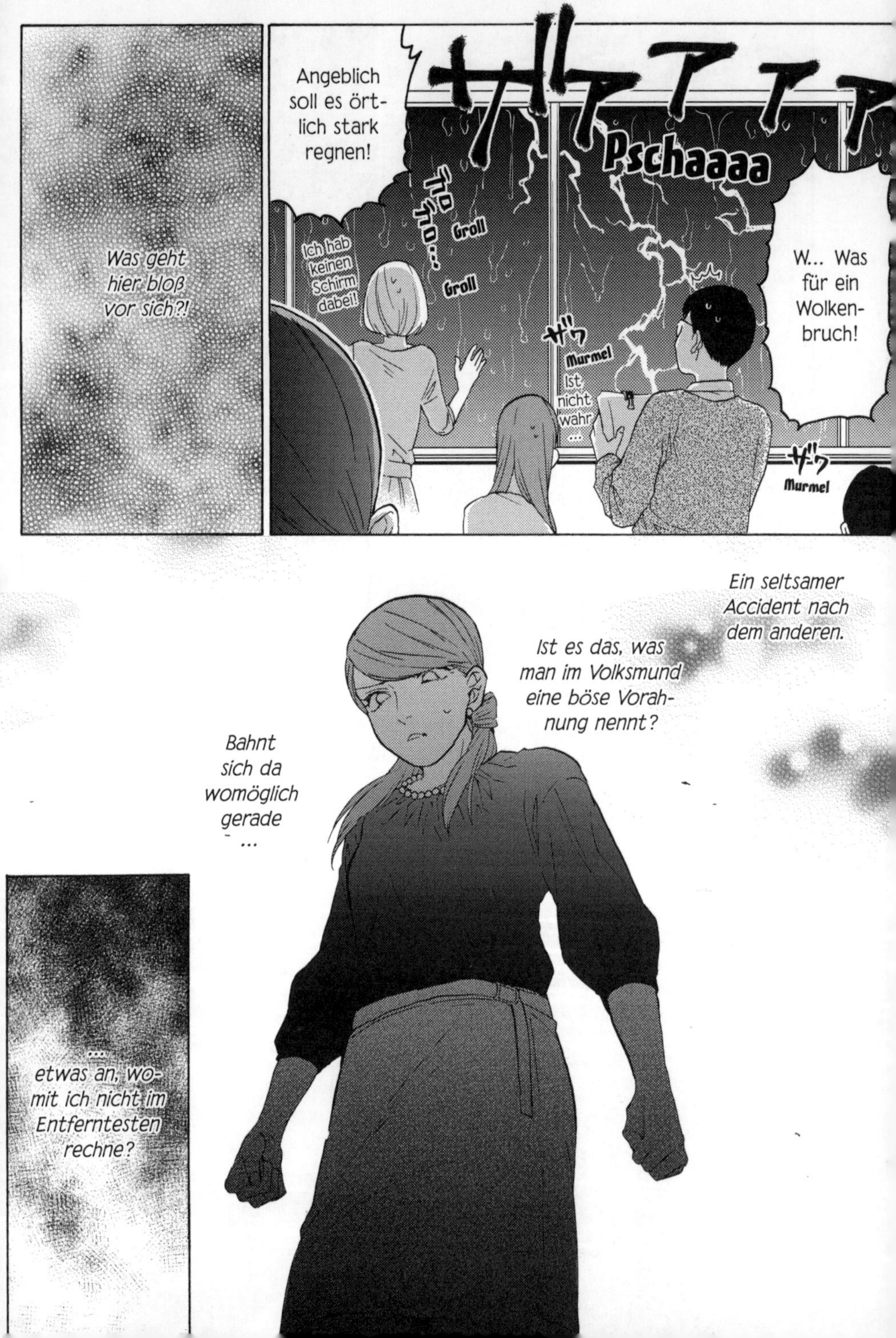

ザァァァァ
Pschaaaa

W... Was für ein Wolkenbruch!

Angeblich soll es örtlich stark regnen!

ゴロゴロ…
Groll
Groll

Ich hab keinen Schirm dabei!

ザワ
Murmel

Ist nicht wahr ...

ザワ
Murmel

Was geht hier bloß vor sich?!

Ein seltsamer Accident nach dem anderen.

Ist es das, was man im Volksmund eine böse Vorahnung nennt?

Bahnt sich da womöglich gerade ...

... etwas an, womit ich nicht im Entferntesten rechne?

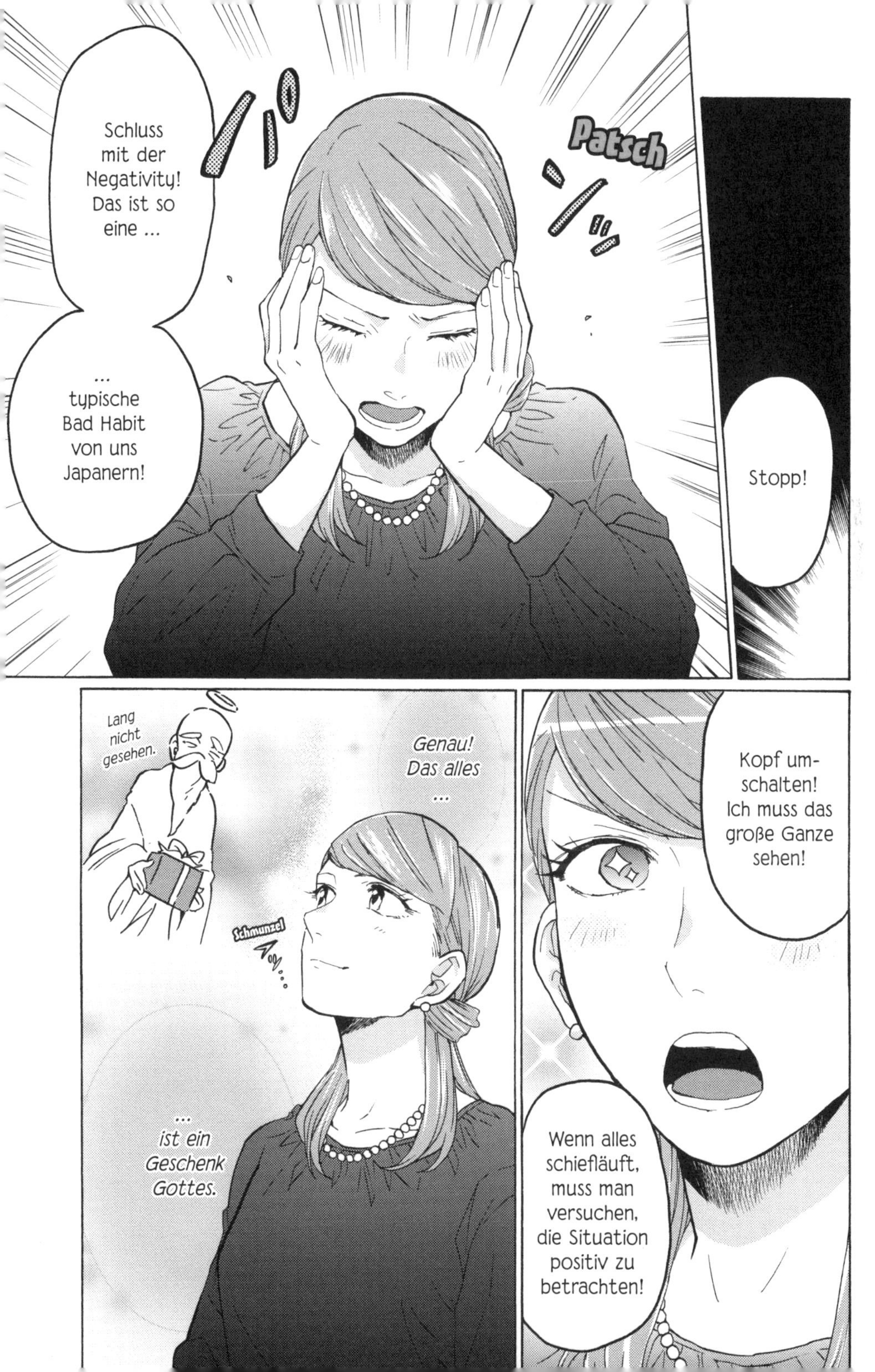

Stopp!

Patsch

Schluss mit der Negativity! Das ist so eine ...

... typische Bad Habit von uns Japanern!

Kopf umschalten! Ich muss das große Ganze sehen!

Wenn alles schiefläuft, muss man versuchen, die Situation positiv zu betrachten!

Genau! Das alles ...

... ist ein Geschenk Gottes.

Lang nicht gesehen.

Schmunzel

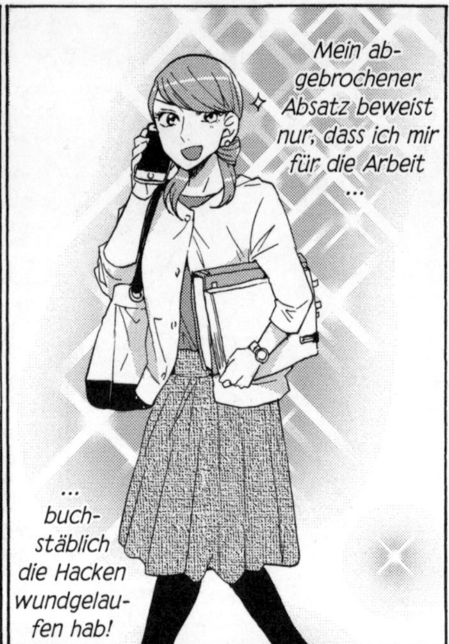
Mein abgebrochener Absatz beweist nur, dass ich mir für die Arbeit ...
... buchstäblich die Hacken wundgelaufen hab!

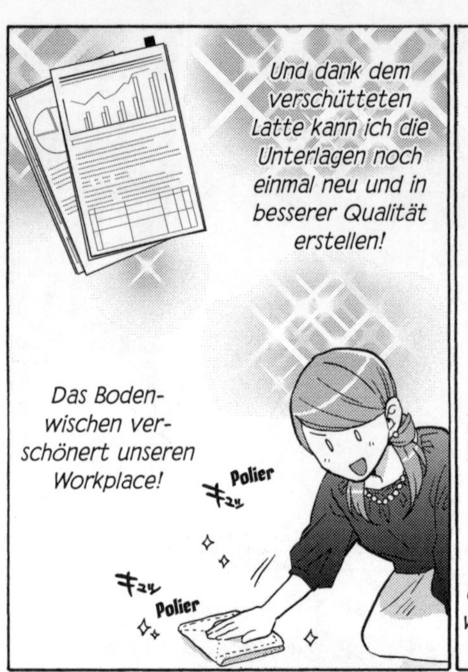
Und dank dem verschütteten Latte kann ich die Unterlagen noch einmal neu und in besserer Qualität erstellen!
Das Bodenwischen verschönert unseren Workplace!
Polier
Polier

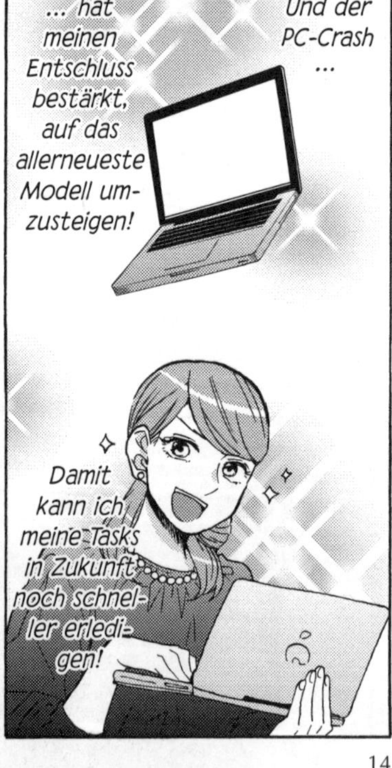
Und der PC-Crash ...
... hat meinen Entschluss bestärkt, auf das allerneueste Modell umzusteigen!
Damit kann ich meine Tasks in Zukunft noch schneller erledigen!

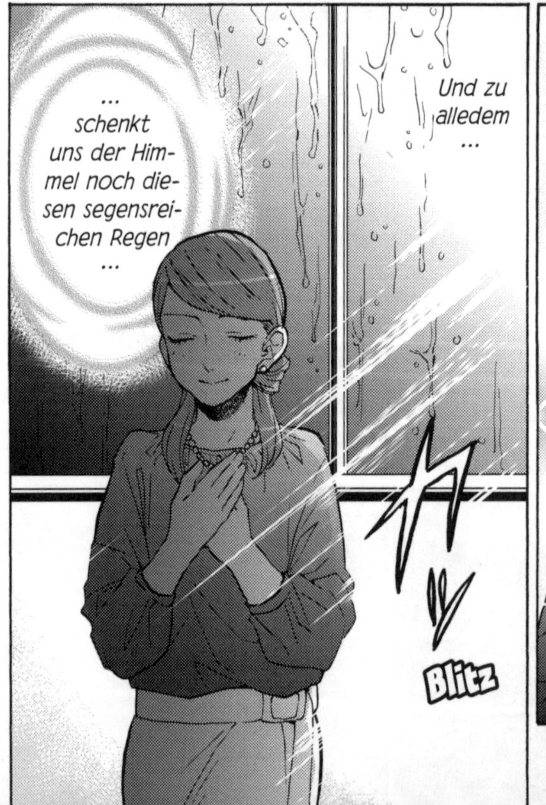
Und zu alledem ...
... schenkt uns der Himmel noch diesen segensreichen Regen ...
Blitz

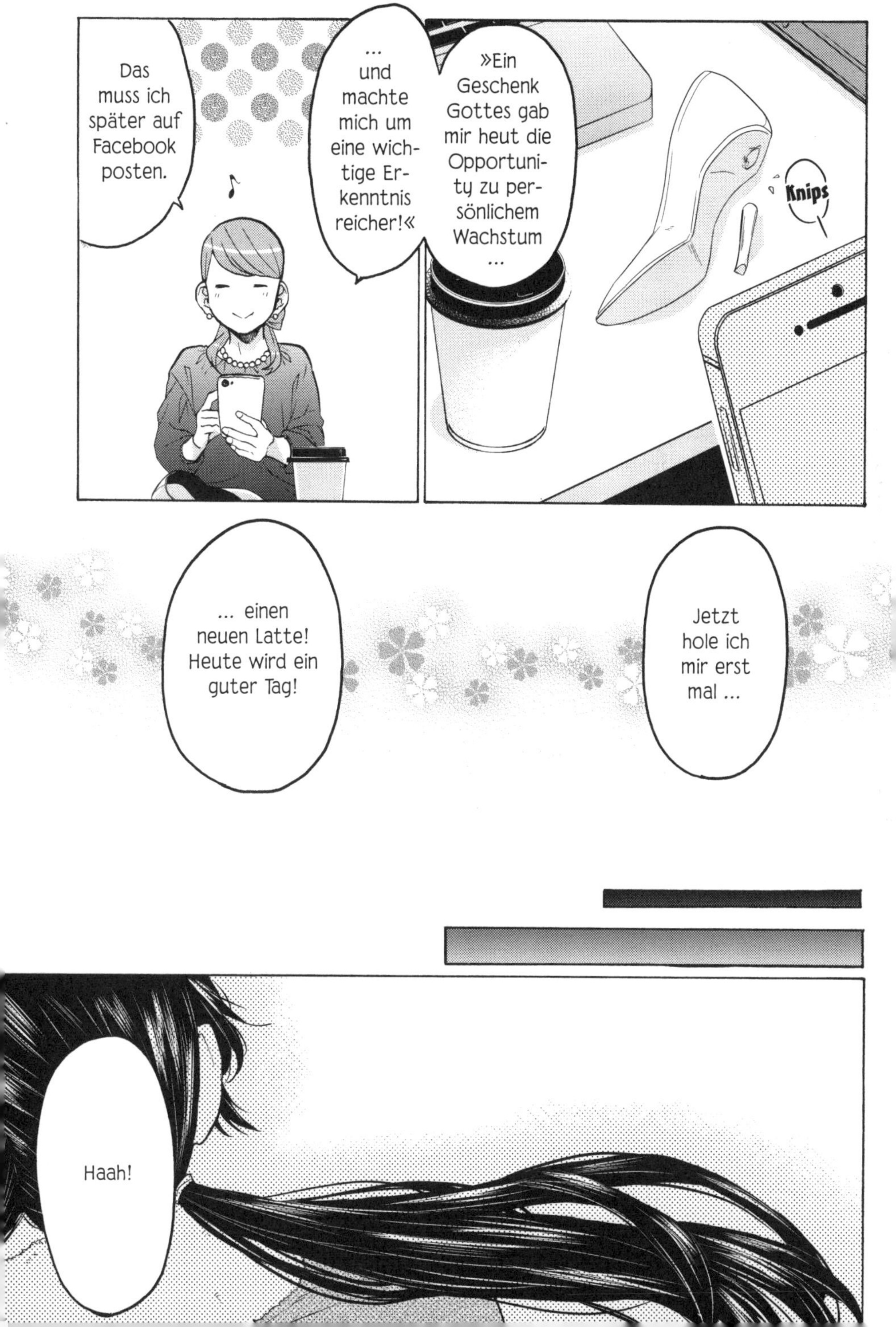

»Ein Geschenk Gottes gab mir heut die Opportunity zu persönlichem Wachstum ...

... und machte mich um eine wichtige Erkenntnis reicher!«

Knips

Das muss ich später auf Facebook posten.

♪

Jetzt hole ich mir erst mal ...

... einen neuen Latte! Heute wird ein guter Tag!

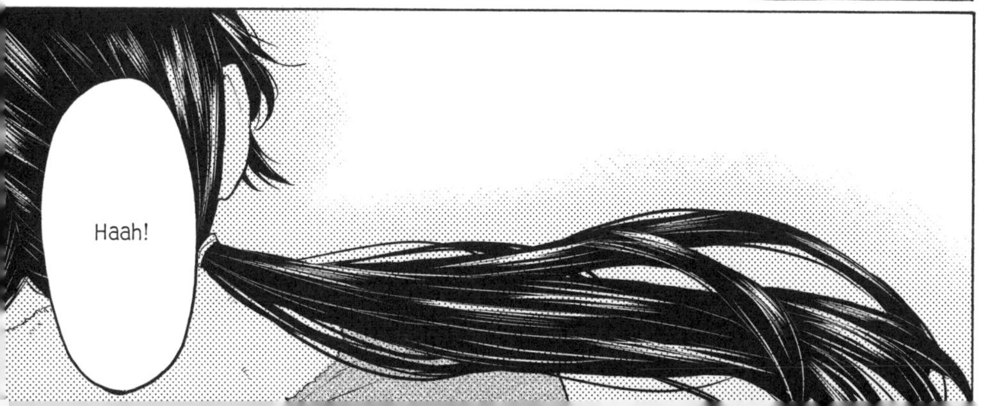

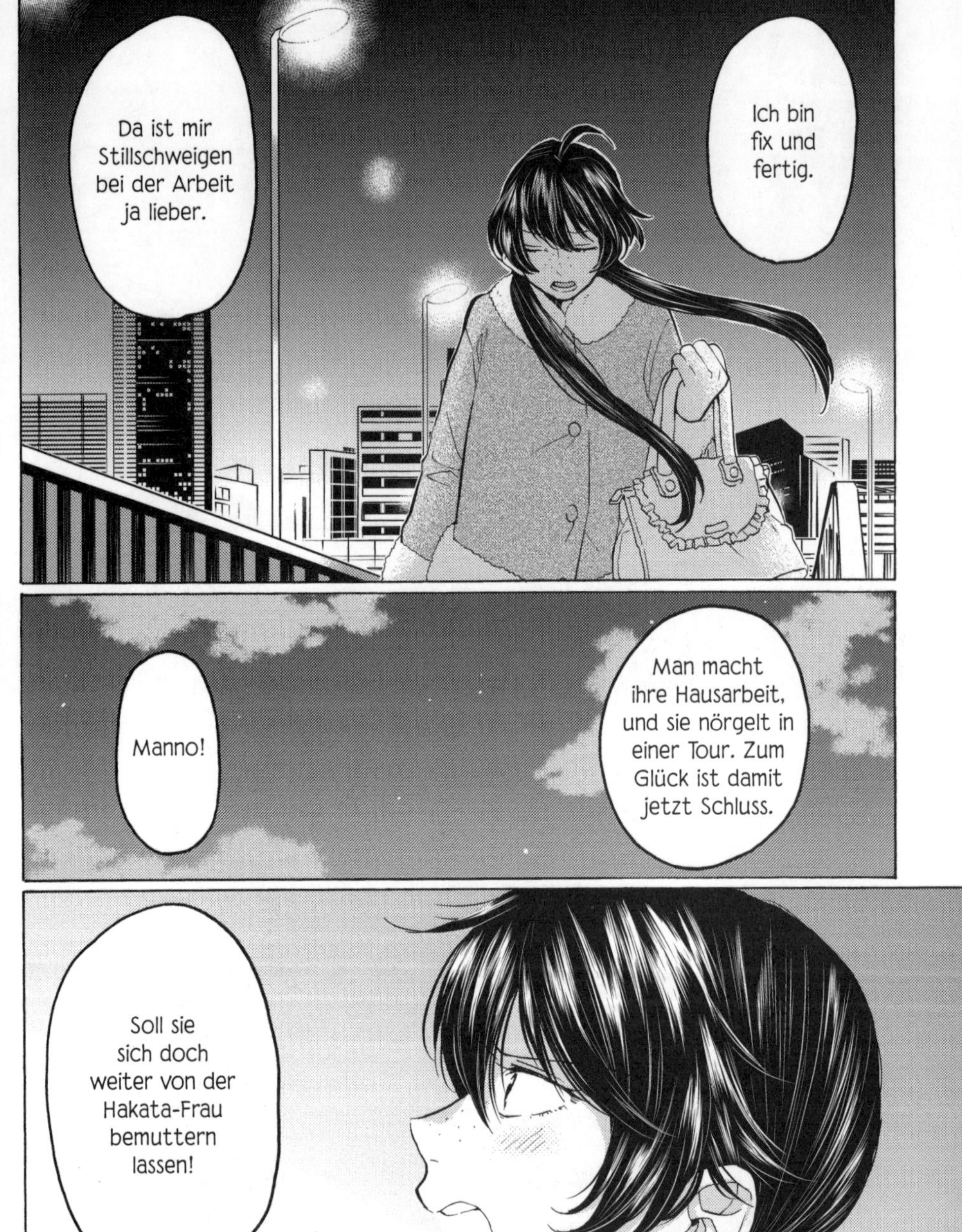
Ich bin fix und fertig.
Da ist mir Stillschweigen bei der Arbeit ja lieber.
Man macht ihre Hausarbeit, und sie nörgelt in einer Tour. Zum Glück ist damit jetzt Schluss.
Manno!
Soll sie sich doch weiter von der Hakata-Frau bemuttern lassen!

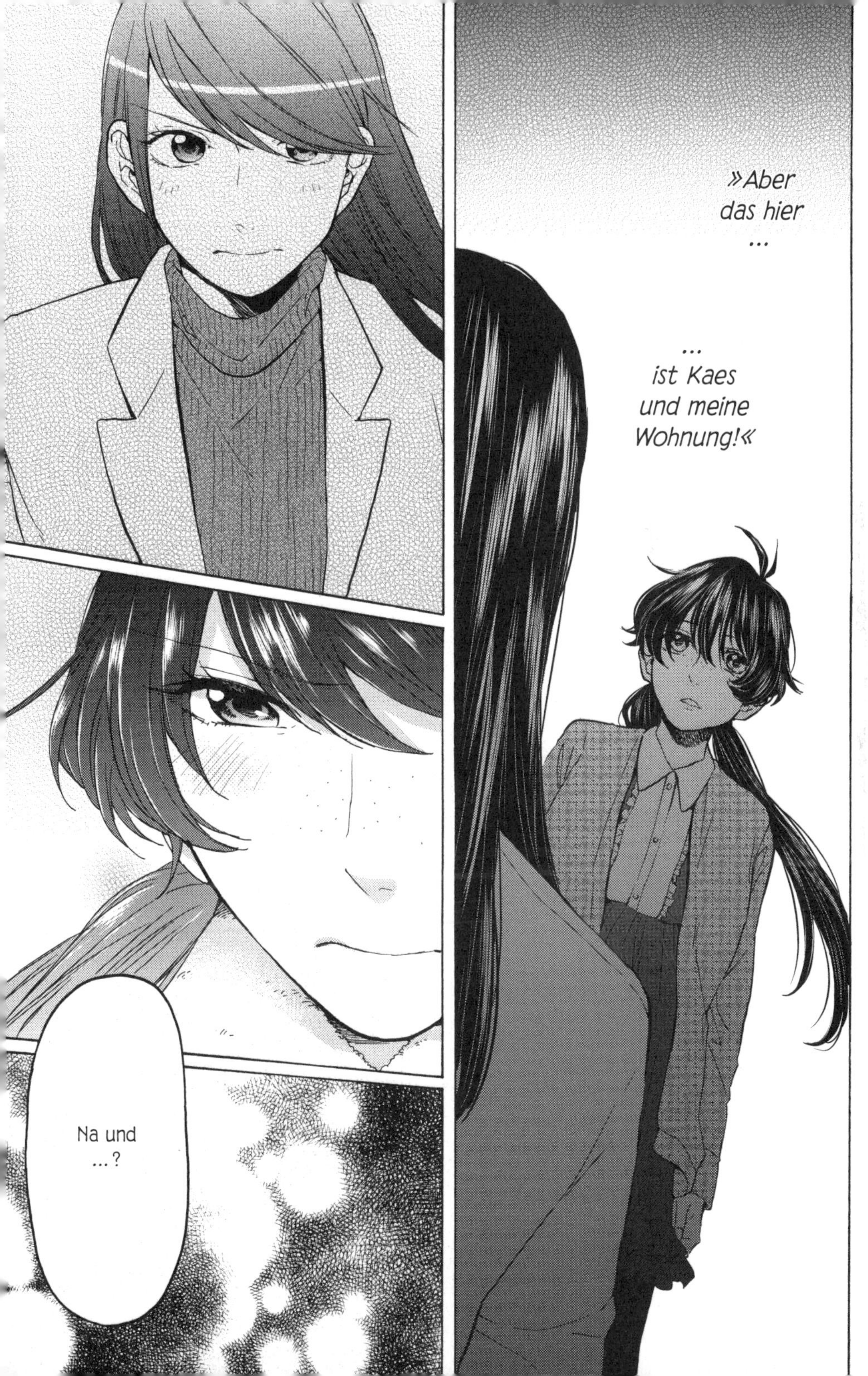
»Aber
das hier
...
...
ist Kaes
und meine
Wohnung!«
Na und
...?

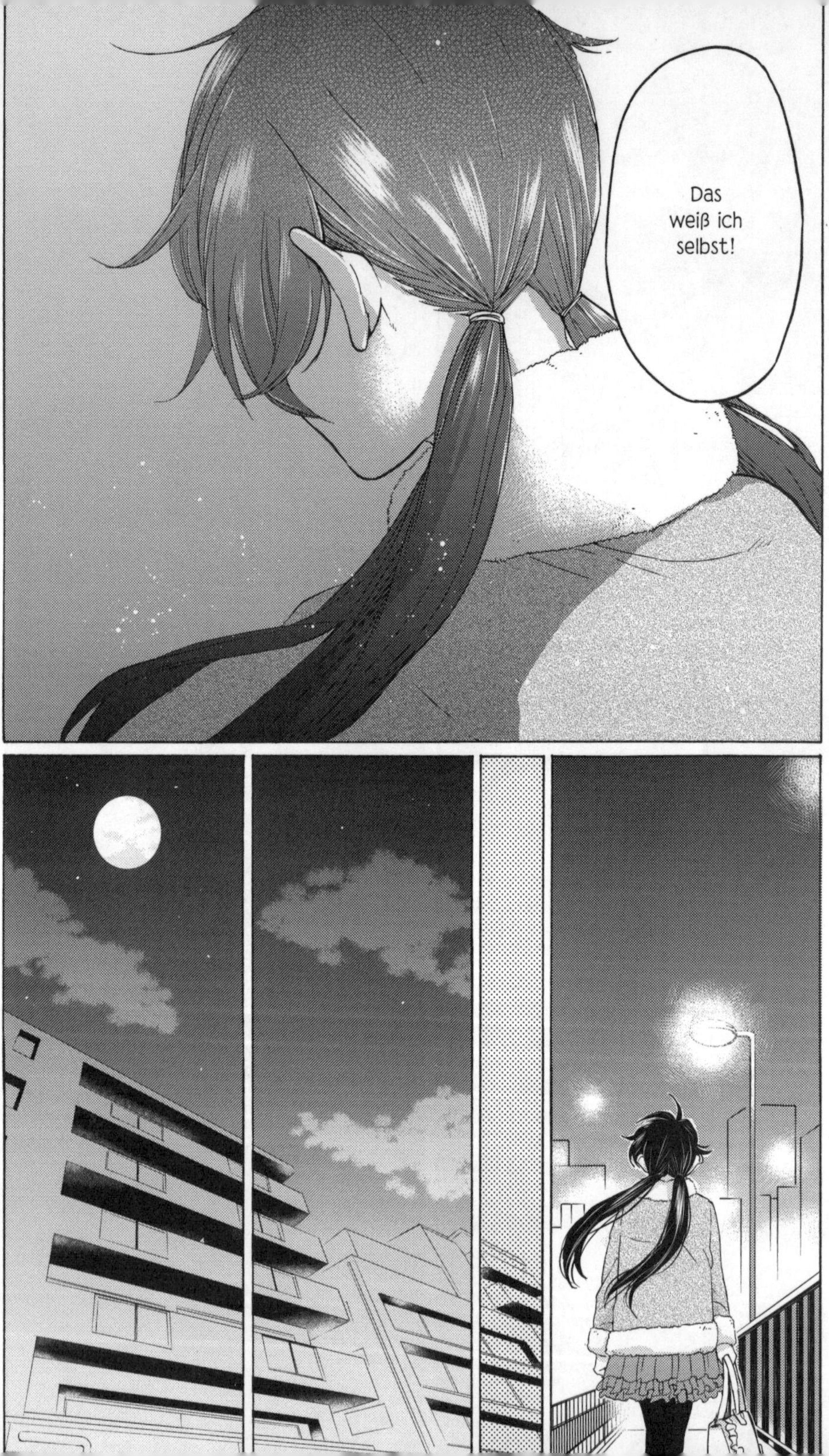

Das
weiß ich
selbst!

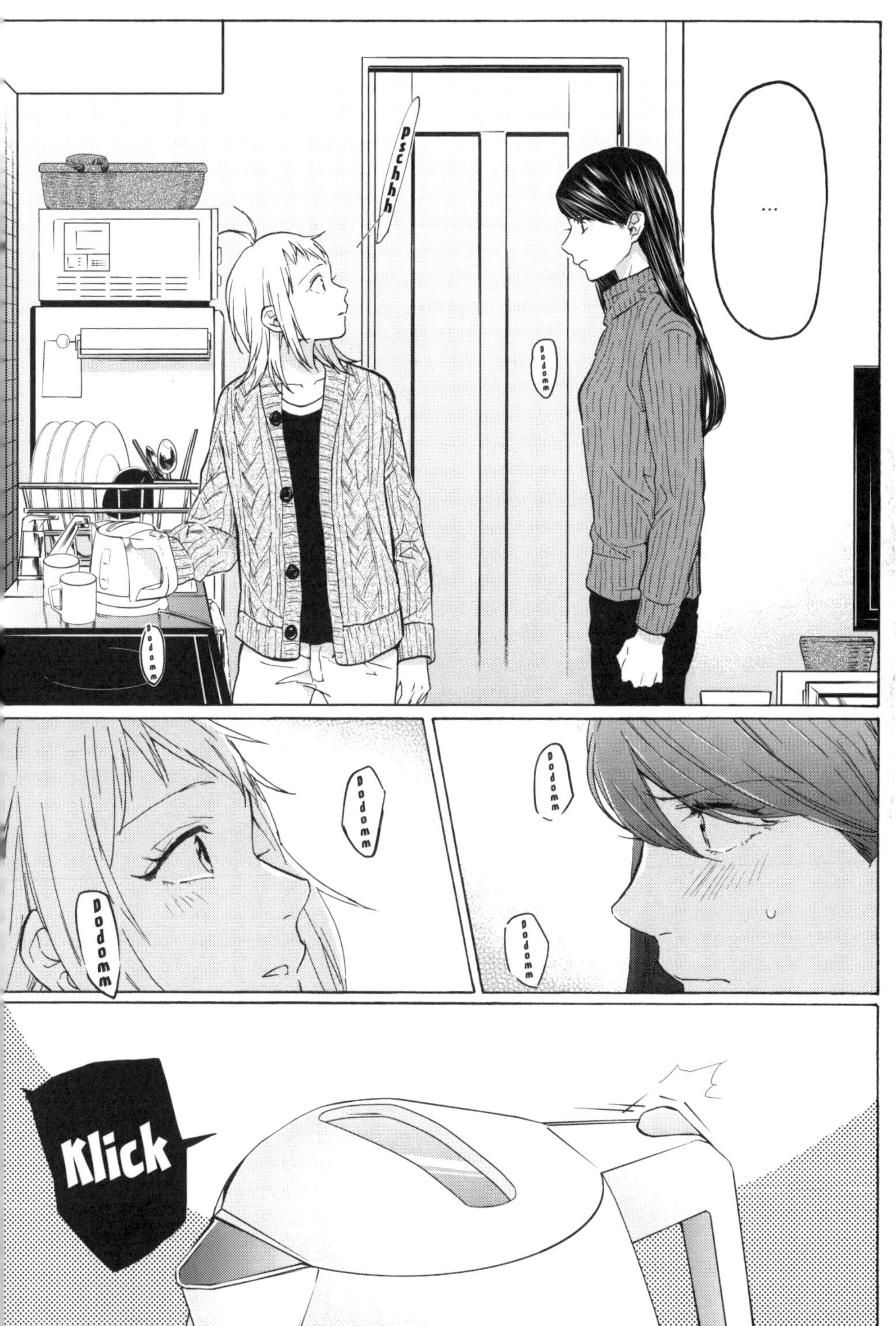
…
pschhh
Dodomm
Dodomm
Dodomm
Dodomm
Dodomm
Dodomm
Klick

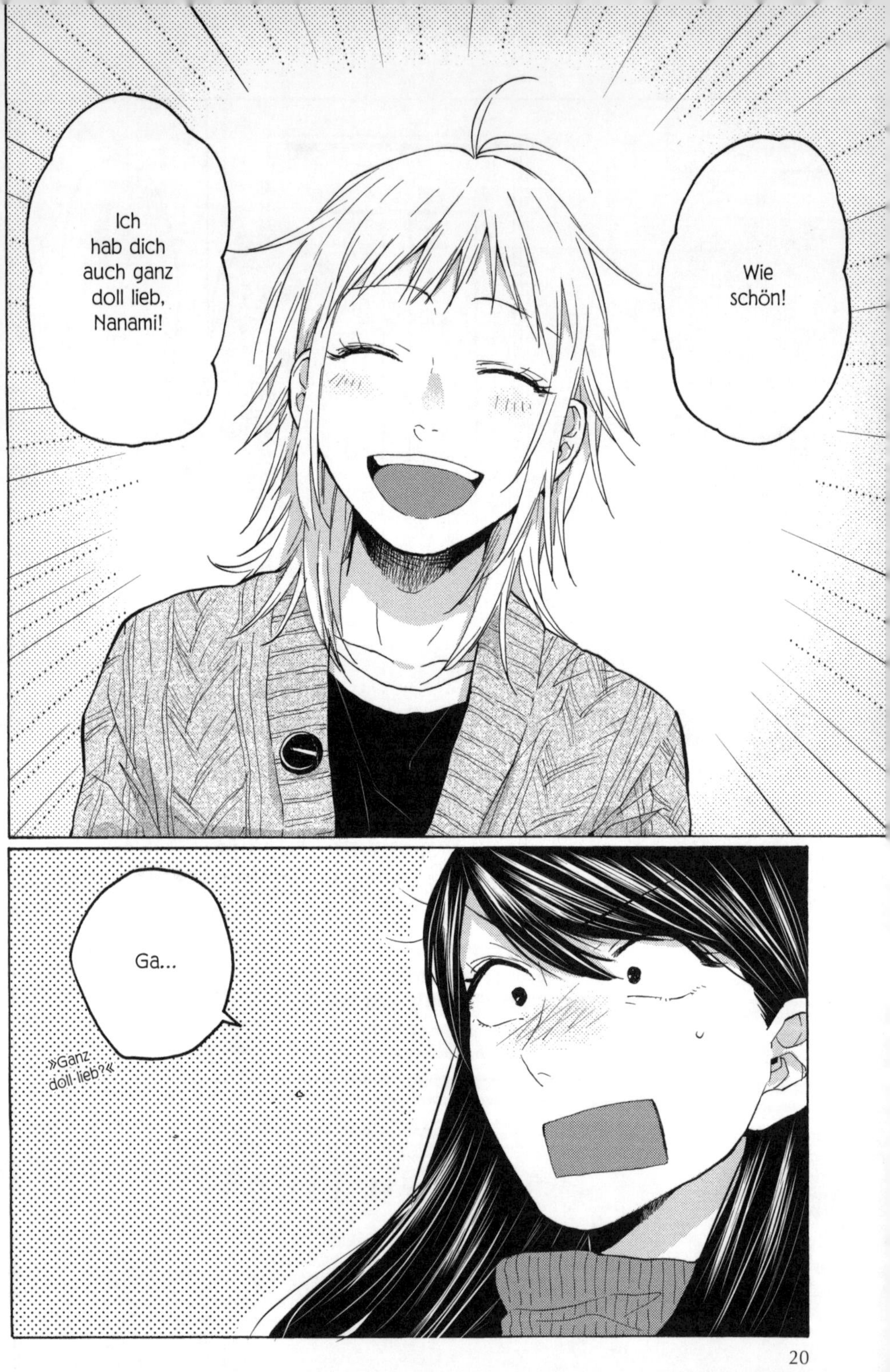

Wie schön!

Ich hab dich auch ganz doll lieb, Nanami!

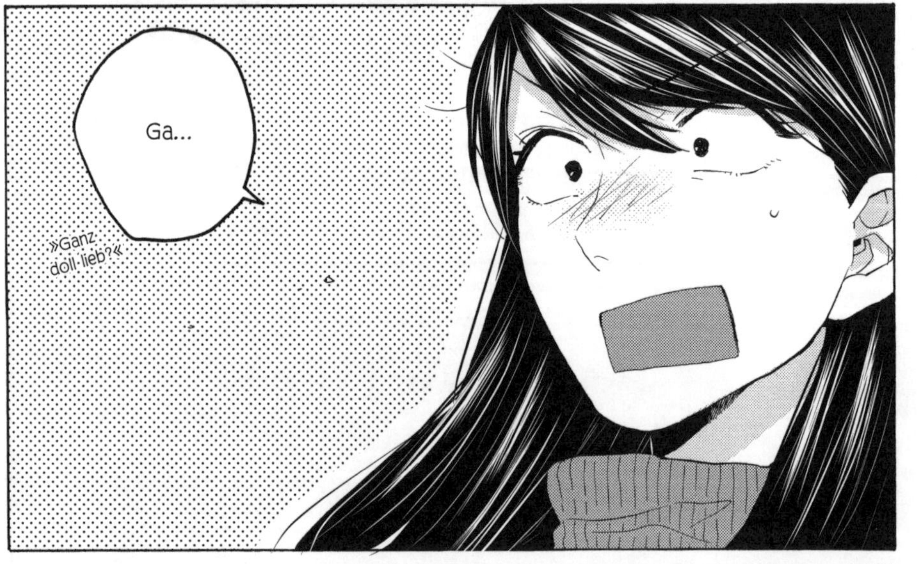

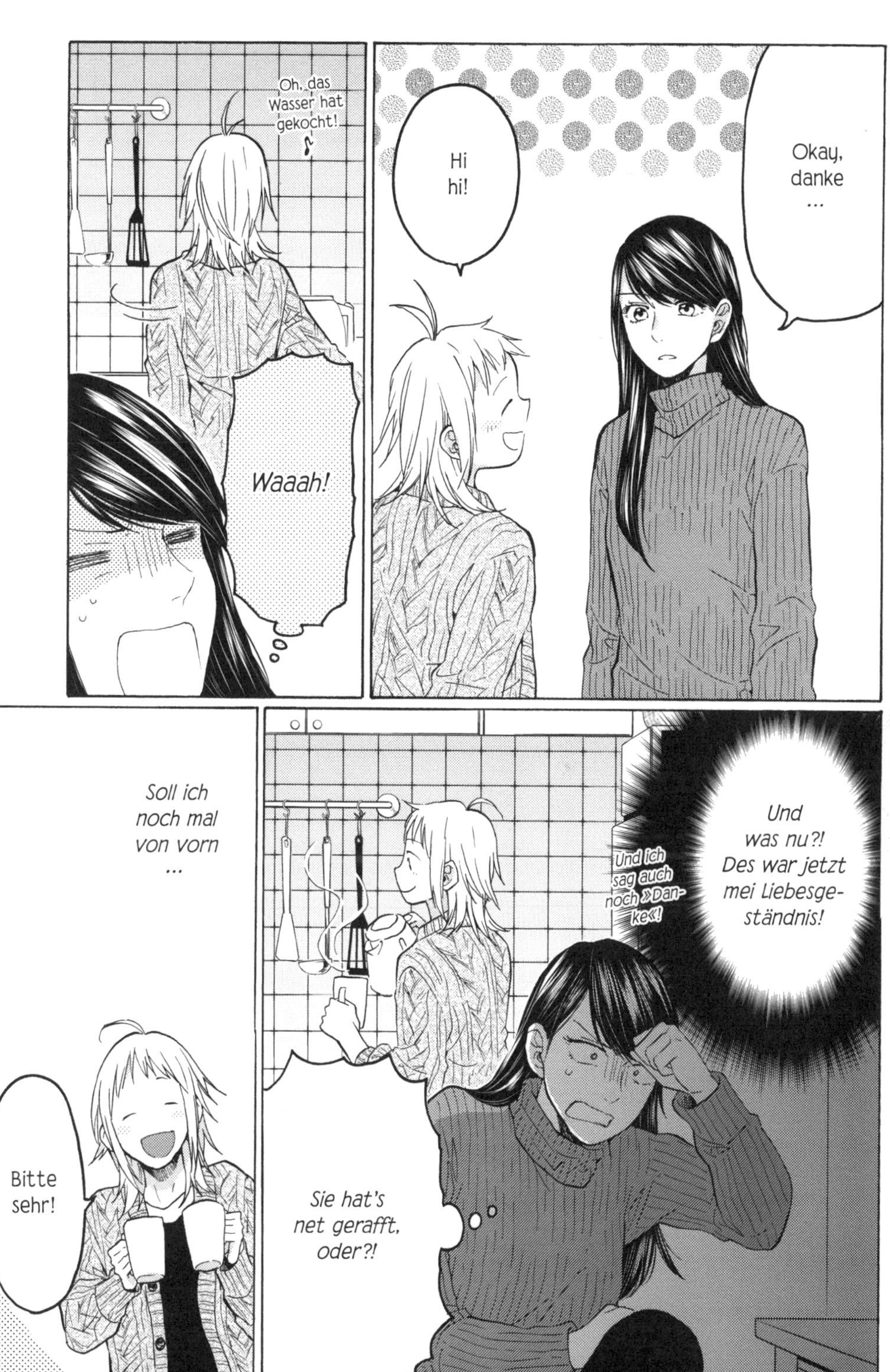
Okay, danke ...
Hi hi!
Oh, das Wasser hat gekocht!
Waaah!
Und was nu?! Des war jetzt mei Liebesgeständnis!
Und ich sag auch noch »Danke«!
Sie hat's net gerafft, oder?!
Soll ich noch mal von vorn ...
Bitte sehr!

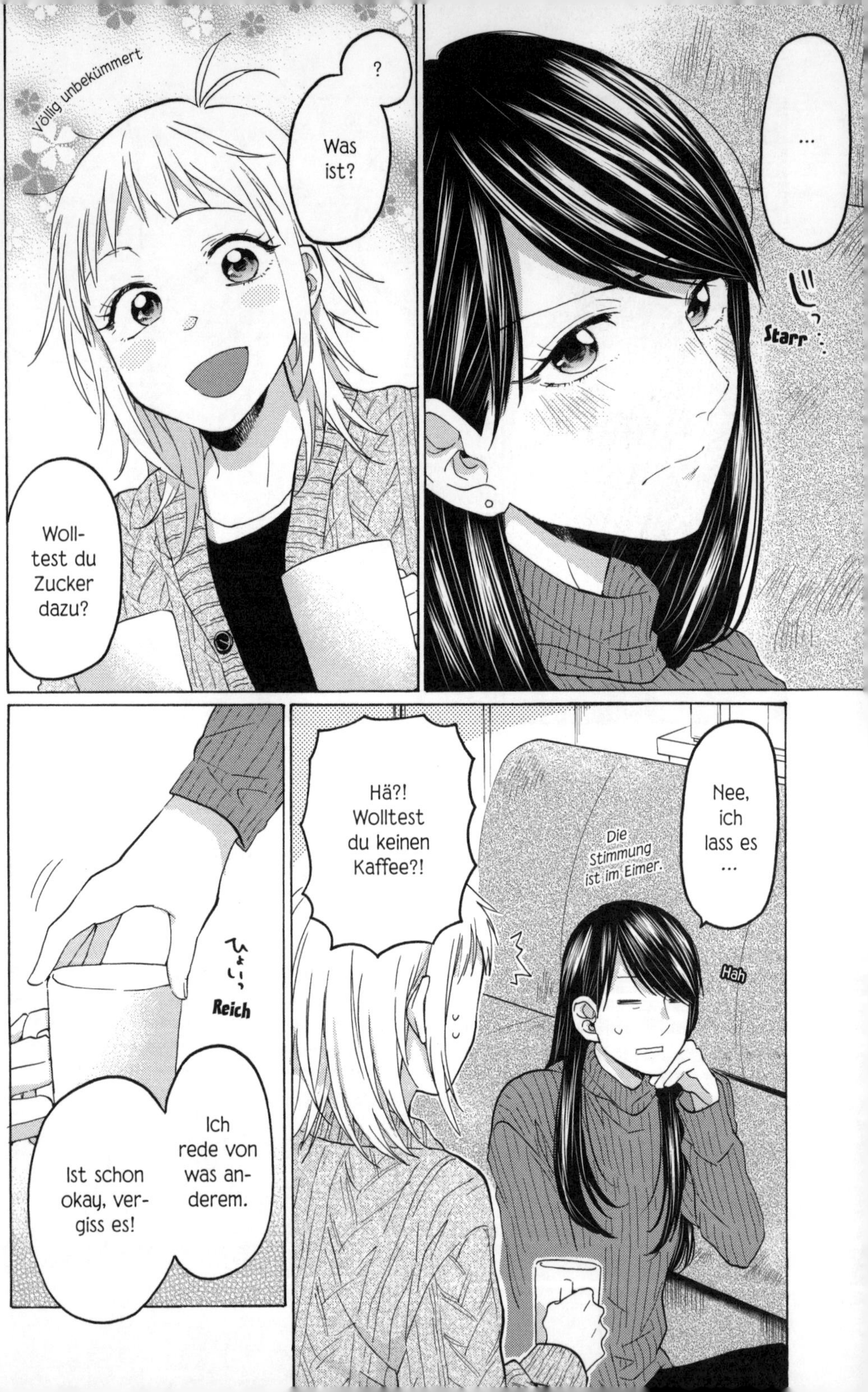

…

じっ

Starr

?

Was ist?

Völlig unbekümmert

Wolltest du Zucker dazu?

Nee, ich lass es …

Die Stimmung ist im Eimer.

Hah

Hä?! Wolltest du keinen Kaffee?!

ひょいっ

Reich

Ich rede von was anderem.

Ist schon okay, vergiss es!

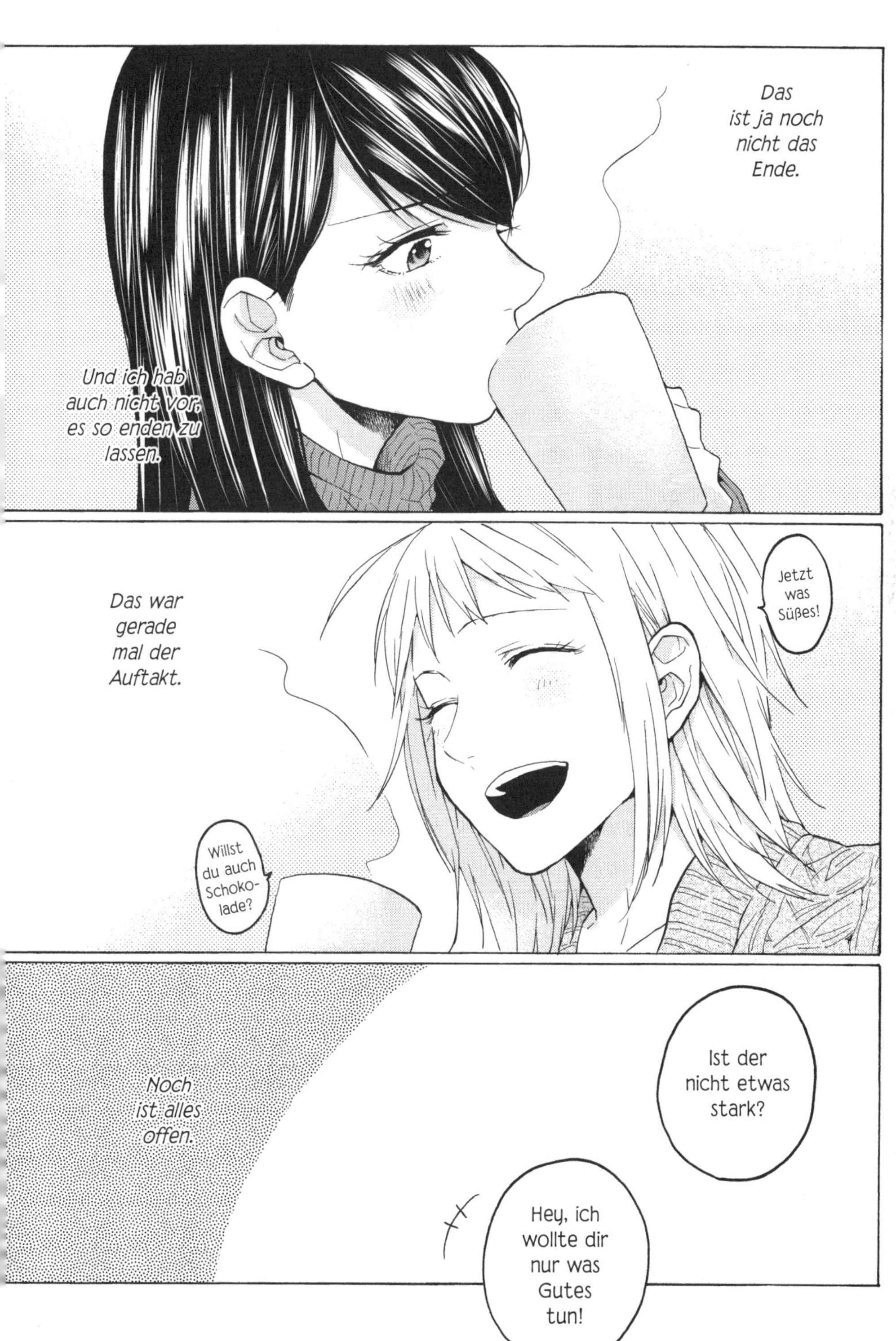
Das ist ja noch nicht das Ende.
Und ich hab auch nicht vor, es so enden zu lassen.
Jetzt was Süßes!
Das war gerade mal der Auftakt.
Willst du auch Schokolade?
Ist der nicht etwas stark?
Noch ist alles offen.
Hey, ich wollte dir nur was Gutes tun!

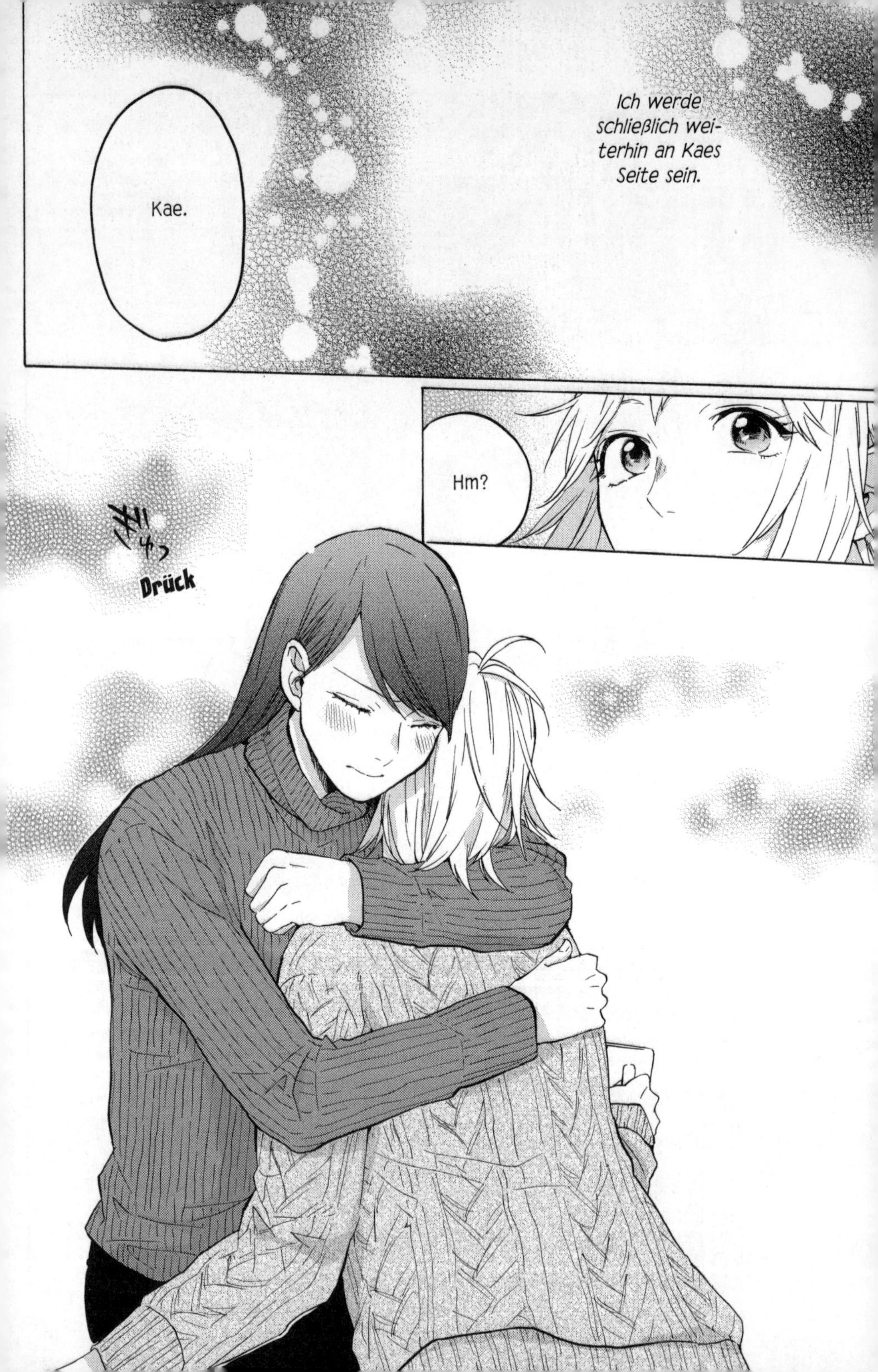
Ich werde schließlich weiterhin an Kaes Seite sein.
Kae.
Hm?
Drück

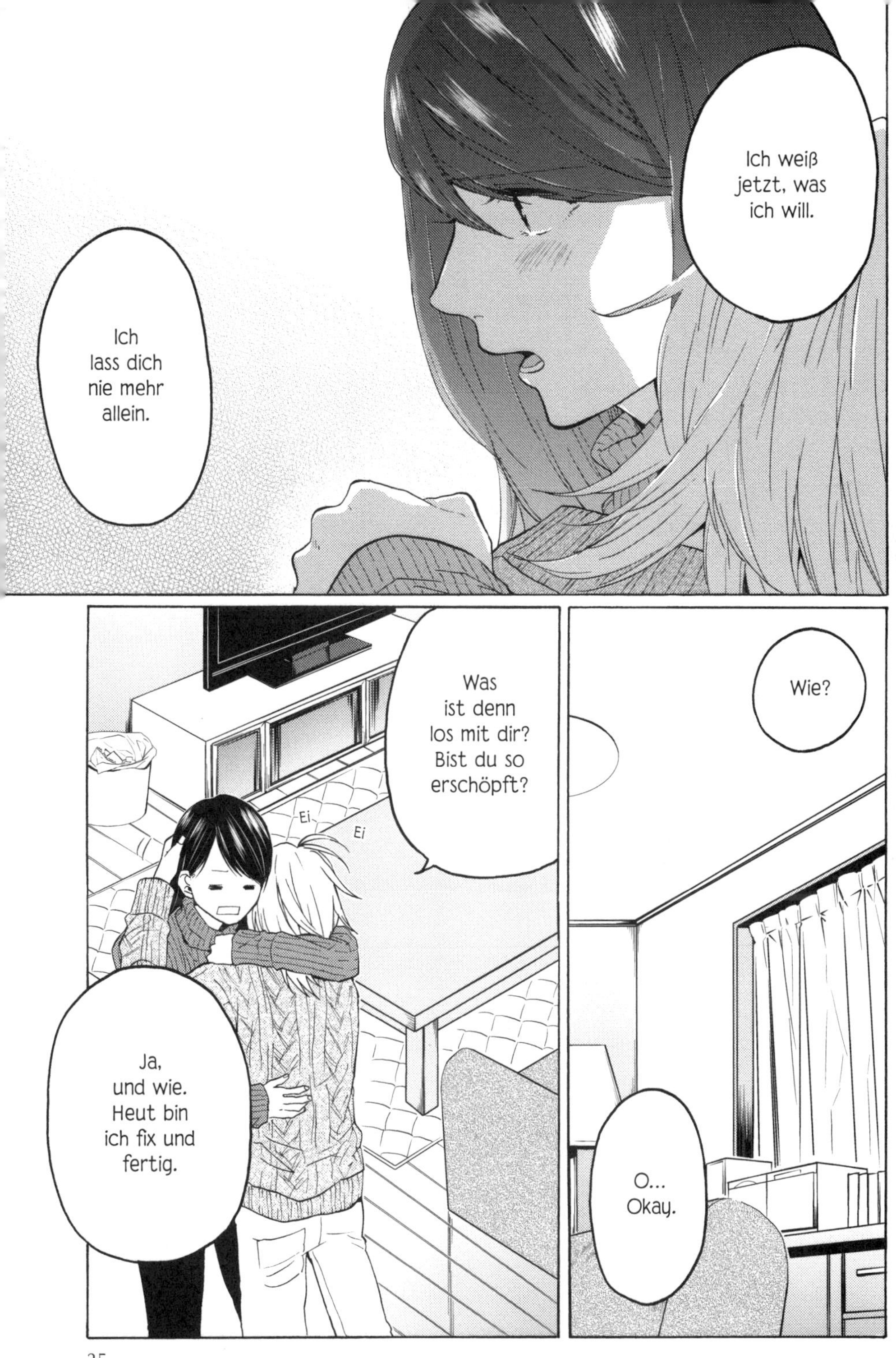
Ich weiß jetzt, was ich will.
Ich lass dich nie mehr allein.
Wie?
O... Okay.
Was ist denn los mit dir? Bist du so erschöpft?
Ei
Ei
Ja, und wie. Heut bin ich fix und fertig.

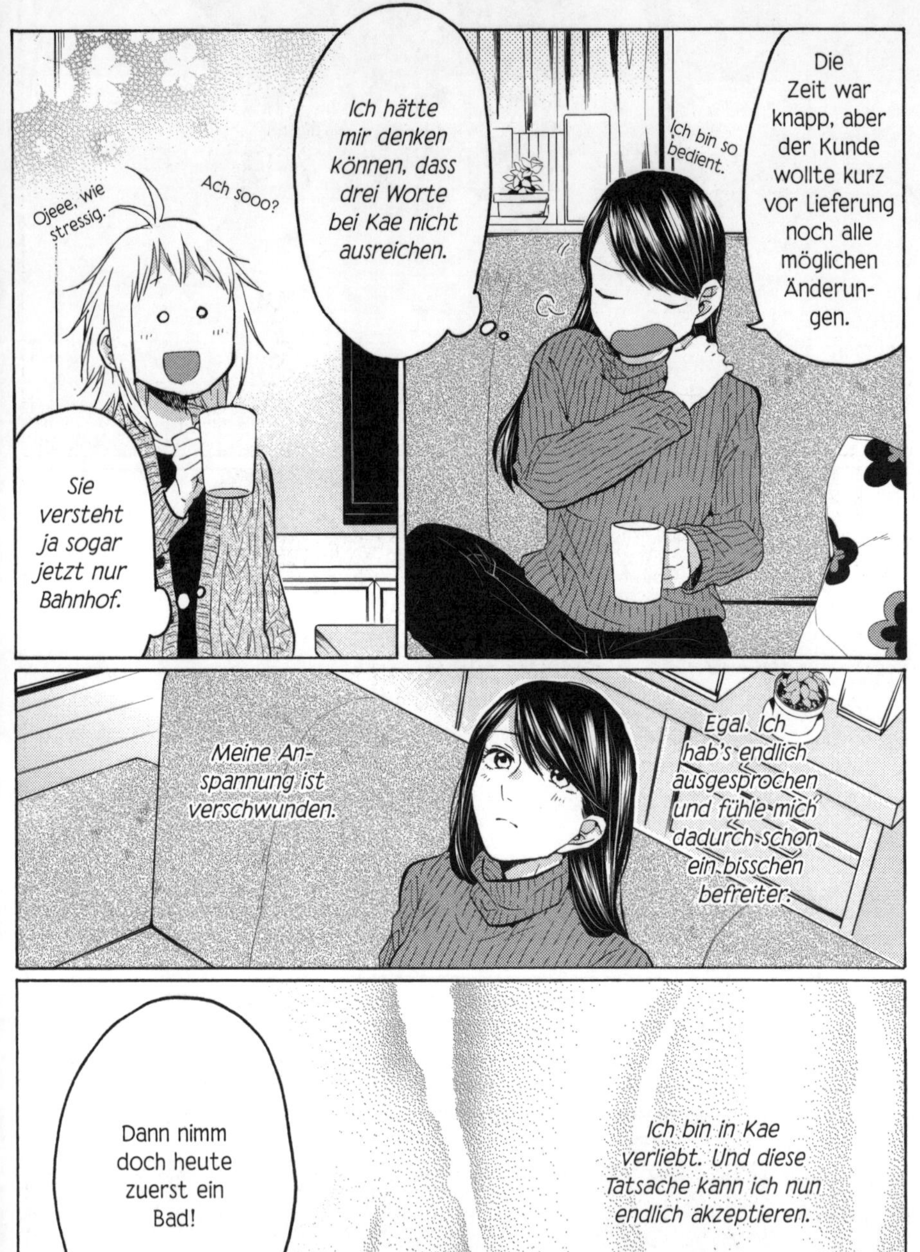

Die Zeit war knapp, aber der Kunde wollte kurz vor Lieferung noch alle möglichen Änderungen.
Ich bin so bedient.
Ich hätte mir denken können, dass drei Worte bei Kae nicht ausreichen.
Ach sooo?
Ojeee, wie stressig.
Sie versteht ja sogar jetzt nur Bahnhof.
Egal. Ich hab's endlich ausgesprochen und fühle mich dadurch schon ein bisschen befreiter.
Meine Anspannung ist verschwunden.
Ich bin in Kae verliebt. Und diese Tatsache kann ich nun endlich akzeptieren.
Dann nimm doch heute zuerst ein Bad!

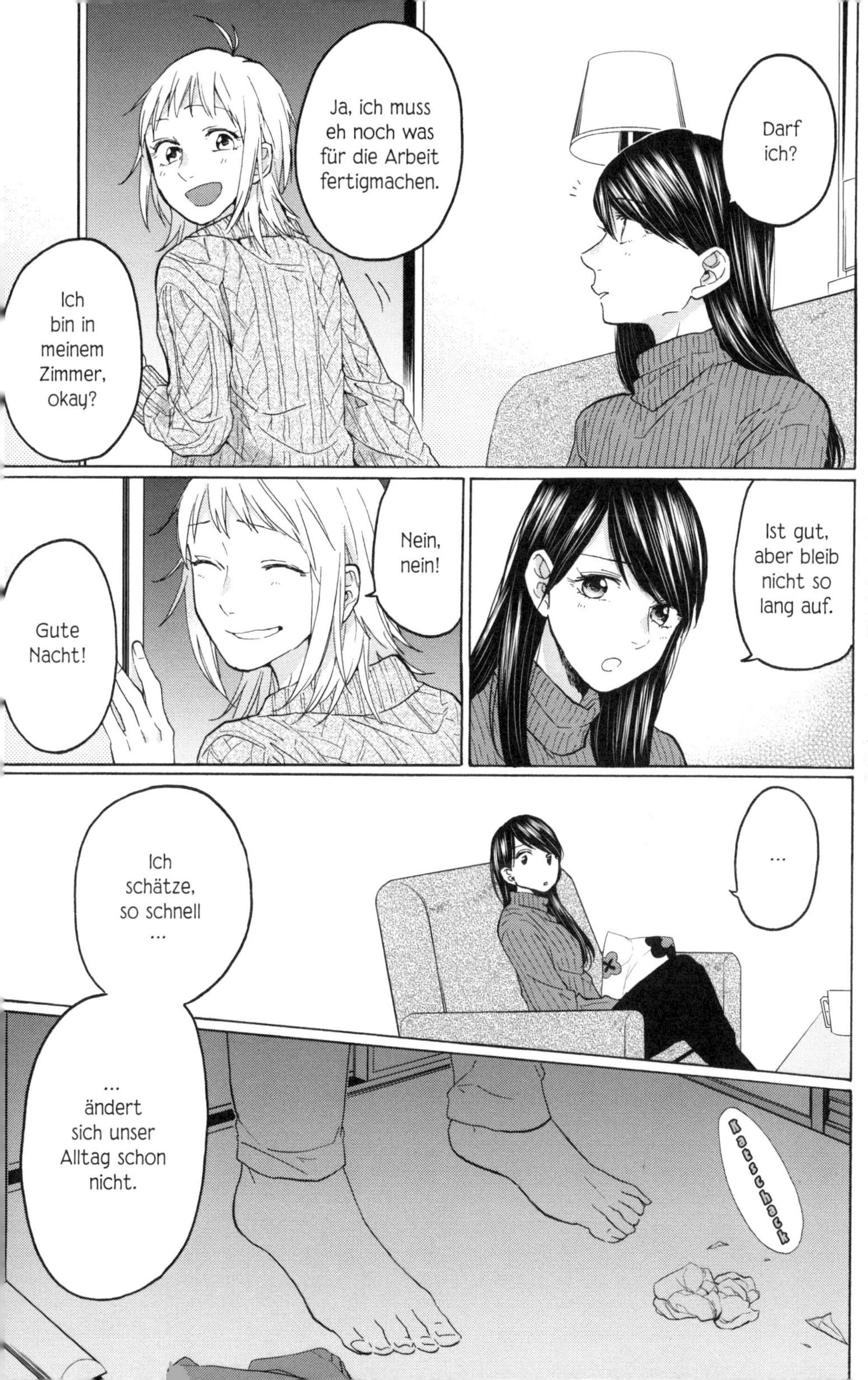
Darf ich?
Ja, ich muss eh noch was für die Arbeit fertigmachen.
Ich bin in meinem Zimmer, okay?
Ist gut, aber bleib nicht so lang auf.
Nein, nein!
Gute Nacht!
...
Ich schätze, so schnell ...
... ändert sich unser Alltag schon nicht.
Katschack

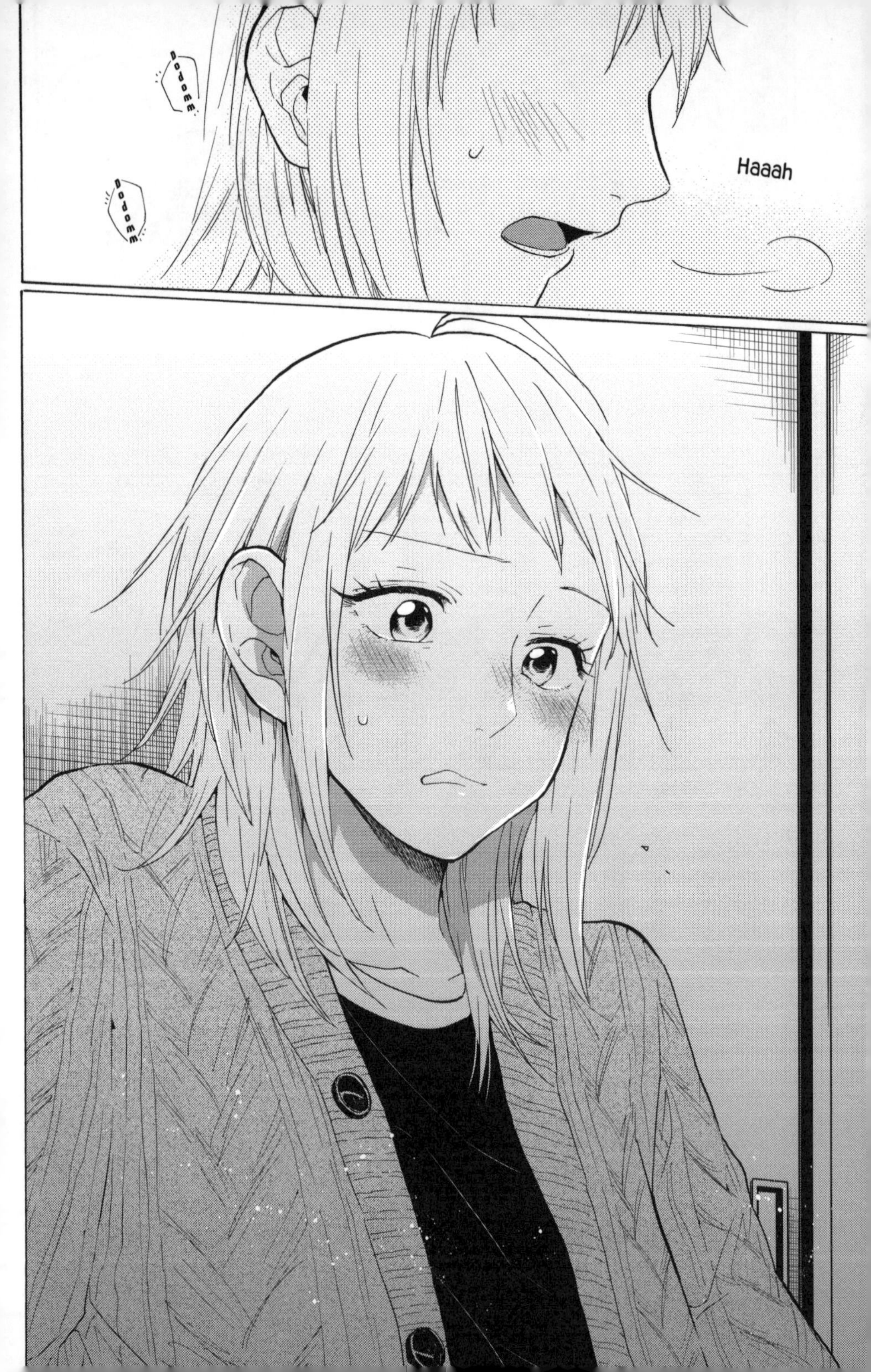
Haaah
Dodomm
Dodomm

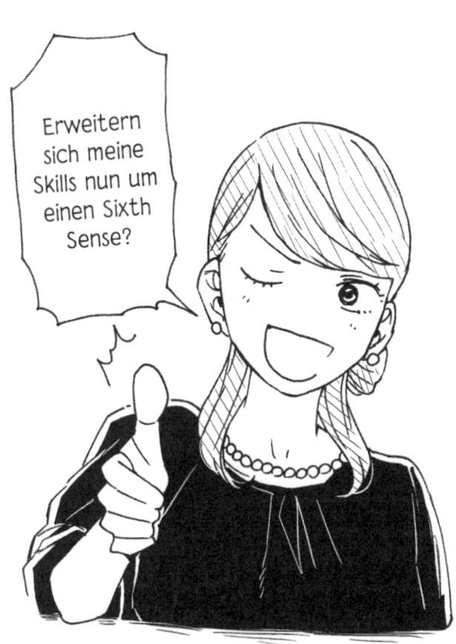
Erweitern sich meine Skills nun um einen Sixth Sense?

2ZKB, Feder & Wecker

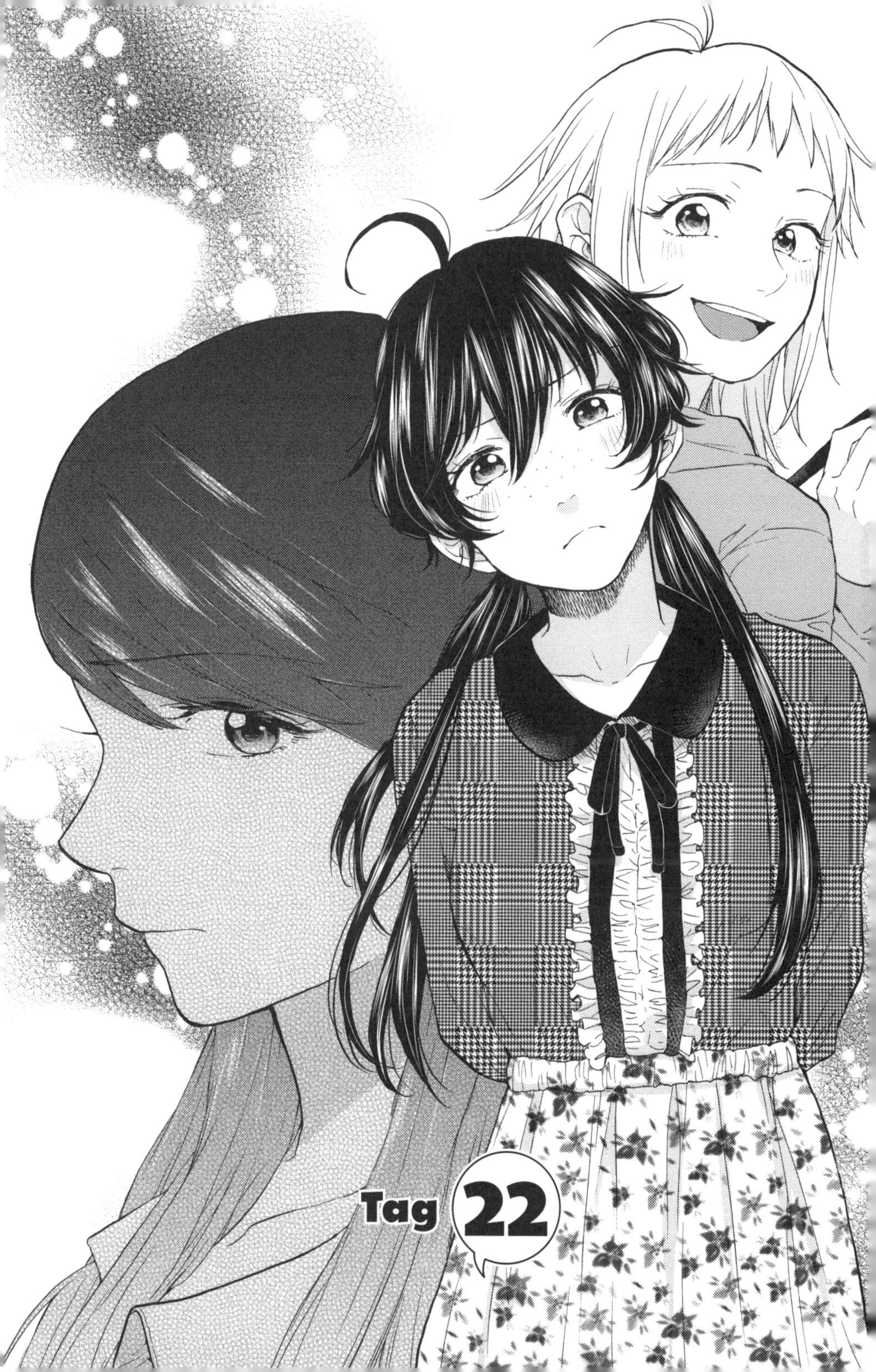
Tag 22

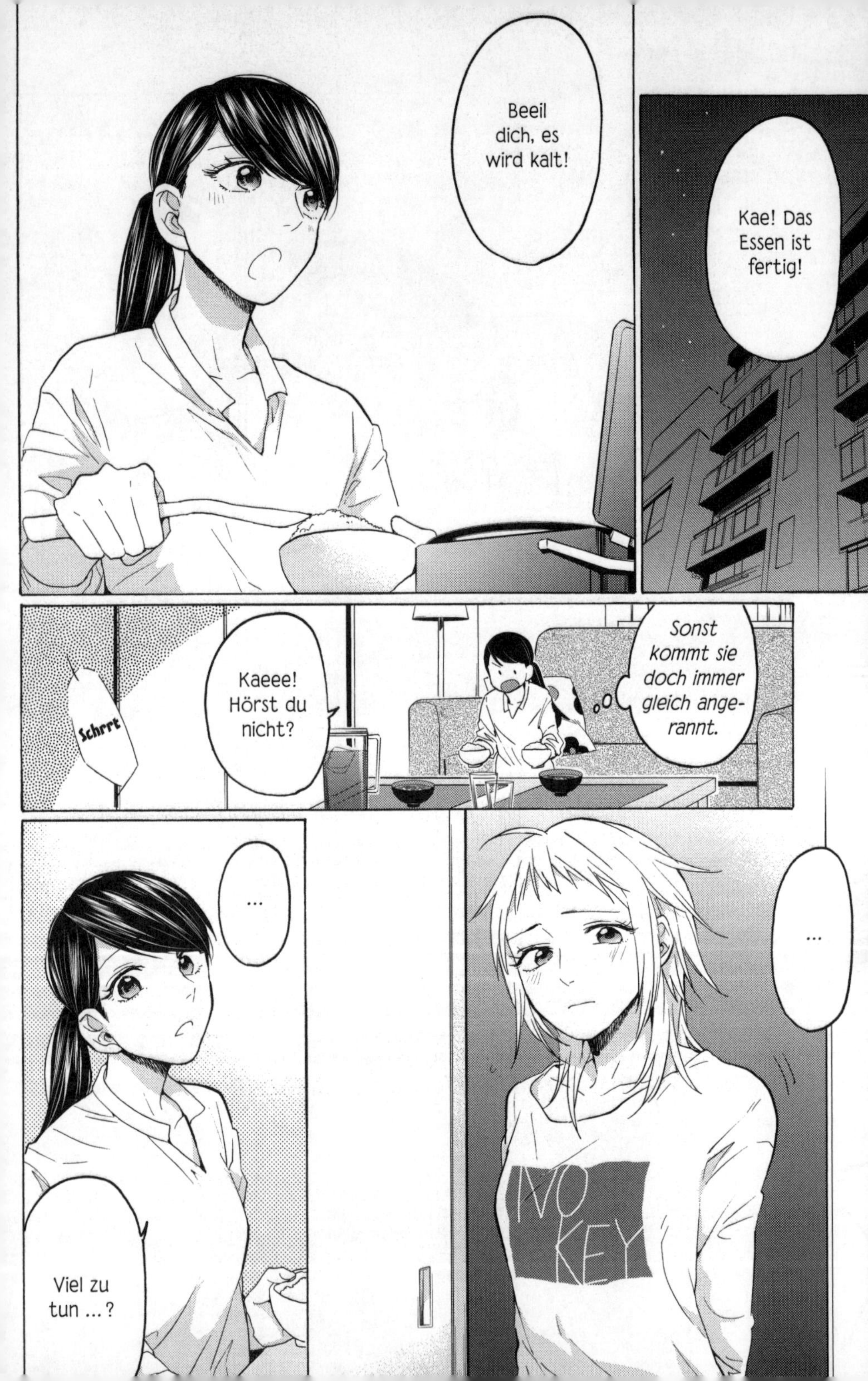
Kae! Das Essen ist fertig!
Beeil dich, es wird kalt!
Sonst kommt sie doch immer gleich angerannt.
Kaeee! Hörst du nicht?
Schrrt
...
...
Viel zu tun ...?

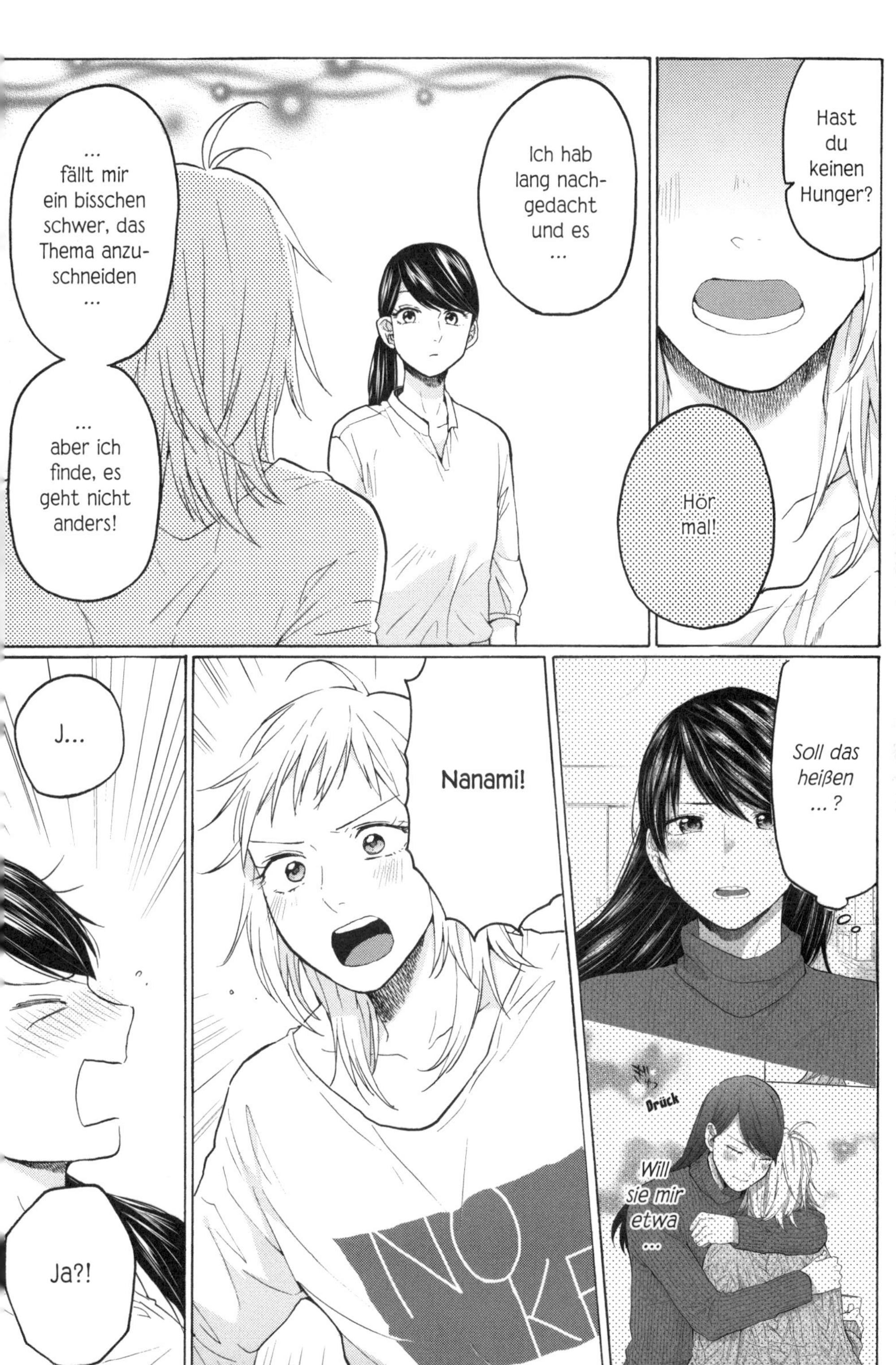
Hast du keinen Hunger?
Hör mal!
Ich hab lang nachgedacht und es ...
... fällt mir ein bisschen schwer, das Thema anzuschneiden ...
... aber ich finde, es geht nicht anders!
Soll das heißen ...?
Drück
Will sie mir etwa ...
Nanami!
J...
Ja?!

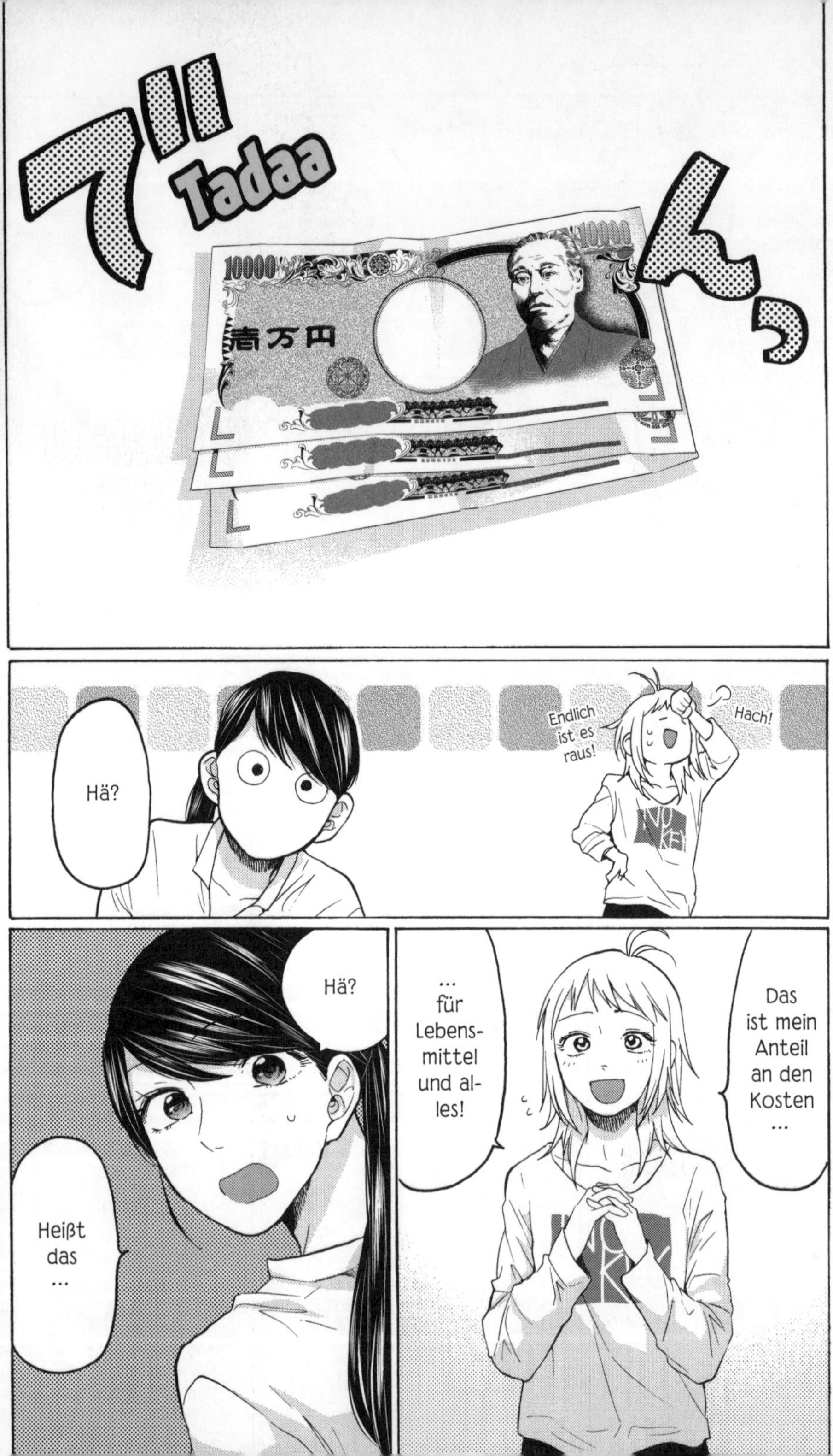

Tadaa

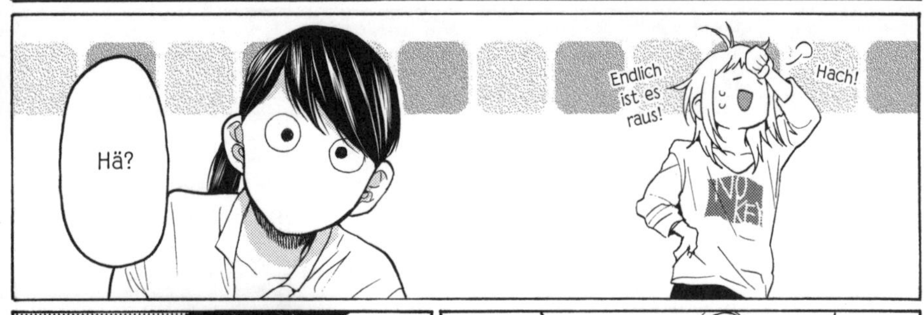

Hach!
Endlich ist es raus!
Hä?

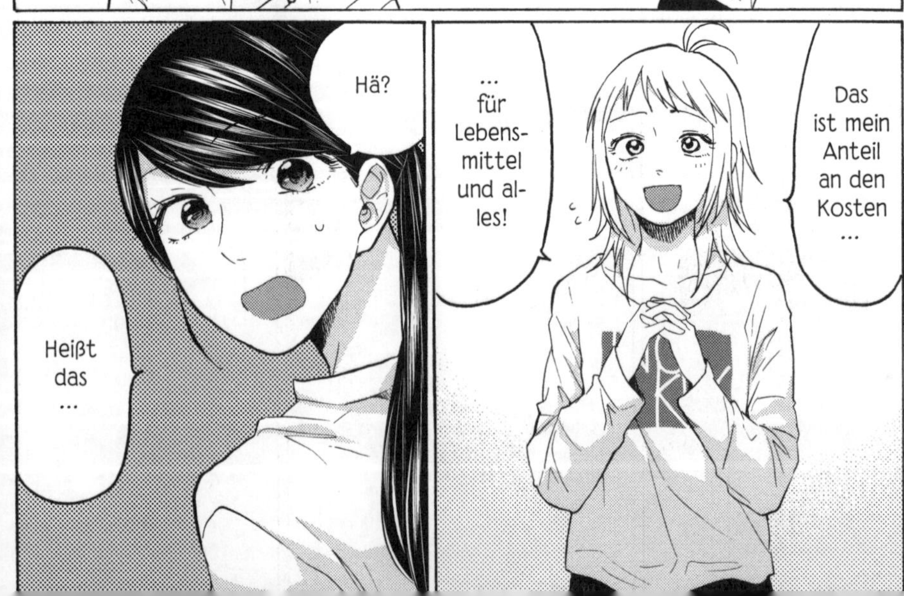

Das ist mein Anteil an den Kosten ...
... für Lebens-mittel und al-les!
Hä?
Heißt das ...

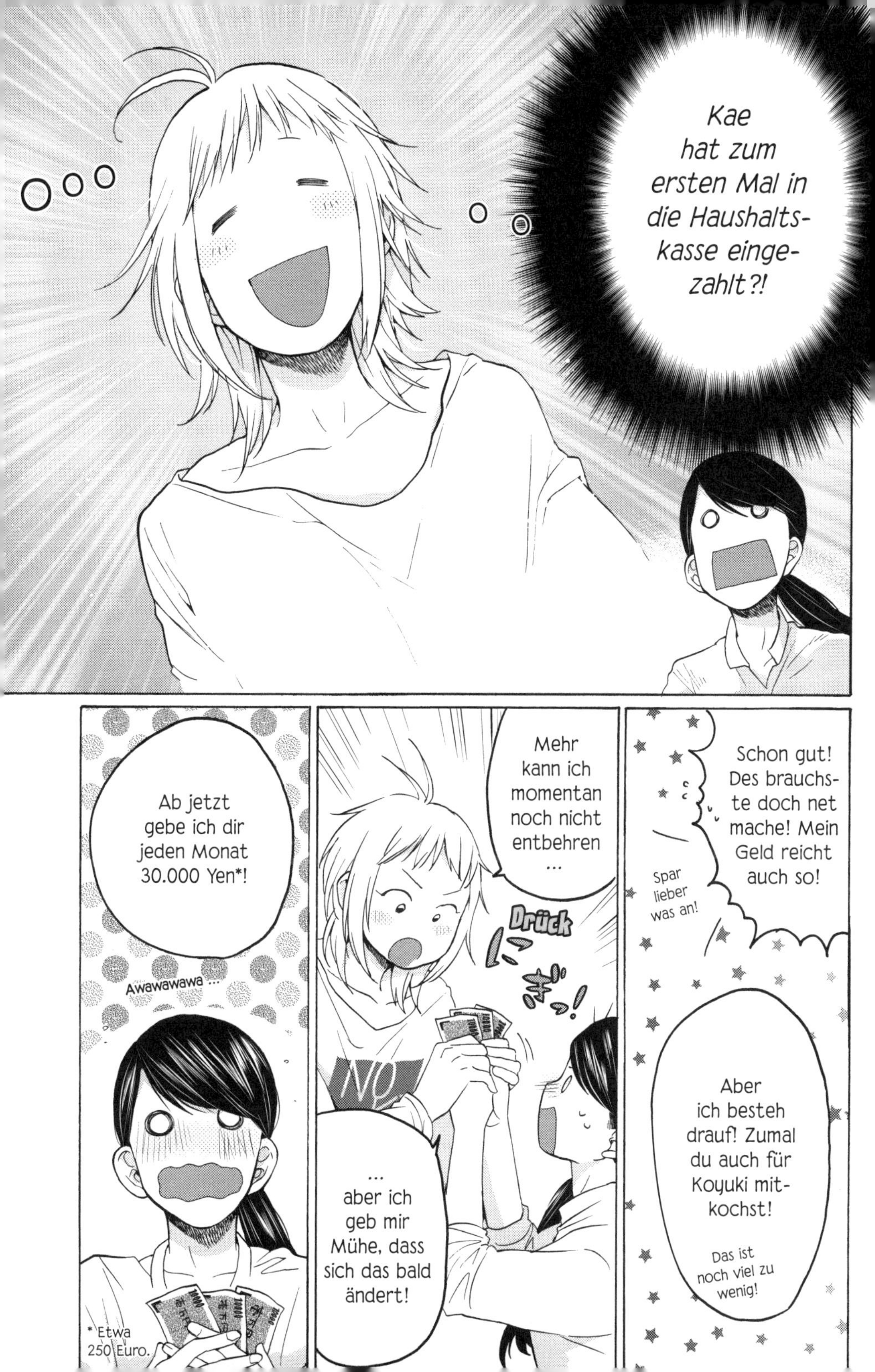

Kae hat zum ersten Mal in die Haushaltskasse eingezahlt?!

Ab jetzt gebe ich dir jeden Monat 30.000 Yen*!

Awawawawa ...

Mehr kann ich momentan noch nicht entbehren ...

Drück

... aber ich geb mir Mühe, dass sich das bald ändert!

Schon gut! Des brauchste doch net mache! Mein Geld reicht auch so!

Spar lieber was an!

Aber ich besteh drauf! Zumal du auch für Koyuki mitkochst!

Das ist noch viel zu wenig!

* Etwa 250 Euro.

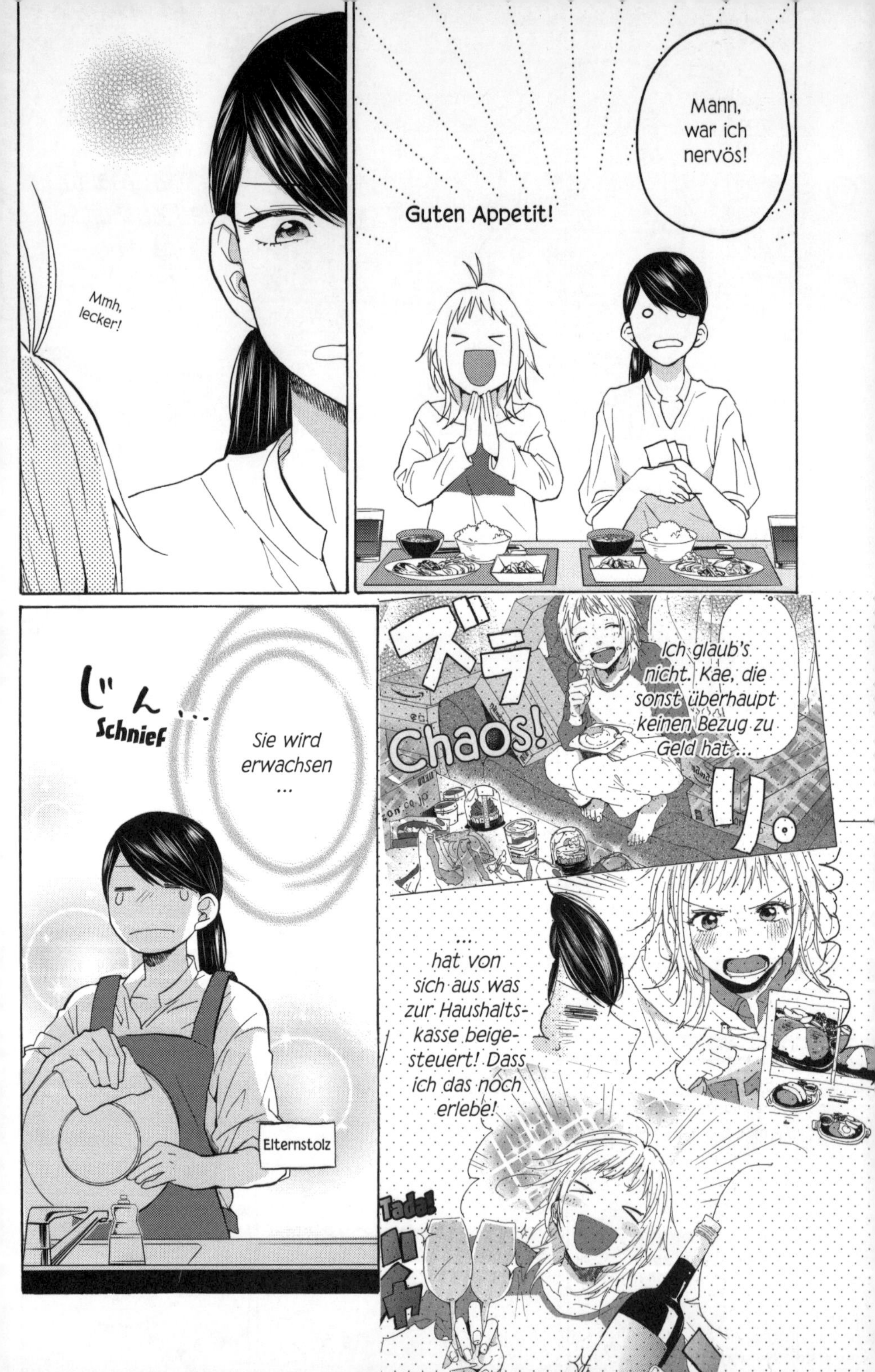
Mann, war ich nervös!
Guten Appetit!
Mmh, lecker!
Ich glaub's nicht. Kae, die sonst überhaupt keinen Bezug zu Geld hat ...
Chaos!
... hat von sich aus was zur Haushaltskasse beigesteuert! Dass ich das noch erlebe!
Tada!
Sie wird erwachsen ...
じん...
Schnief
Elternstolz

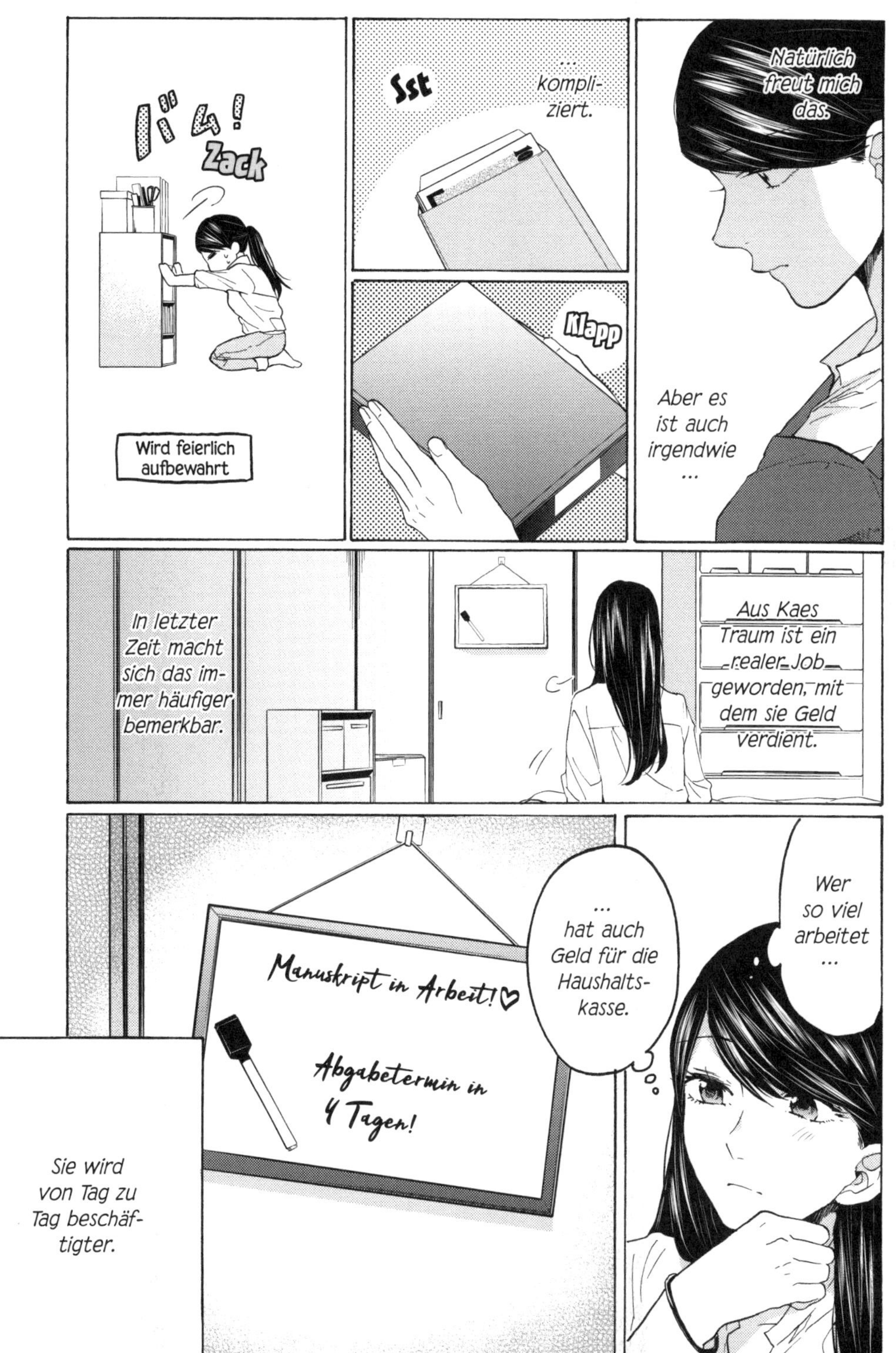

Natürlich freut mich das.
Aber es ist auch irgendwie ...
Sst
... kompliziert.
Klapp
バム!
Zack
Wird feierlich aufbewahrt
Aus Kaes Traum ist ein realer Job geworden, mit dem sie Geld verdient.
In letzter Zeit macht sich das immer häufiger bemerkbar.
Wer so viel arbeitet ...
... hat auch Geld für die Haushaltskasse.
Manuskript in Arbeit! ♡
Abgabetermin in 4 Tagen!
Sie wird von Tag zu Tag beschäftigter.

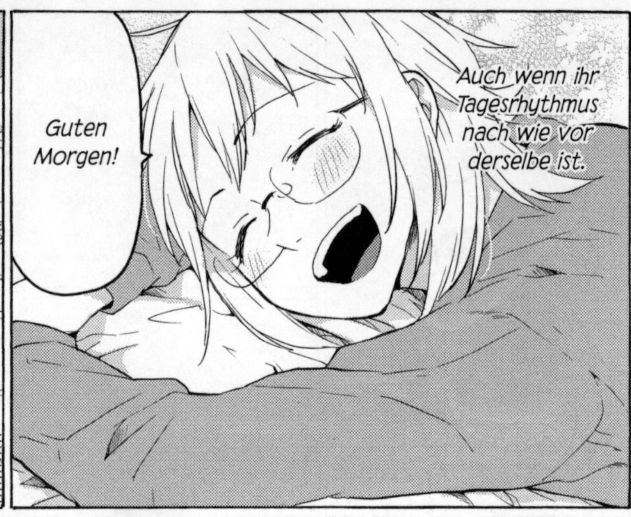

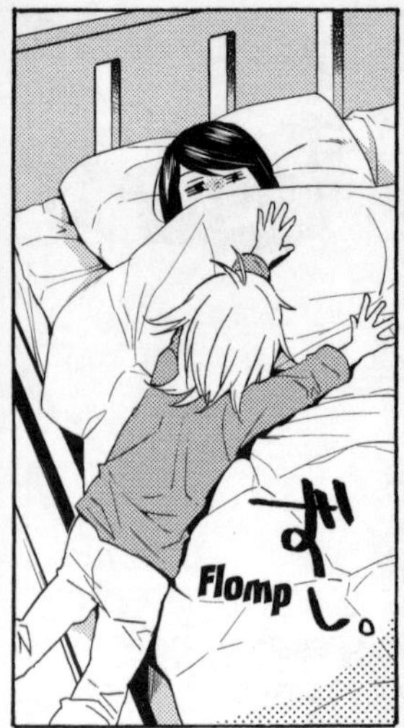

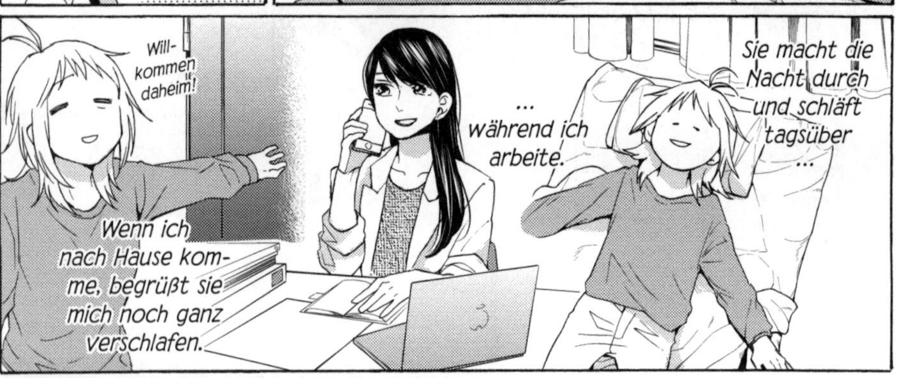

Und dann essen wir gemeinsam zu Abend.

In dieser Beziehung hat sich also nichts geändert.

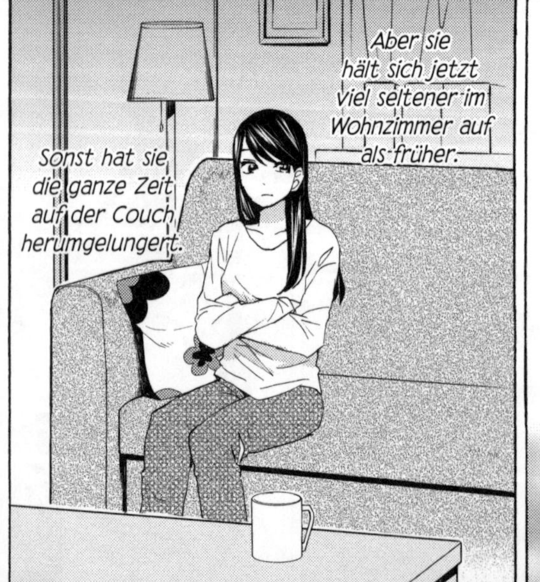

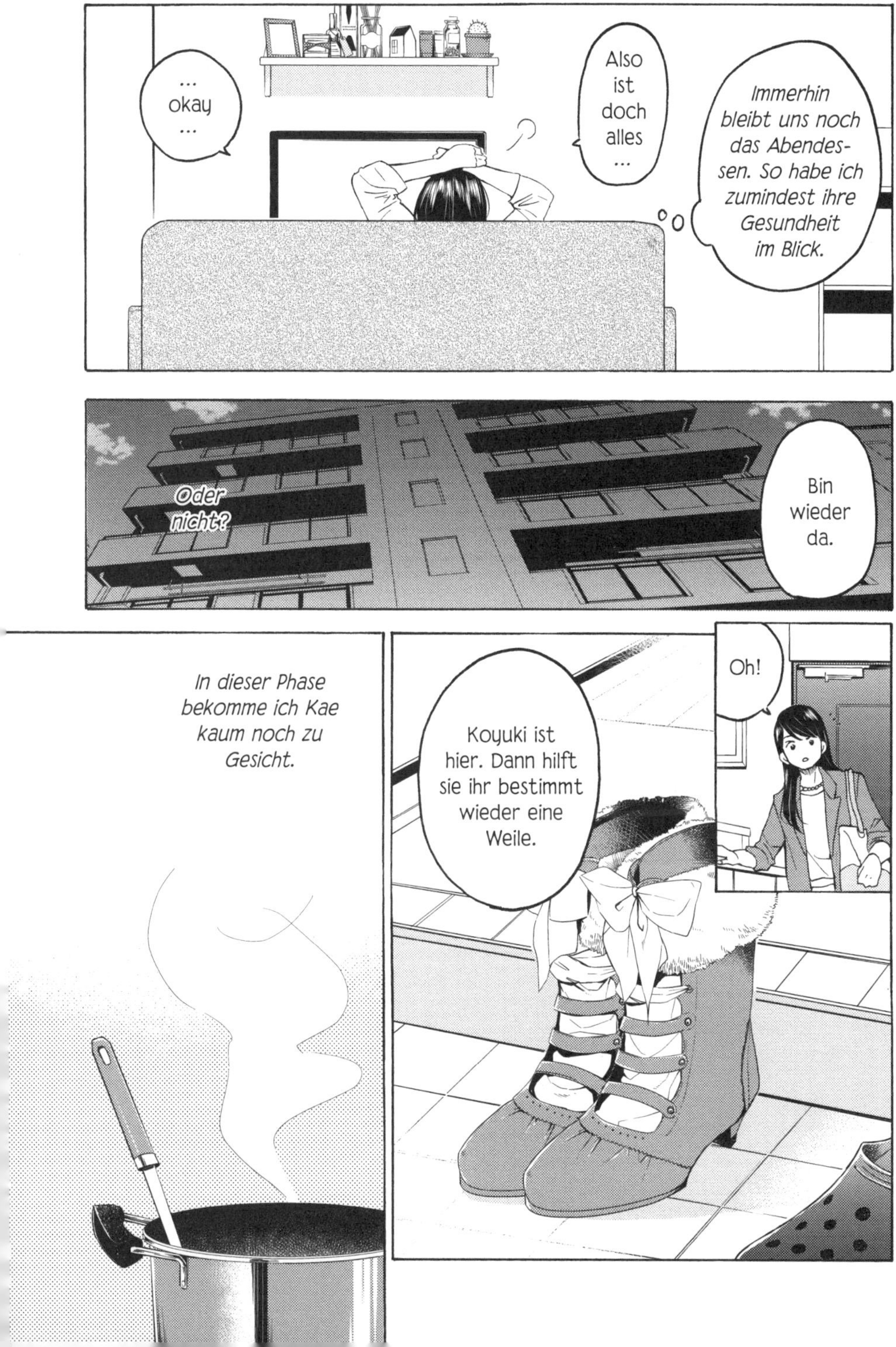

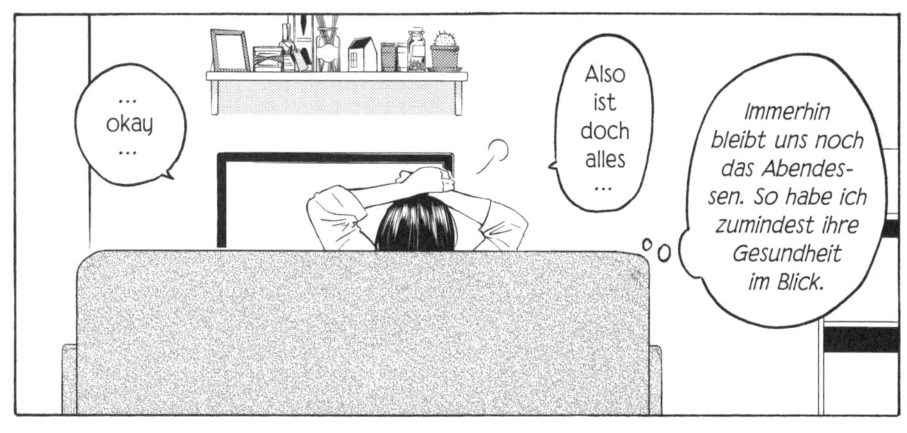

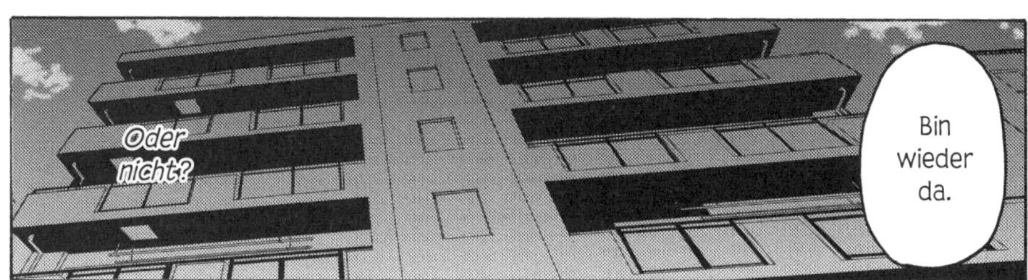

Oh!

Koyuki ist hier. Dann hilft sie ihr bestimmt wieder eine Weile.

In dieser Phase bekomme ich Kae kaum noch zu Gesicht.

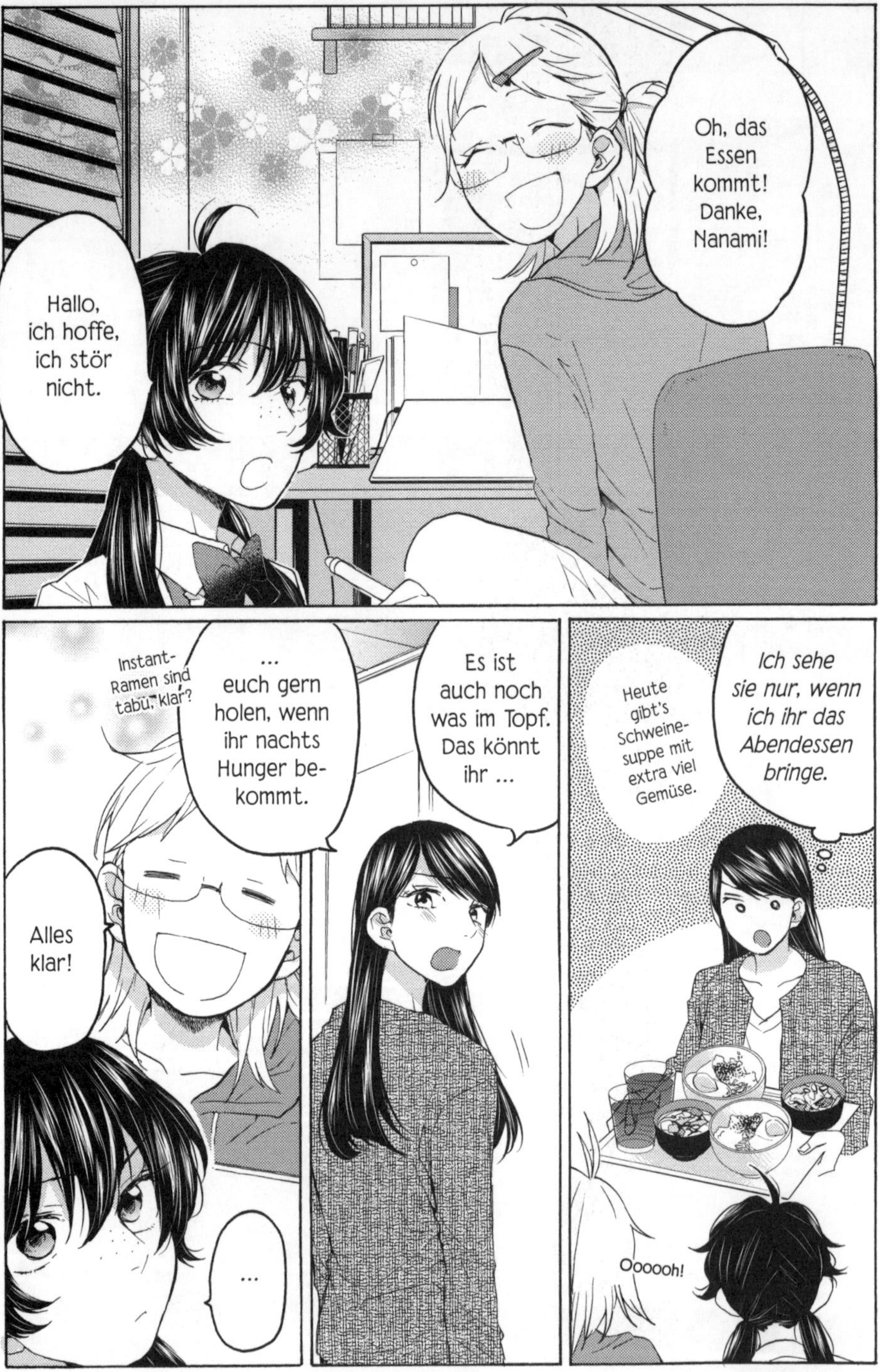

Oh, das Essen kommt! Danke, Nanami!

Hallo, ich hoffe, ich stör nicht.

Ich sehe sie nur, wenn ich ihr das Abendessen bringe.

Heute gibt's Schweinesuppe mit extra viel Gemüse.

Oooooh!

Es ist auch noch was im Topf. Das könnt ihr ...

... euch gern holen, wenn ihr nachts Hunger bekommt.

Instant-Ramen sind tabu, klar?

Alles klar!

...

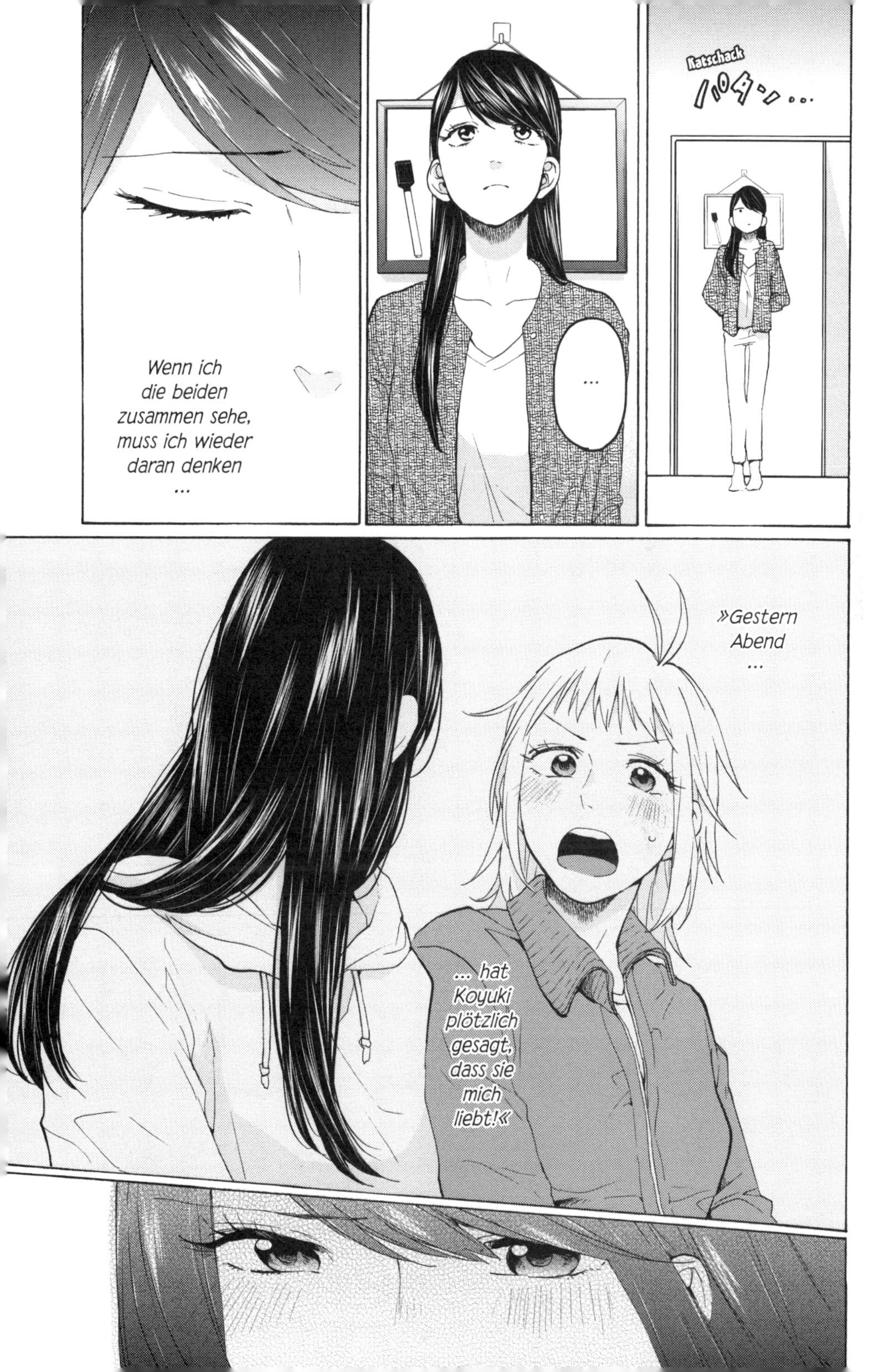

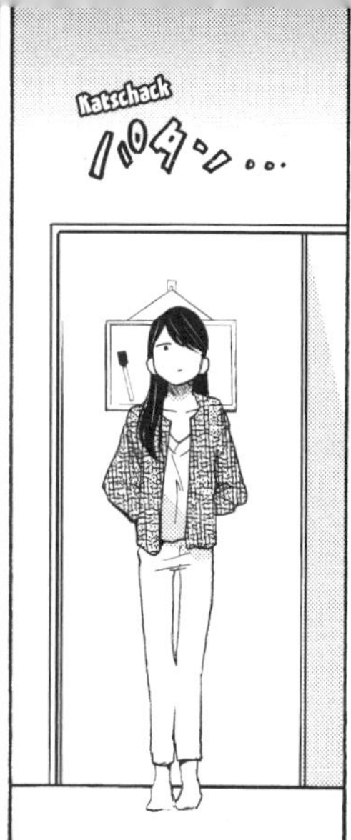

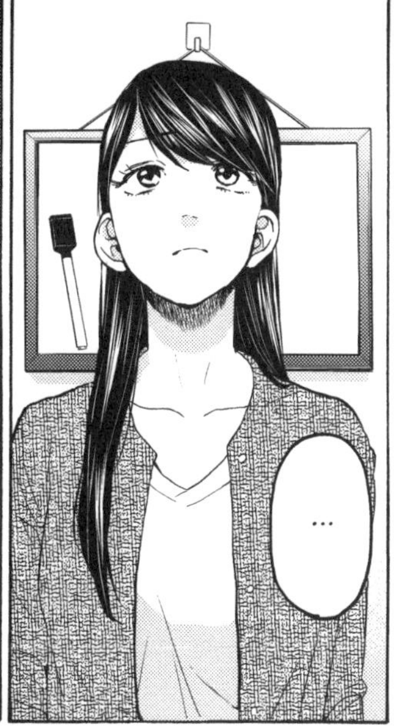

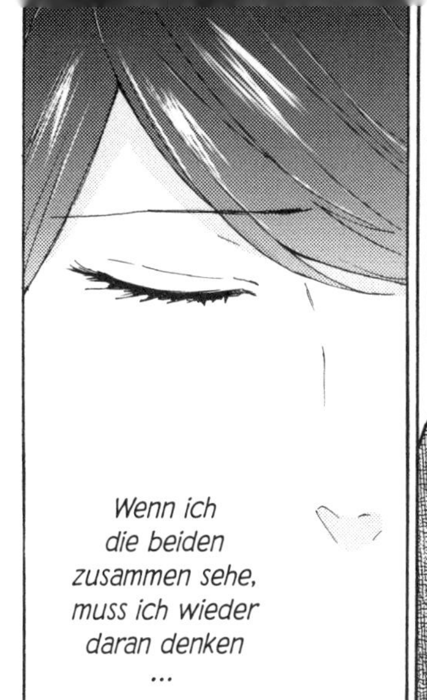

»Gestern Abend ...

... hat Koyuki plötzlich gesagt, dass sie mich liebt!«

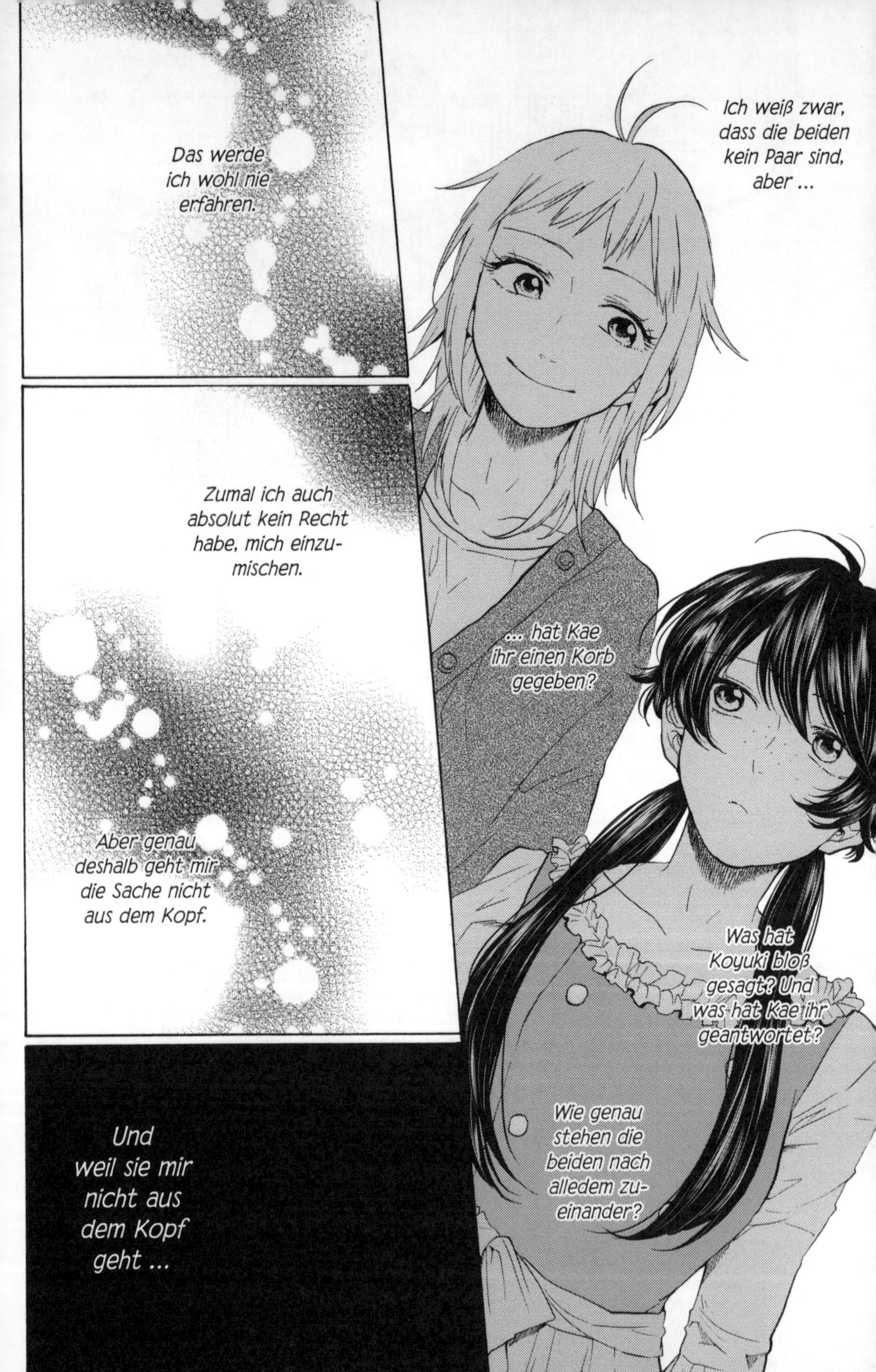
Ich weiß zwar, dass die beiden kein Paar sind, aber ...
Das werde ich wohl nie erfahren.
... hat Kae ihr einen Korb gegeben?
Zumal ich auch absolut kein Recht habe, mich einzumischen.
Was hat Koyuki bloß gesagt? Und was hat Kae ihr geantwortet?
Aber genau deshalb geht mir die Sache nicht aus dem Kopf.
Wie genau stehen die beiden nach alledem zueinander?
Und weil sie mir nicht aus dem Kopf geht ...

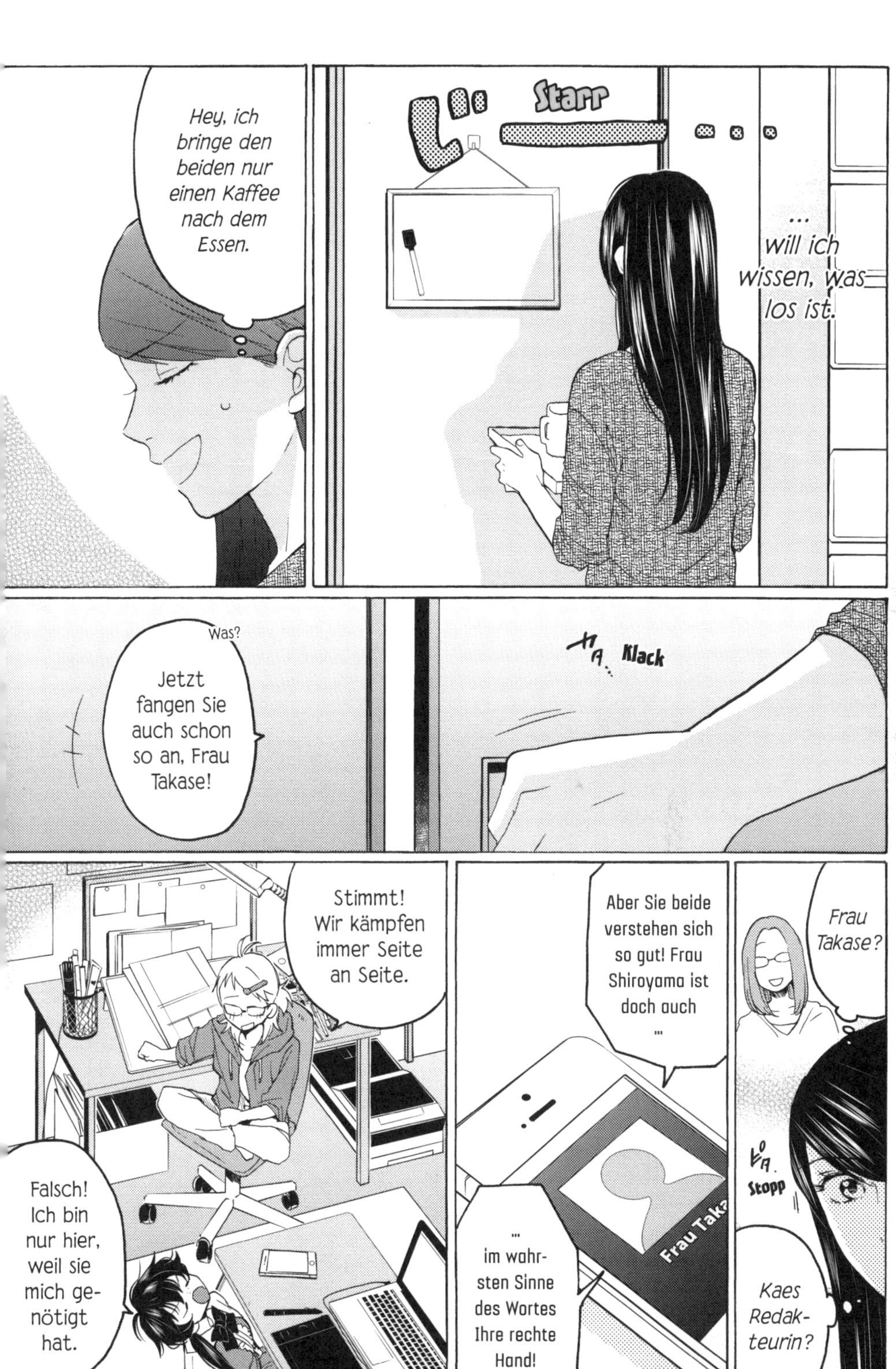
Hey, ich bringe den beiden nur einen Kaffee nach dem Essen.
Starr
... will ich wissen, was los ist.
Was?
Jetzt fangen Sie auch schon so an, Frau Takase!
Klack
Stimmt! Wir kämpfen immer Seite an Seite.
Falsch! Ich bin nur hier, weil sie mich genötigt hat.
Aber Sie beide verstehen sich so gut! Frau Shiroyama ist doch auch ...
... im wahrsten Sinne des Wortes Ihre rechte Hand!
Frau Takase?
Stopp
Kaes Redakteurin?

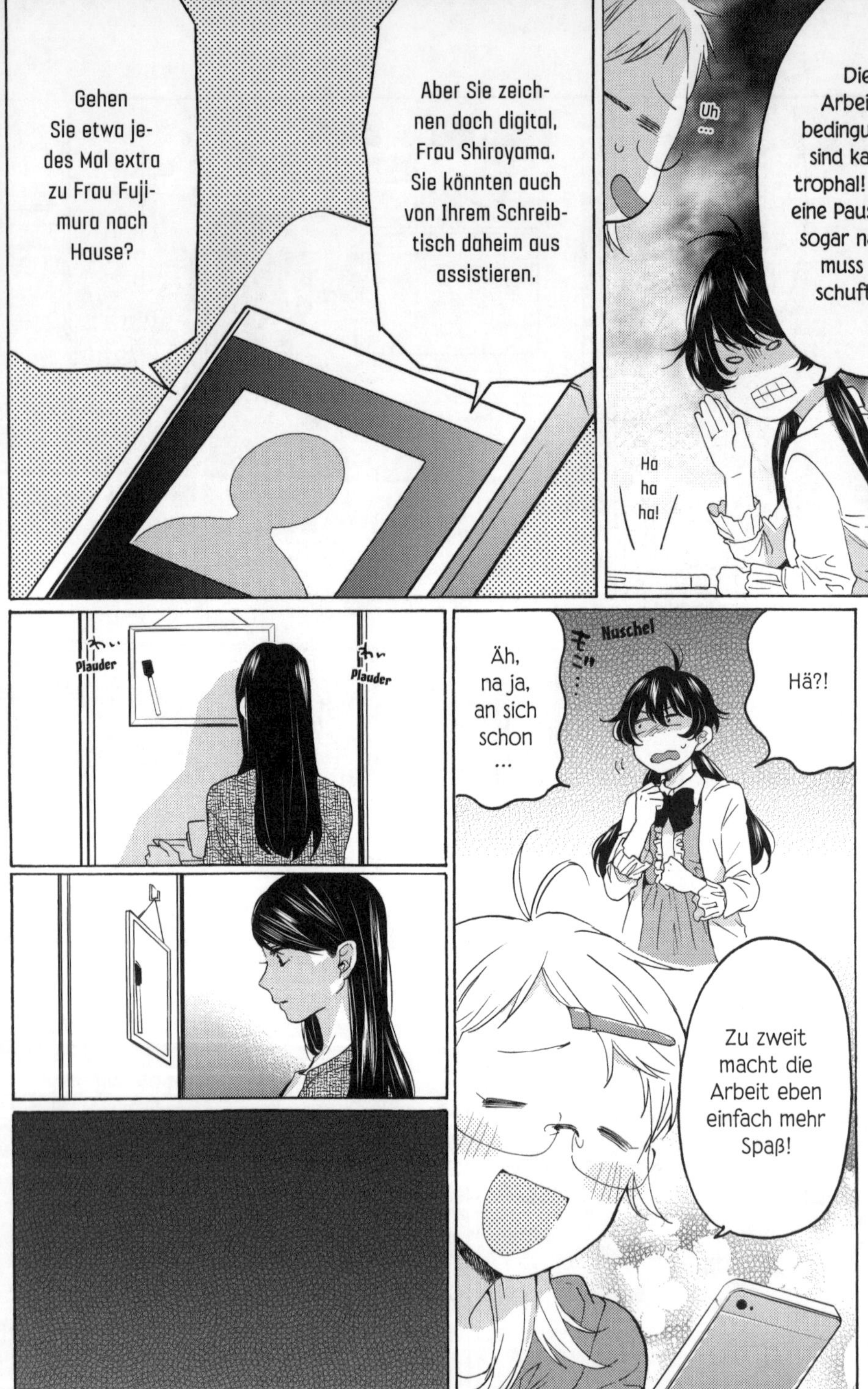
Die Arbeitsbedingungen sind katastrophal! Kaum eine Pause und sogar nachts muss ich schuften!
Uh ..
Ha ha ha!
Aber Sie zeichnen doch digital, Frau Shiroyama. Sie könnten auch von Ihrem Schreibtisch daheim aus assistieren.
Gehen Sie etwa jedes Mal extra zu Frau Fujimura nach Hause?
Hä?!
Nuschel
Äh, na ja, an sich schon …
Zu zweit macht die Arbeit eben einfach mehr Spaß!
Plauder
Plauder

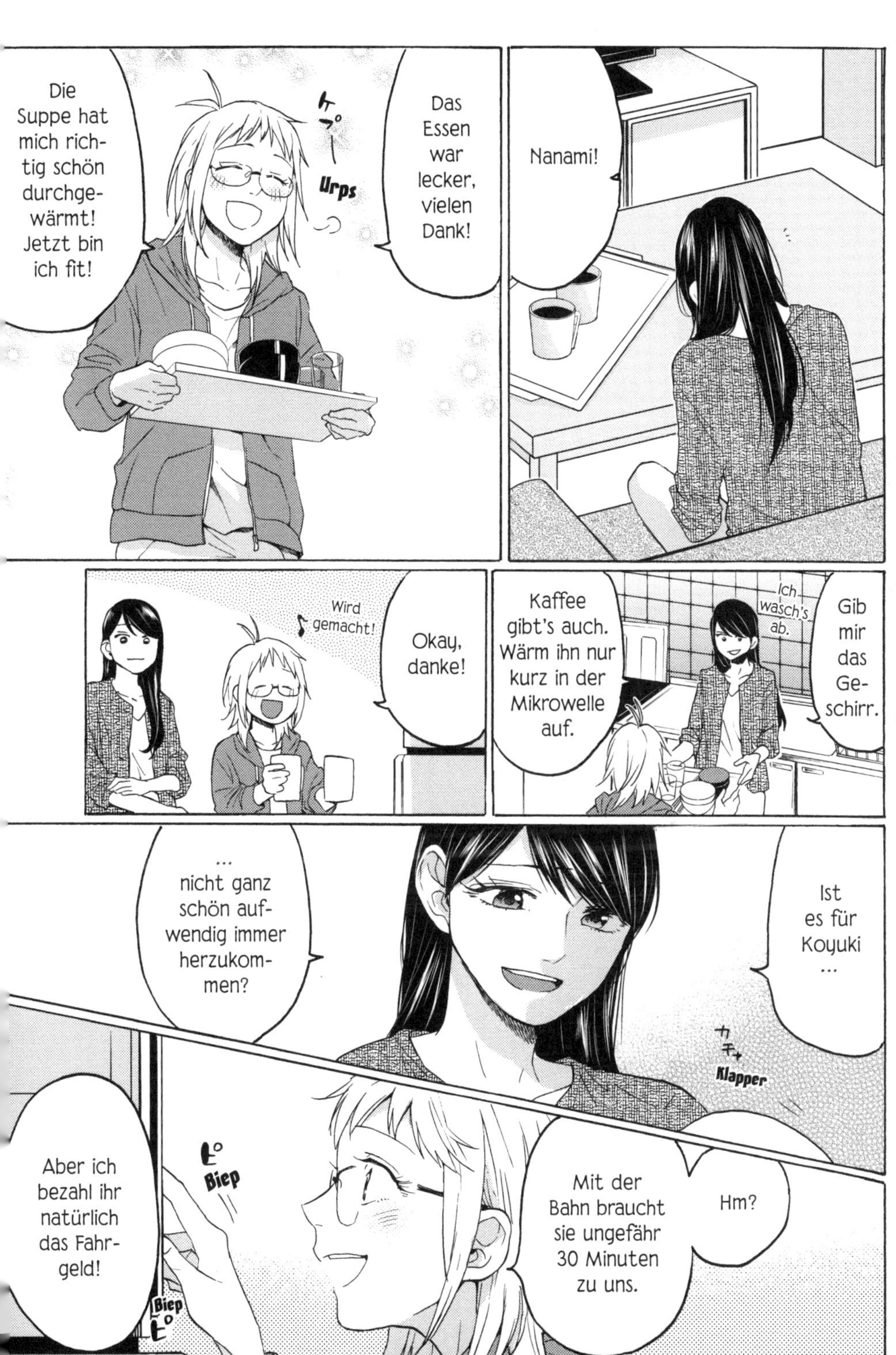
Nanami!
Das Essen war lecker, vielen Dank!
Urps
Die Suppe hat mich richtig schön durchgewärmt! Jetzt bin ich fit!
Gib mir das Geschirr.
Ich wasch's ab.
Kaffee gibt's auch. Wärm ihn nur kurz in der Mikrowelle auf.
Okay, danke!
Wird gemacht!
Ist es für Koyuki ...
Klapper
... nicht ganz schön aufwendig immer herzukommen?
Hm?
Mit der Bahn braucht sie ungefähr 30 Minuten zu uns.
Biep
Aber ich bezahl ihr natürlich das Fahrgeld!
Biep

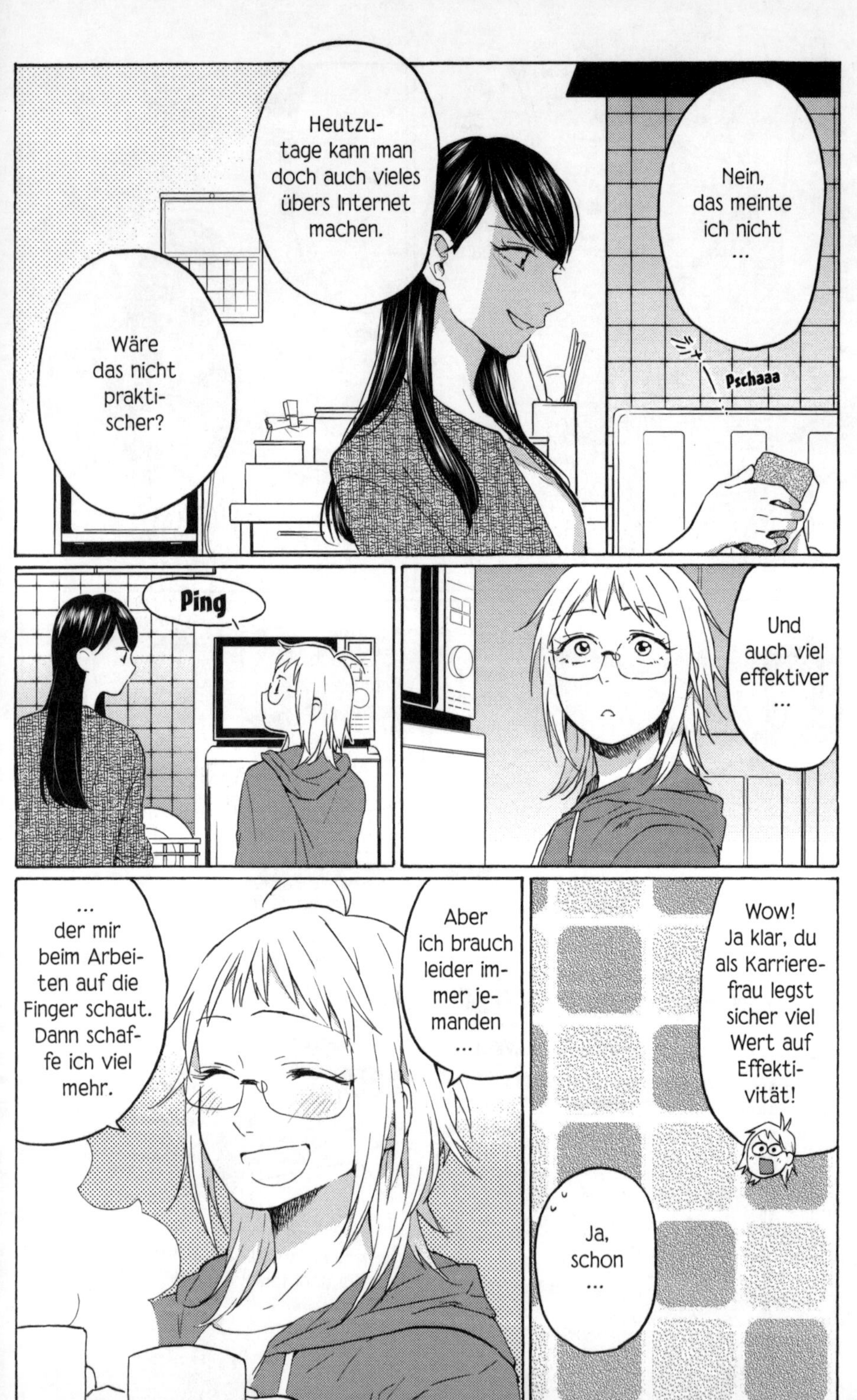

Nein, das meinte ich nicht …
Heutzutage kann man doch auch vieles übers Internet machen.
Wäre das nicht praktischer?
Pschaaa
Ping
Und auch viel effektiver …
Wow! Ja klar, du als Karrierefrau legst sicher viel Wert auf Effektivität!
Ja, schon …
Aber ich brauch leider immer jemanden …
… der mir beim Arbeiten auf die Finger schaut. Dann schaffe ich viel mehr.

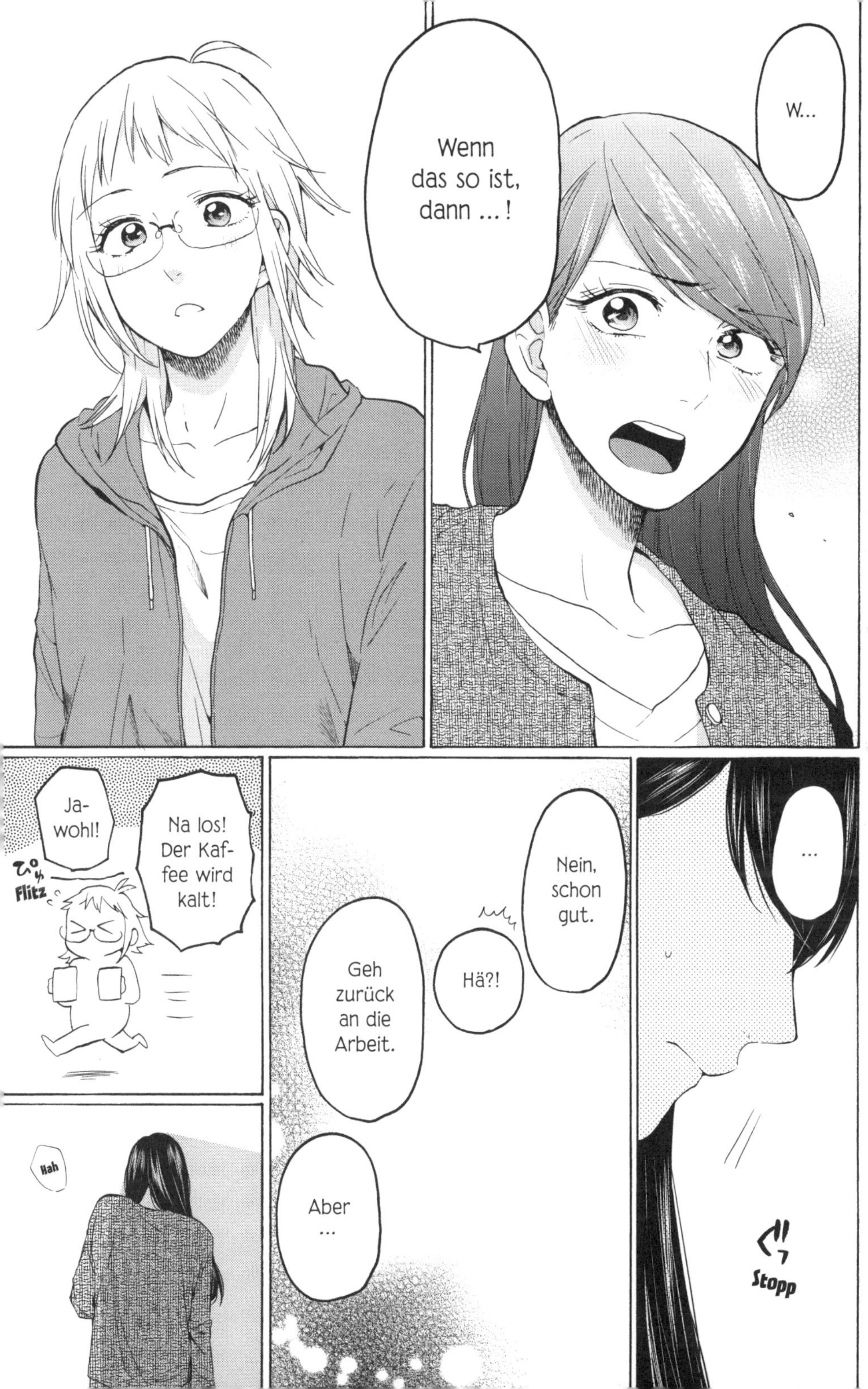
W...
Wenn das so ist, dann ...!
...
Nein, schon gut.
Hä?!
Geh zurück an die Arbeit.
Na los! Der Kaffee wird kalt!
Ja-wohl!
Flitz
Stopp
Aber ...
Hah

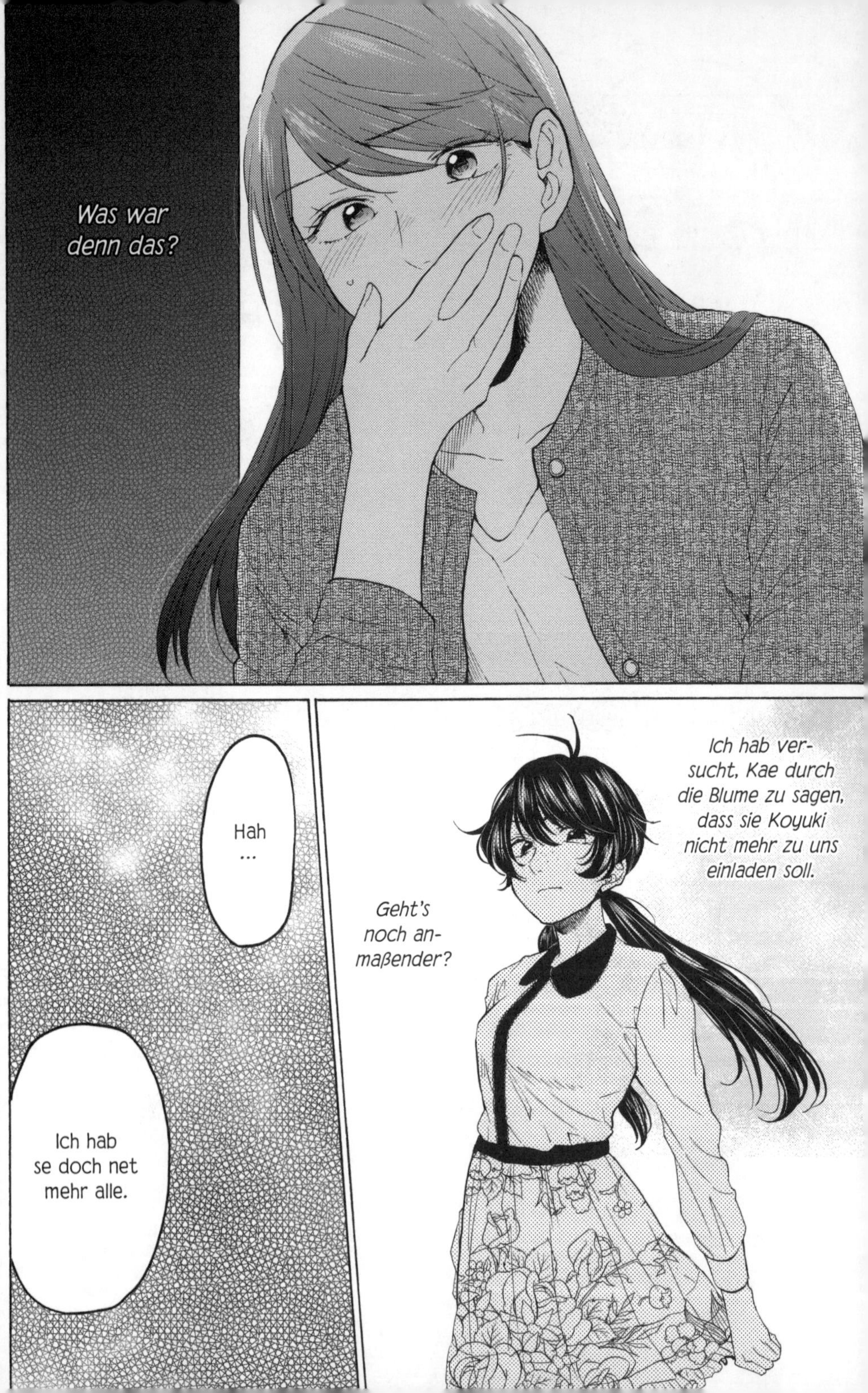

Was war denn das?

Ich hab versucht, Kae durch die Blume zu sagen, dass sie Koyuki nicht mehr zu uns einladen soll.

Geht's noch anmaßender?

Hah ...

Ich hab se doch net mehr alle.

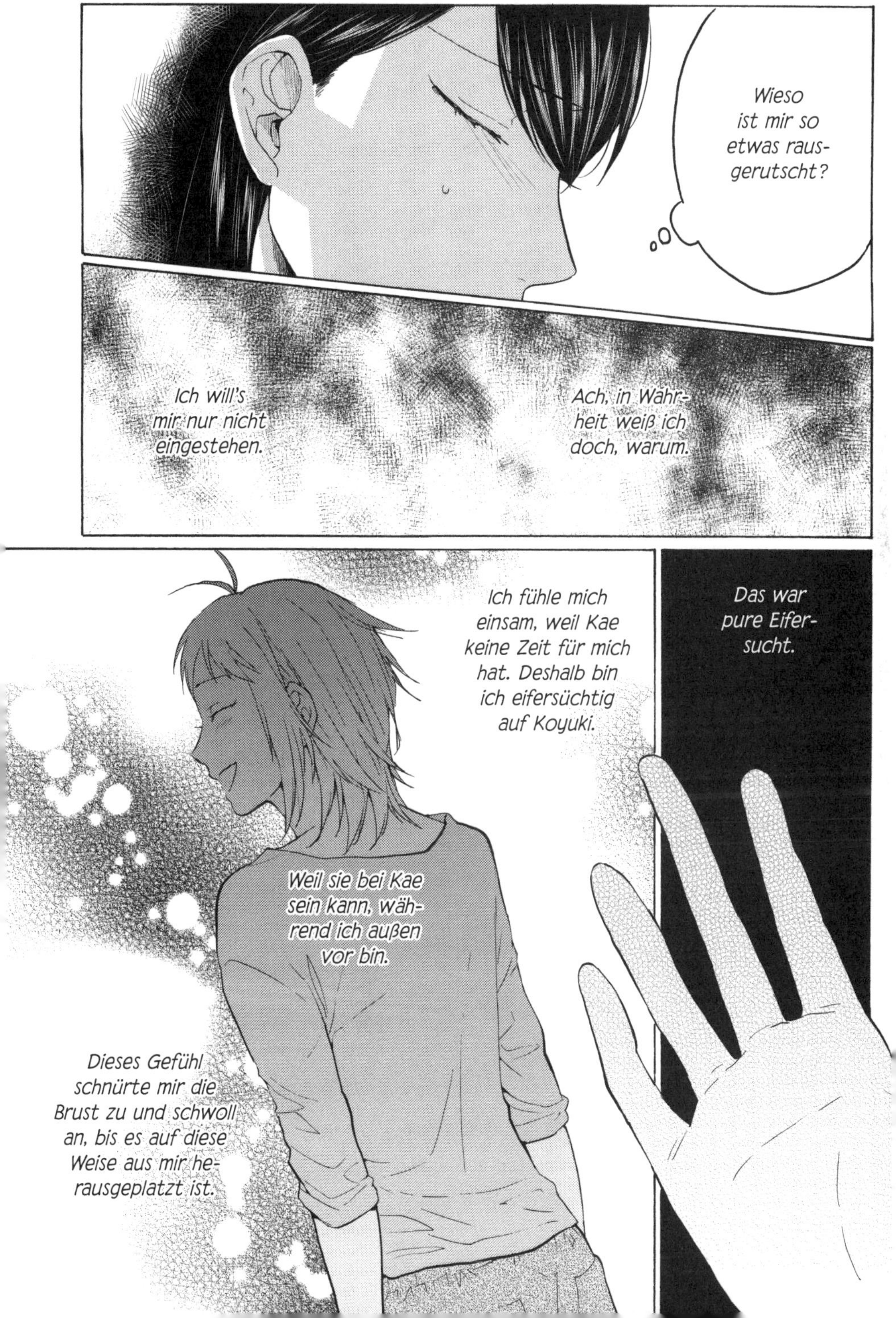

Wieso ist mir so etwas rausgerutscht?

Ach, in Wahrheit weiß ich doch, warum.

Ich will's mir nur nicht eingestehen.

Das war pure Eifersucht.

Ich fühle mich einsam, weil Kae keine Zeit für mich hat. Deshalb bin ich eifersüchtig auf Koyuki.

Weil sie bei Kae sein kann, während ich außen vor bin.

Dieses Gefühl schnürte mir die Brust zu und schwoll an, bis es auf diese Weise aus mir herausgeplatzt ist.

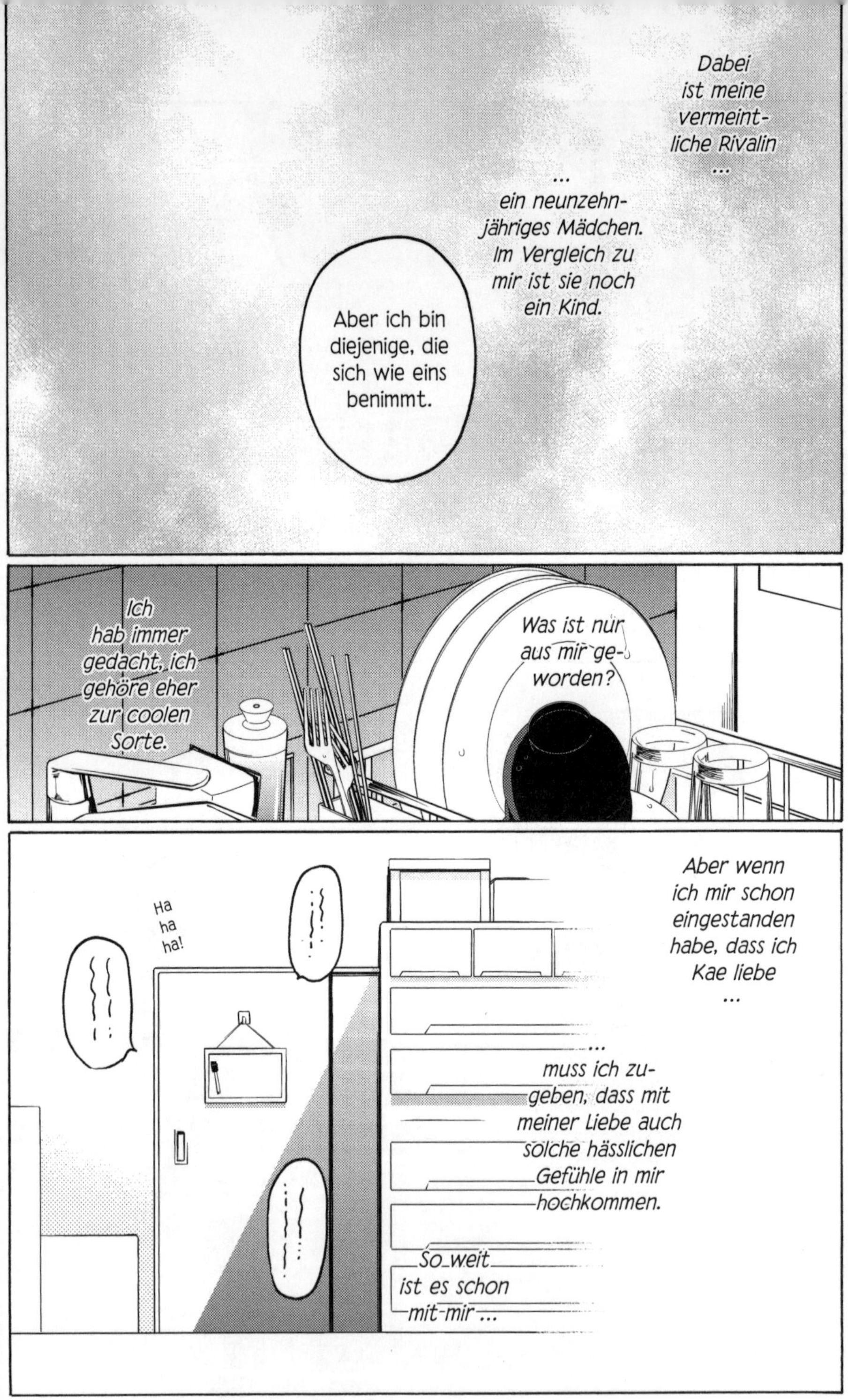

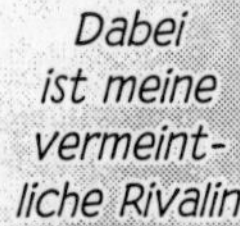

... ein neunzehnjähriges Mädchen. Im Vergleich zu mir ist sie noch ein Kind.

Aber ich bin diejenige, die sich wie eins benimmt.

Was ist nur aus mir geworden?

Ich hab immer gedacht, ich gehöre eher zur coolen Sorte.

Aber wenn ich mir schon eingestanden habe, dass ich Kae liebe ...

... muss ich zugeben, dass mit meiner Liebe auch solche hässlichen Gefühle in mir hochkommen.

Ha ha ha!

So weit ist es schon mit mir ...

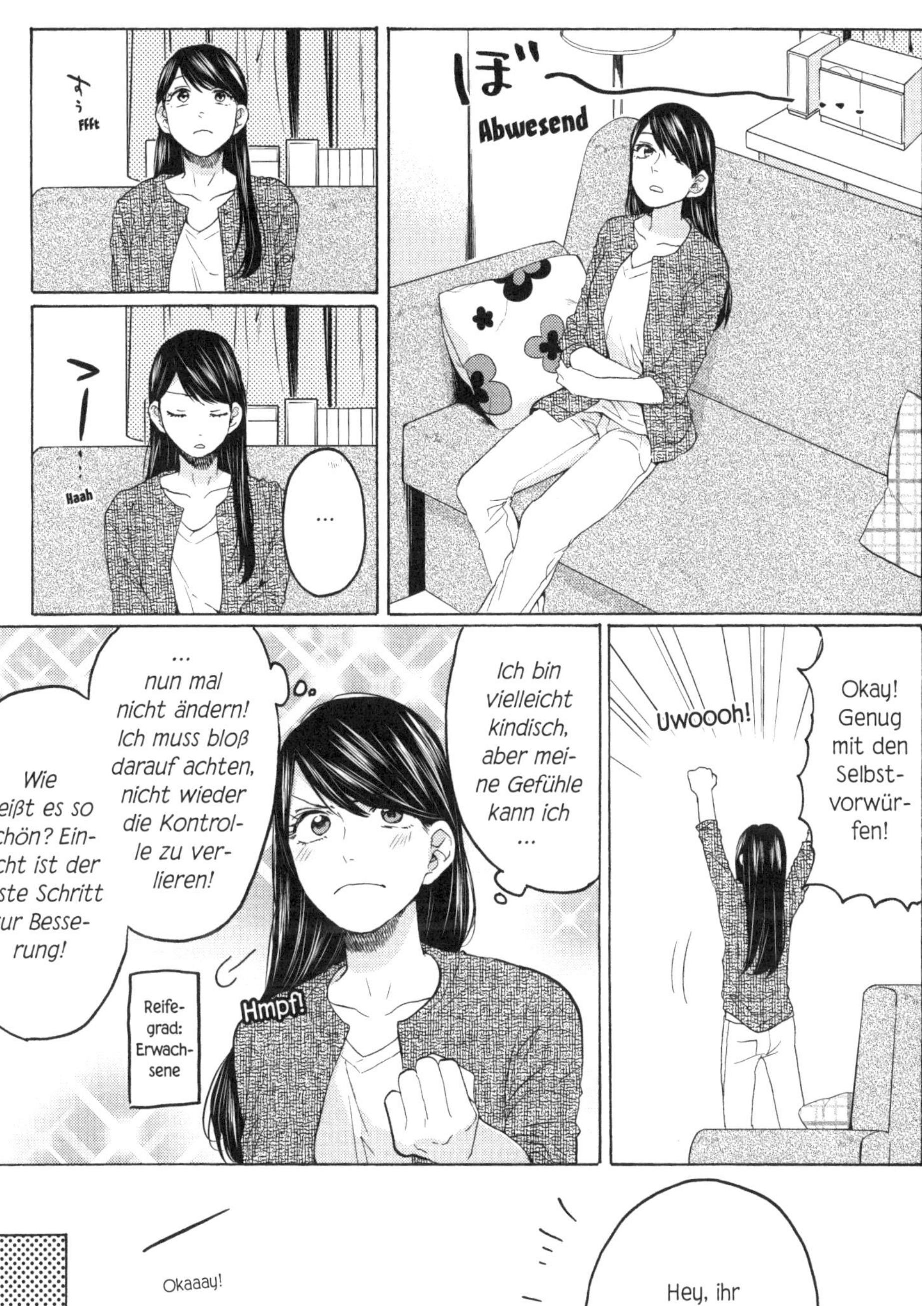
ぼ゛～
Abwesend
すぅ
Ffft
はー
Haah
...
Uwoooh!
Okay! Genug mit den Selbstvorwürfen!
Ich bin vielleicht kindisch, aber meine Gefühle kann ich ...
... nun mal nicht ändern! Ich muss bloß darauf achten, nicht wieder die Kontrolle zu verlieren!
Wie heißt es so schön? Einsicht ist der erste Schritt zur Besserung!
Hmpf!
Reifegrad: Erwachsene

Hey, ihr zwei! Es wird Zeit fürs Bad!
Okaaay!

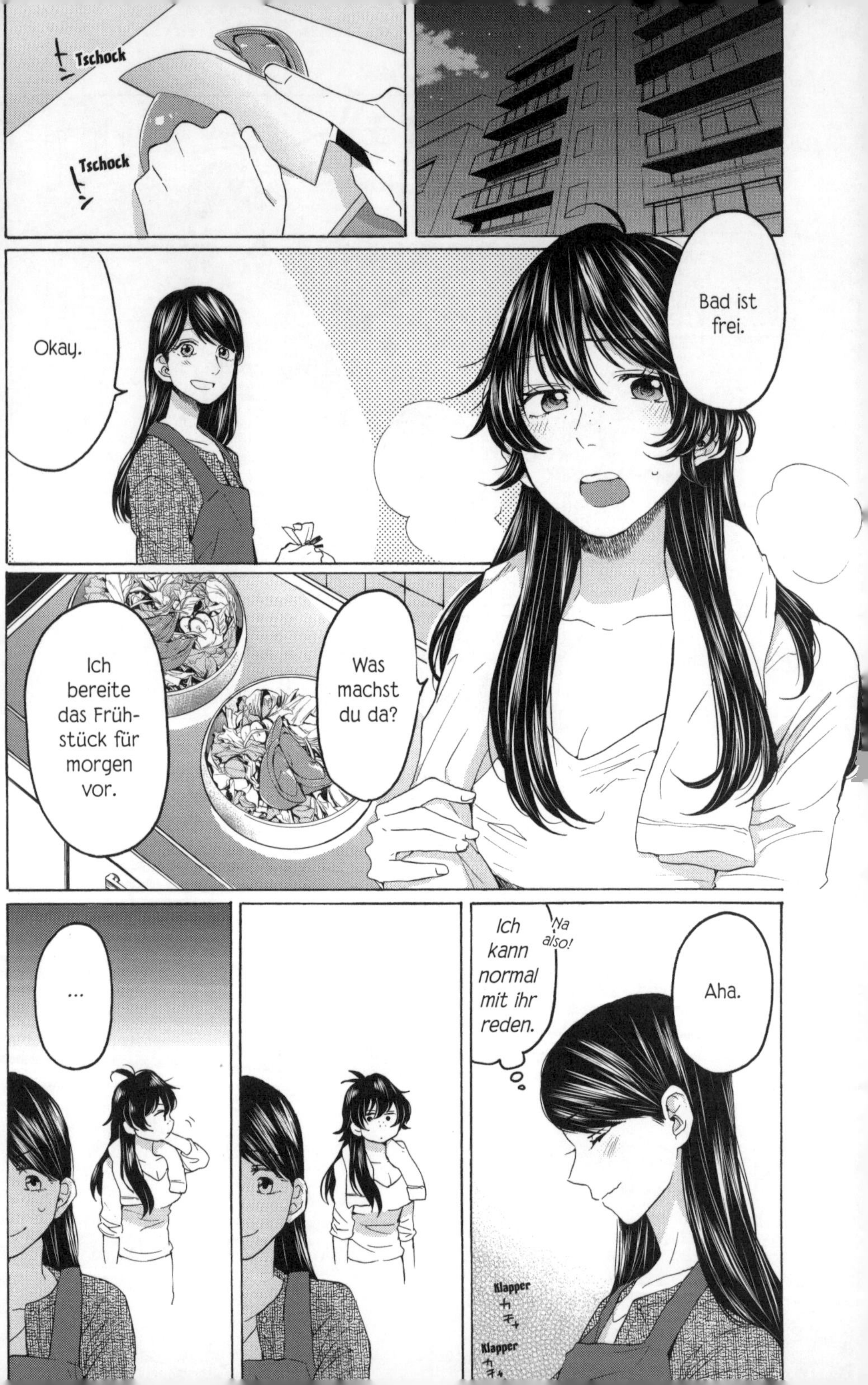

Tschock
Tschock

Bad ist frei.

Okay.

Was machst du da?

Ich bereite das Frühstück für morgen vor.

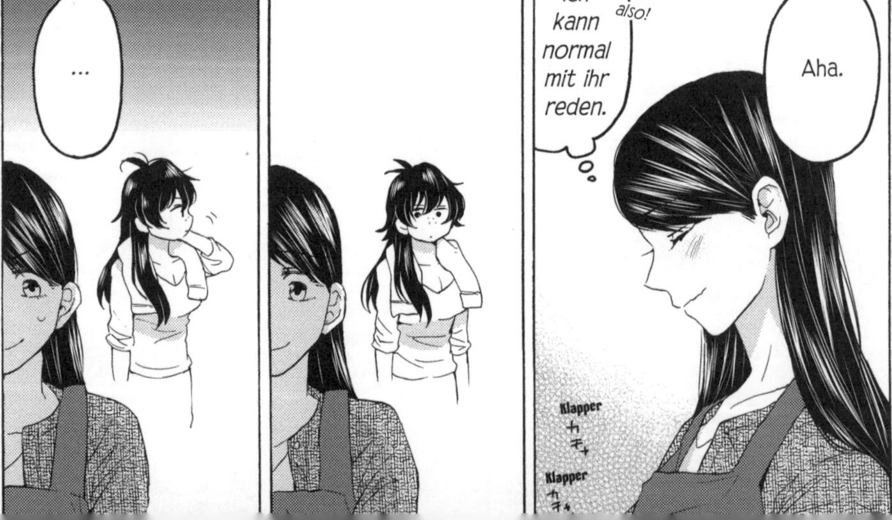

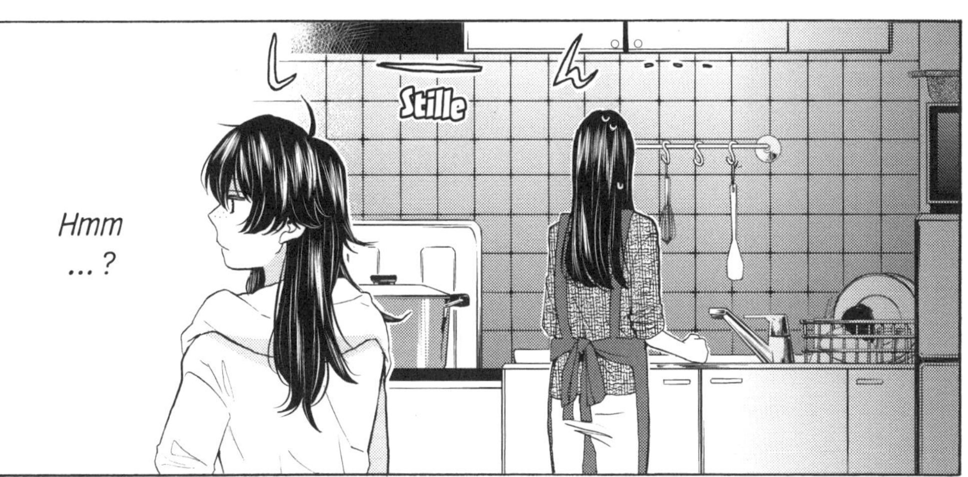
Stille
Hmm ...?

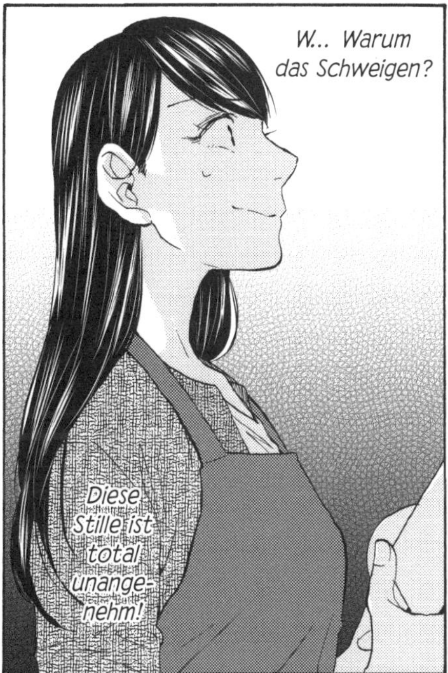
W... Warum das Schweigen?
Diese Stille ist total unangenehm!

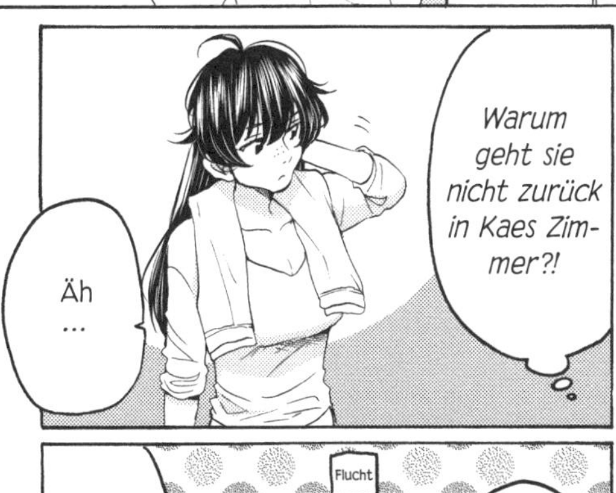
Warum geht sie nicht zurück in Kaes Zimmer?!
Äh ...

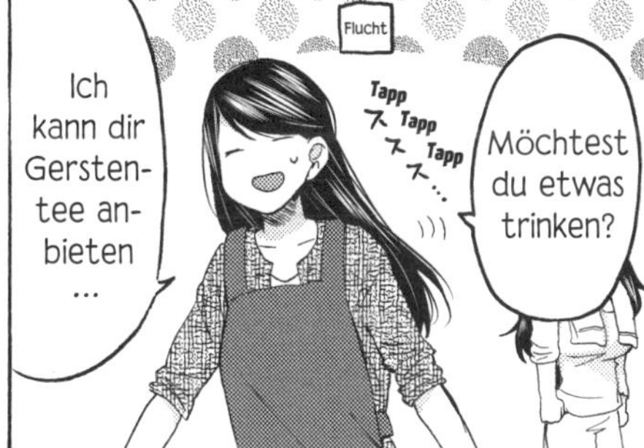
Flucht
Tapp Tapp Tapp
Möchtest du etwas trinken?
Ich kann dir Gerstentee anbieten ...

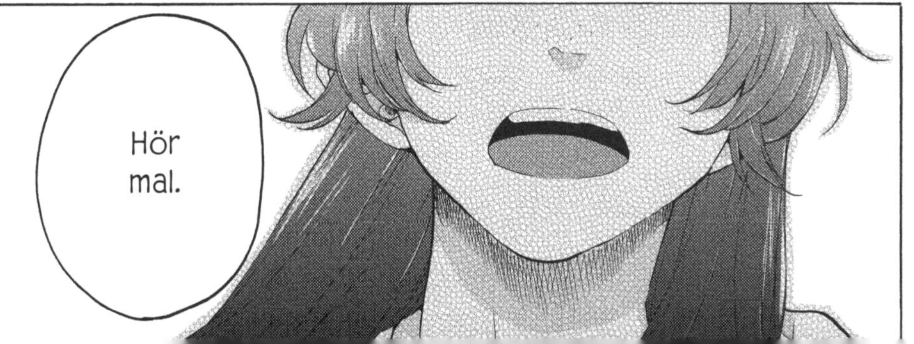
Hör mal.

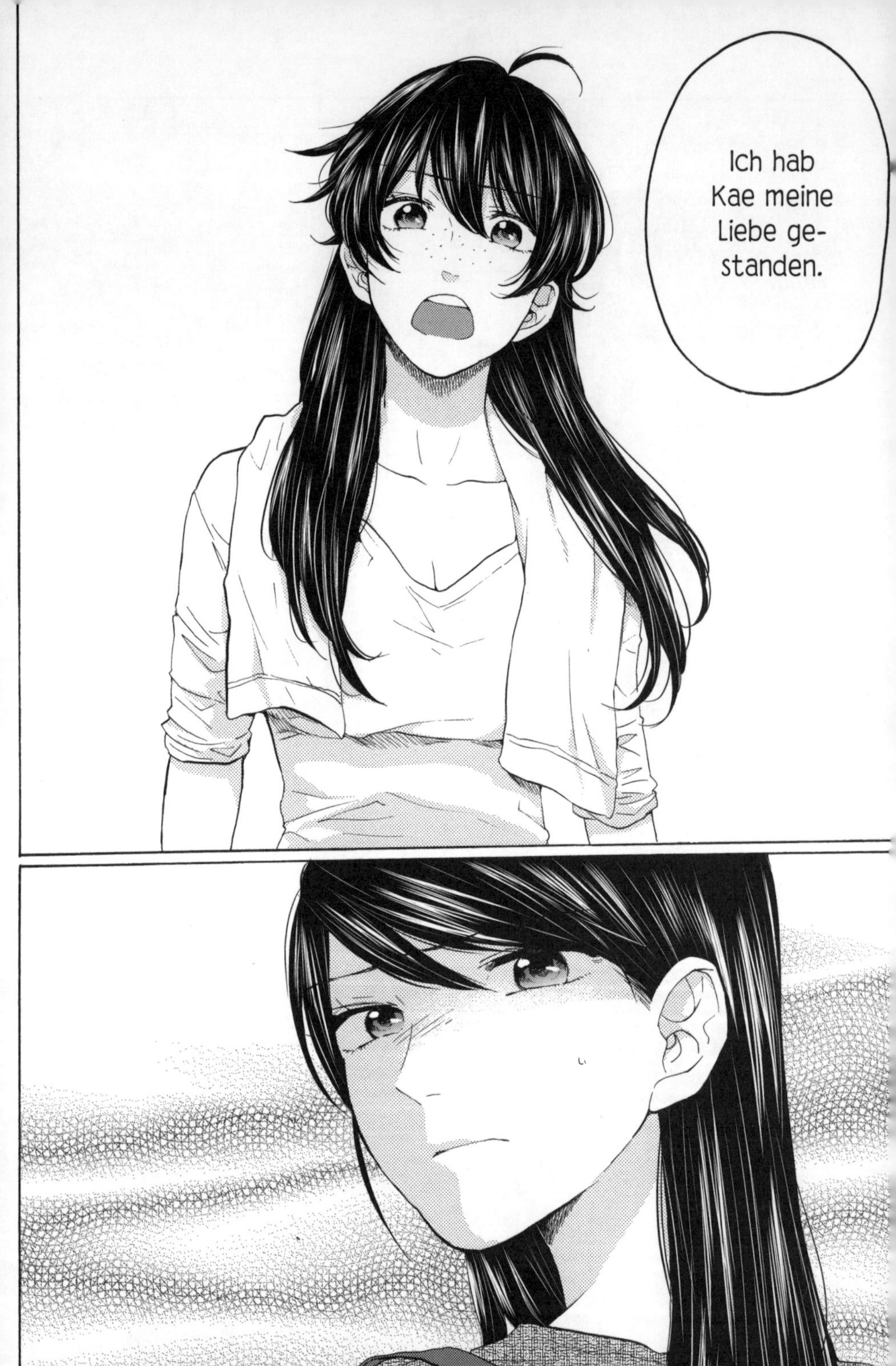
Ich hab
Kae meine
Liebe ge-
standen.

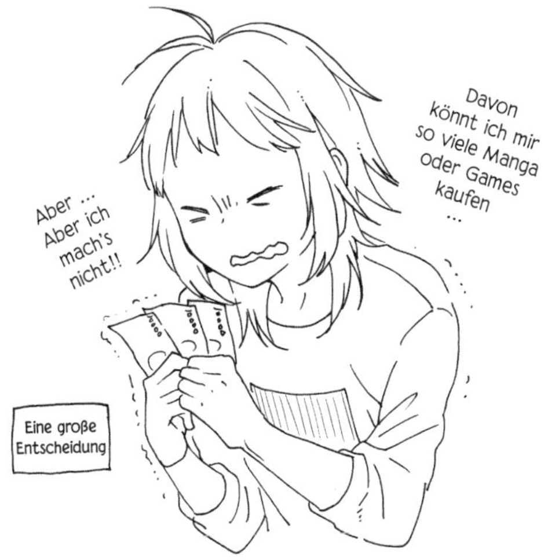
Davon könnt ich mir so viele Manga oder Games kaufen …
Aber … Aber ich mach's nicht!!
Eine große Entscheidung

2ZKB, Feder & Wecker

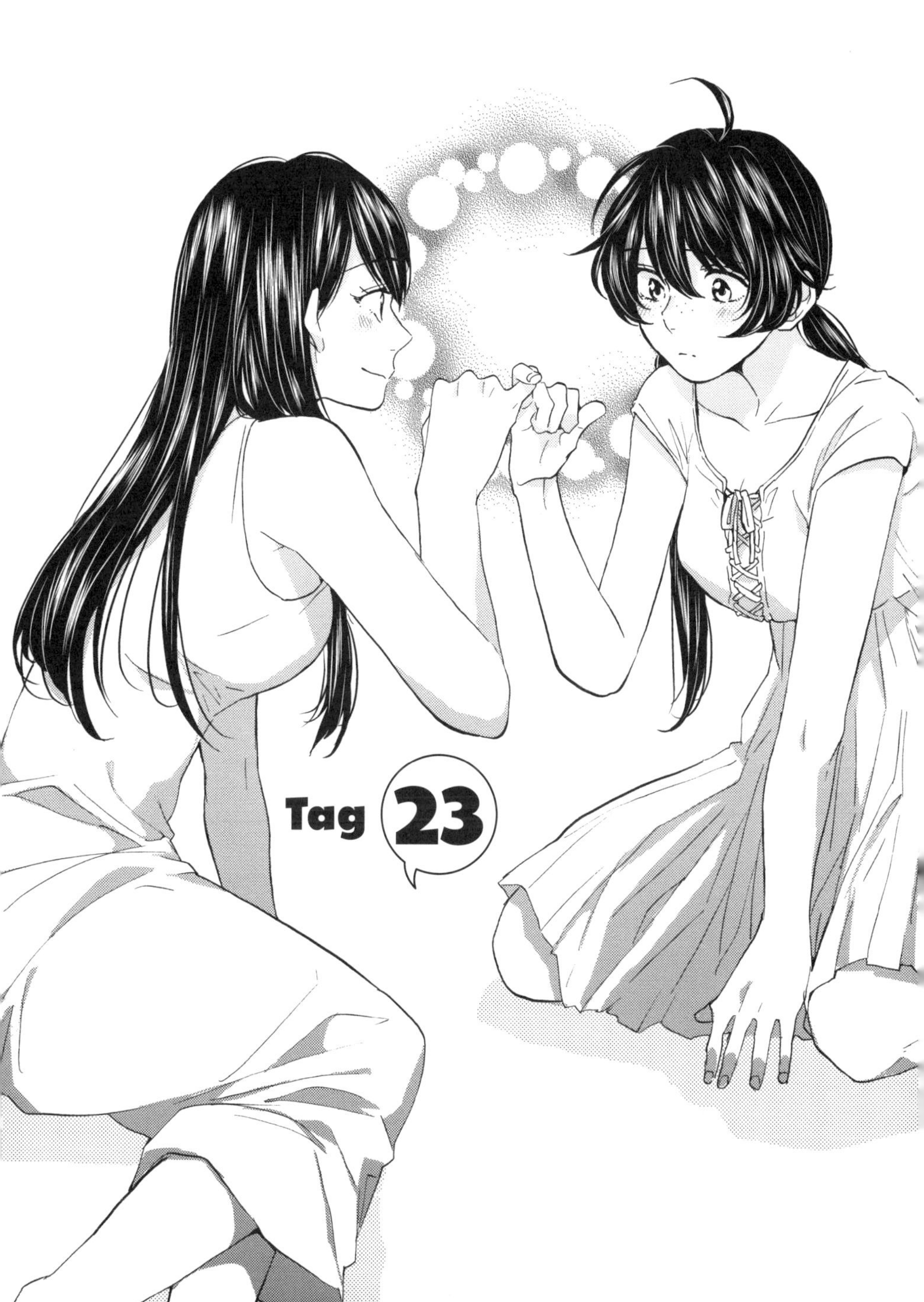
Tag 23

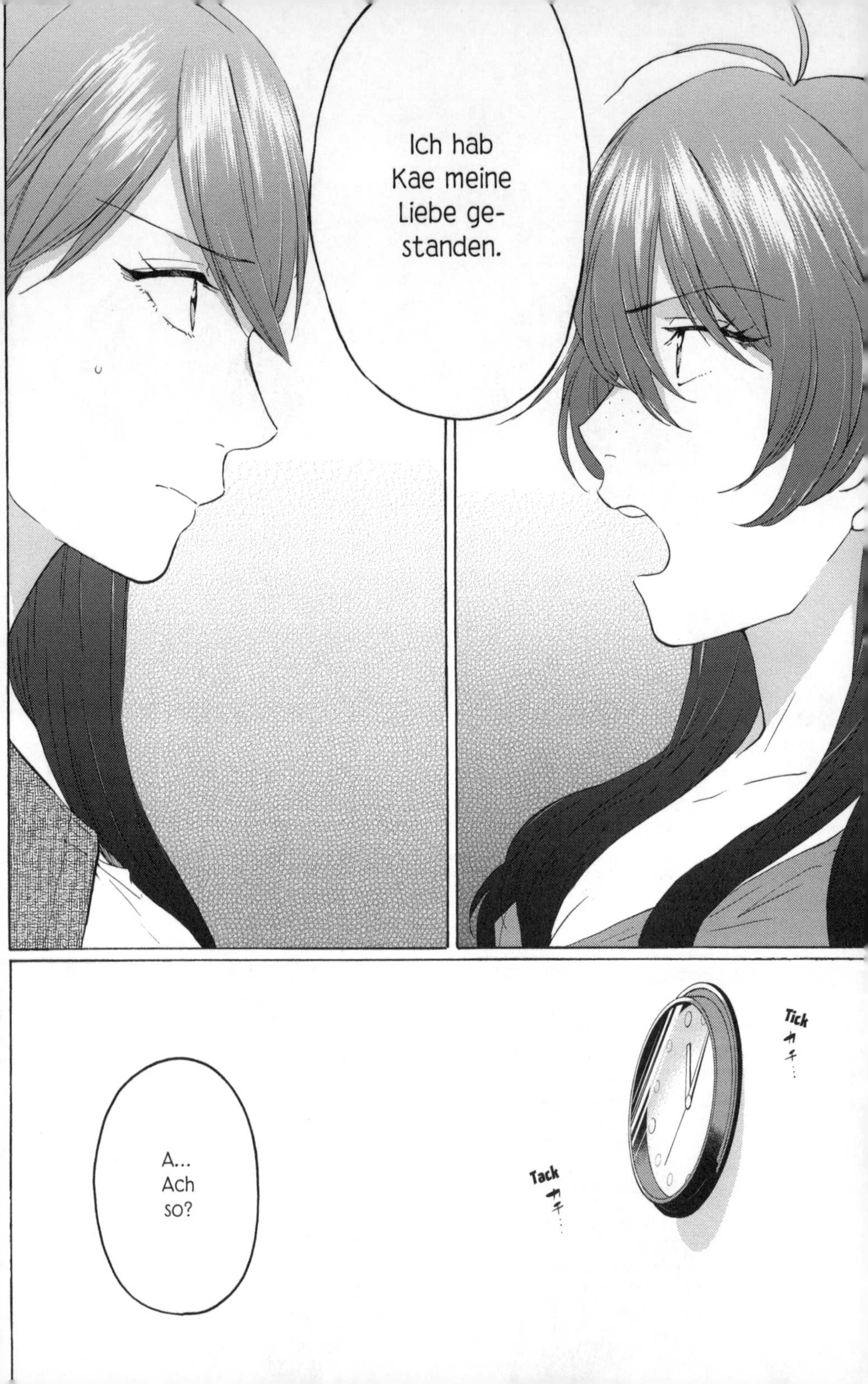

Ich hab
Kae meine
Liebe ge-
standen.

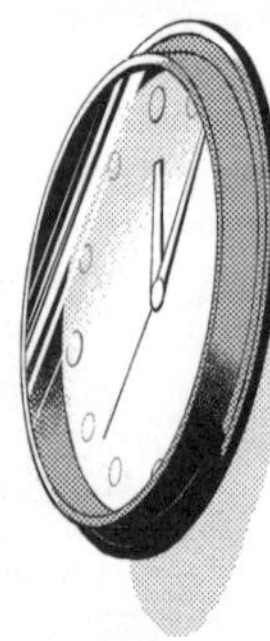

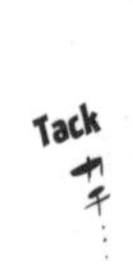

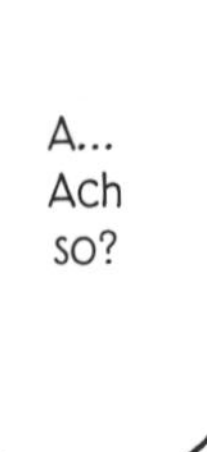

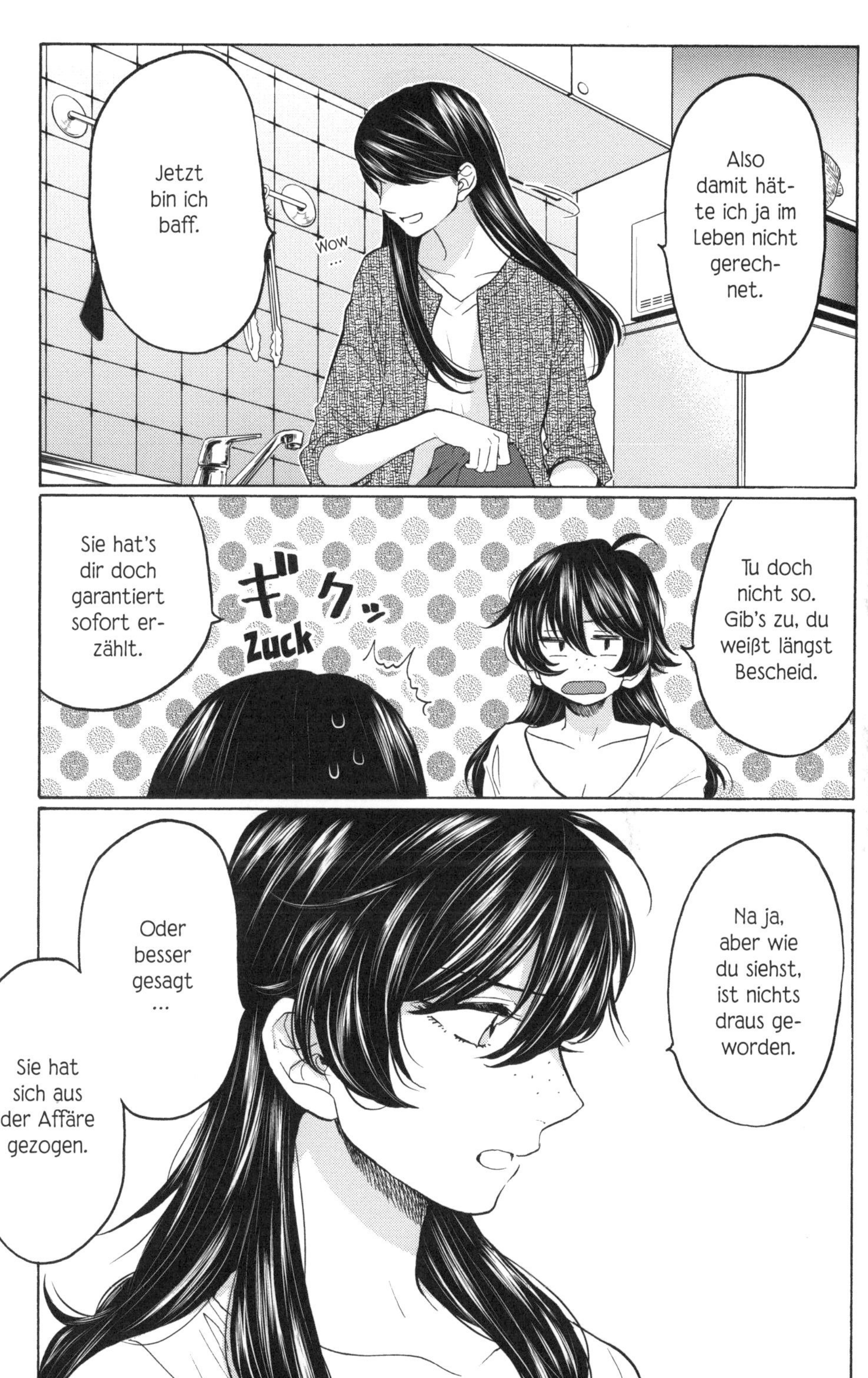

Also damit hätte ich ja im Leben nicht gerechnet.
Wow ...
Jetzt bin ich baff.
Tu doch nicht so. Gib's zu, du weißt längst Bescheid.
ギクッ
Zuck
Sie hat's dir doch garantiert sofort erzählt.
Na ja, aber wie du siehst, ist nichts draus geworden.
Oder besser gesagt ...
Sie hat sich aus der Affäre gezogen.

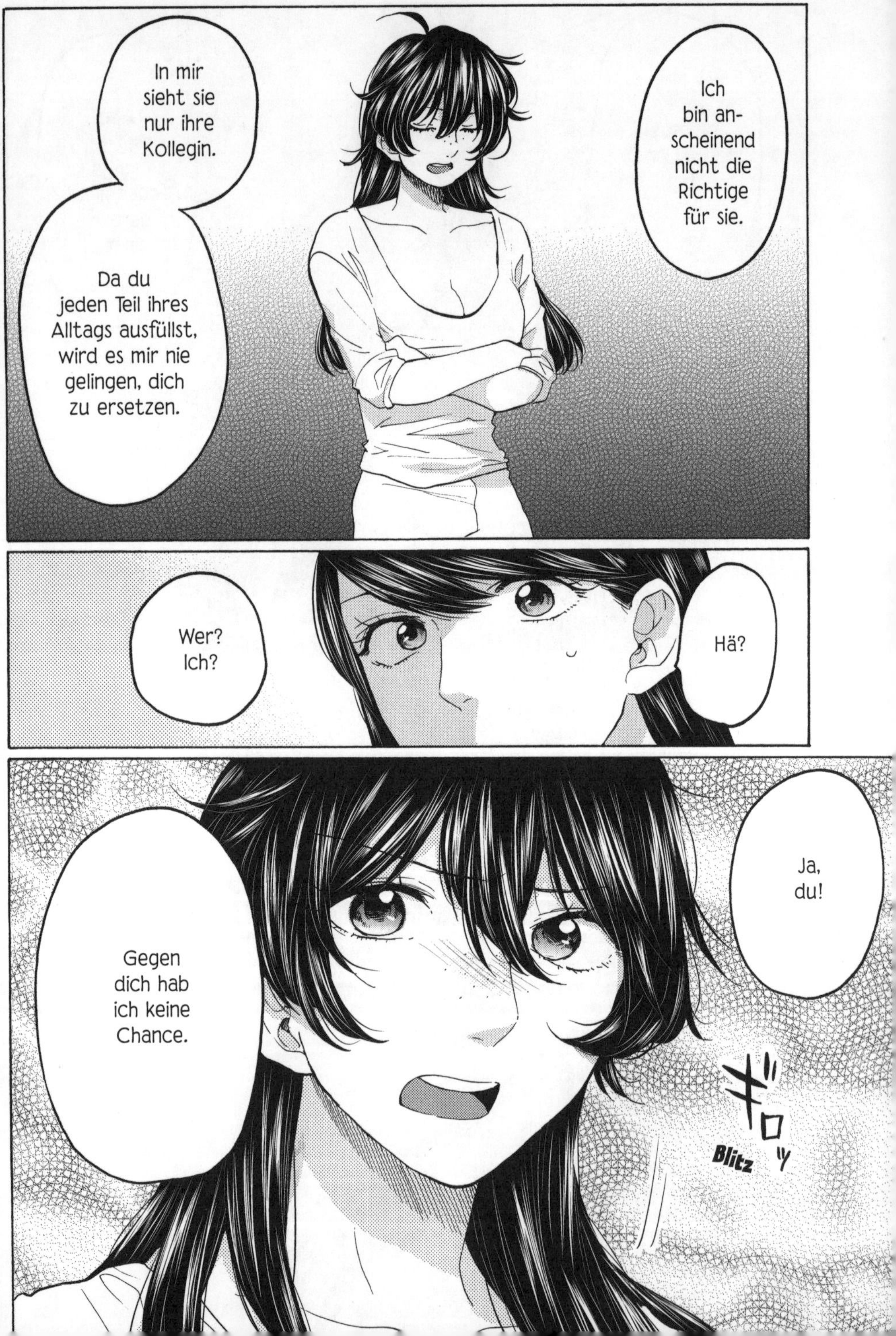

Ich bin anscheinend nicht die Richtige für sie.

In mir sieht sie nur ihre Kollegin.

Da du jeden Teil ihres Alltags ausfüllst, wird es mir nie gelingen, dich zu ersetzen.

Hä?

Wer? Ich?

Ja, du!

Gegen dich hab ich keine Chance.

ギロッ

Blitz

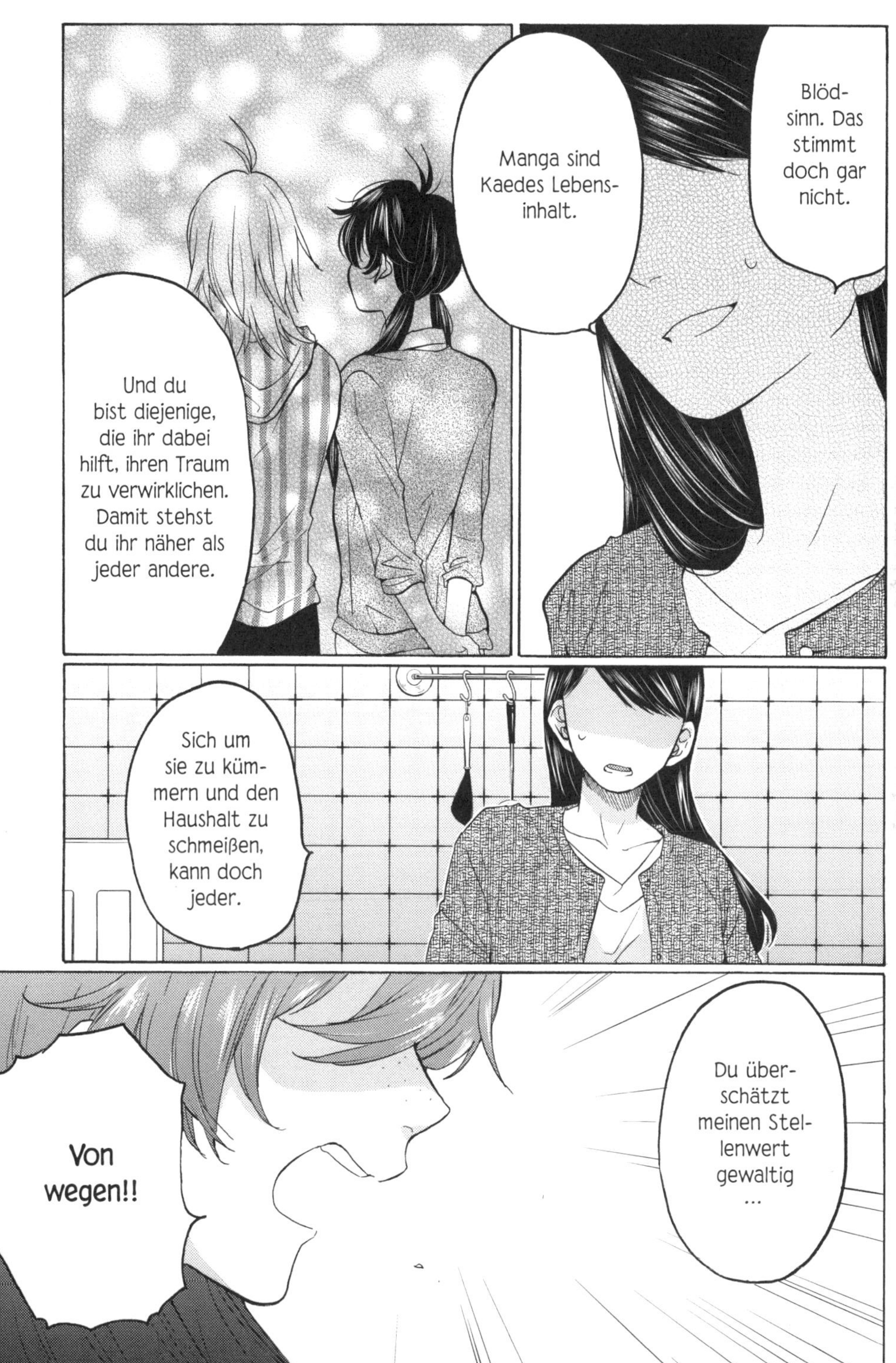
Blöd-sinn. Das stimmt doch gar nicht.
Manga sind Kaedes Lebens-inhalt.
Und du bist diejenige, die ihr dabei hilft, ihren Traum zu verwirklichen. Damit stehst du ihr näher als jeder andere.
Sich um sie zu küm-mern und den Haushalt zu schmeißen, kann doch jeder.
Du über-schätzt meinen Stel-lenwert gewaltig …
Von wegen!!

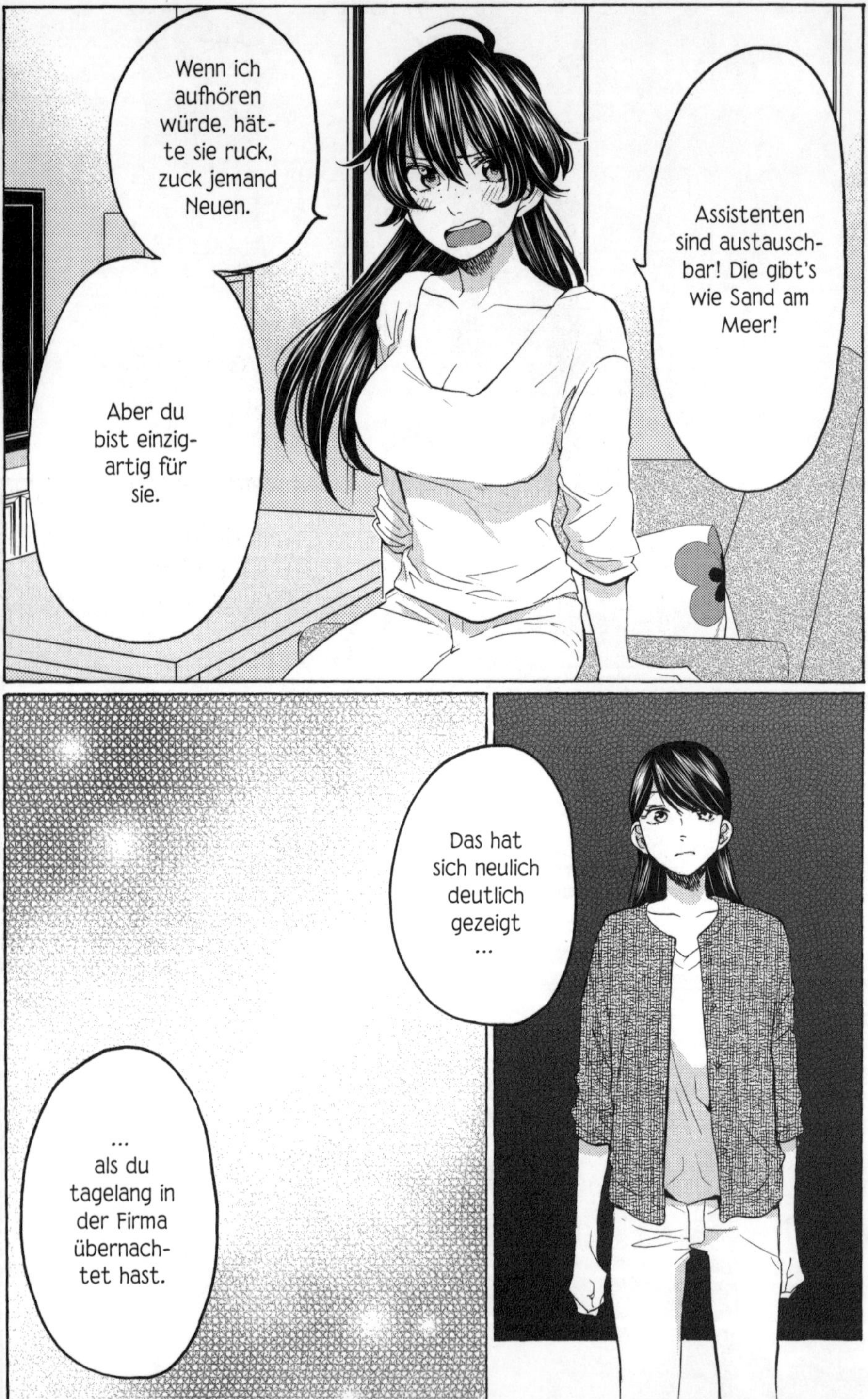

Assistenten sind austauschbar! Die gibt's wie Sand am Meer!

Wenn ich aufhören würde, hätte sie ruck, zuck jemand Neuen.

Aber du bist einzigartig für sie.

Das hat sich neulich deutlich gezeigt ...

... als du tagelang in der Firma übernachtet hast.

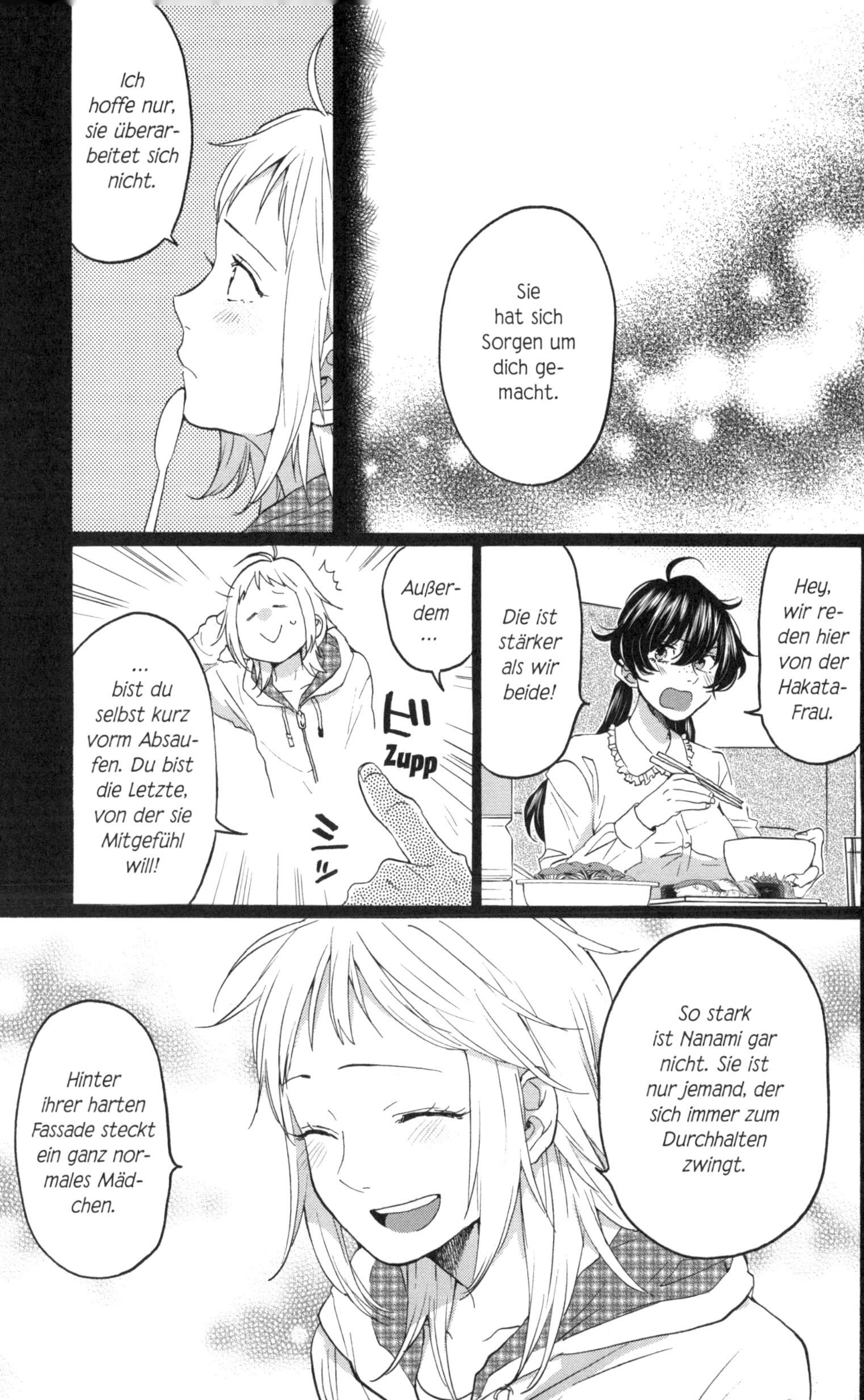
Sie hat sich Sorgen um dich gemacht.
Ich hoffe nur, sie überarbeitet sich nicht.
Hey, wir reden hier von der Hakata-Frau.
Die ist stärker als wir beide!
Außerdem ...
... bist du selbst kurz vorm Absaufen. Du bist die Letzte, von der sie Mitgefühl will!
Zupp
So stark ist Nanami gar nicht. Sie ist nur jemand, der sich immer zum Durchhalten zwingt.
Hinter ihrer harten Fassade steckt ein ganz normales Mädchen.

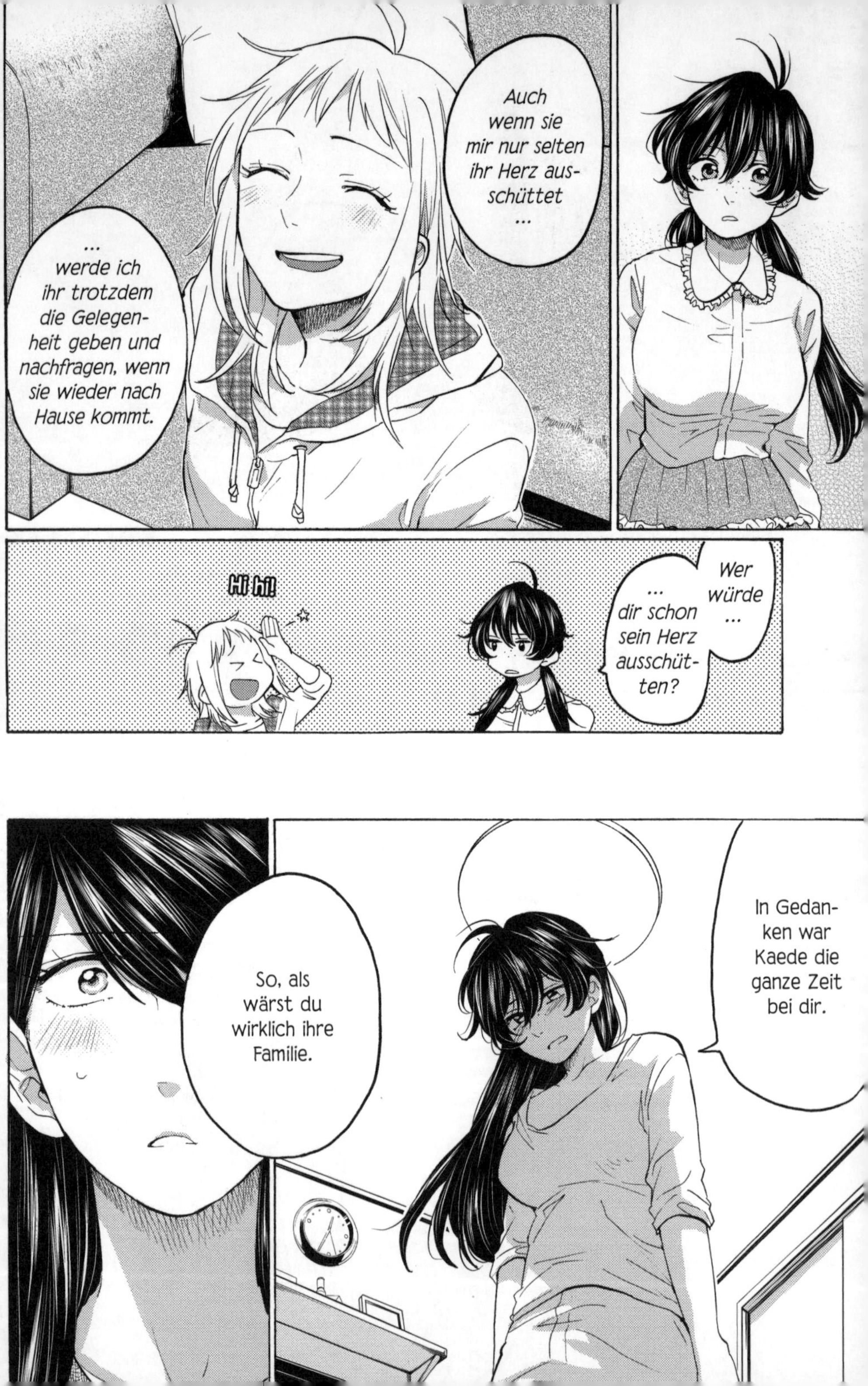

Auch wenn sie mir nur selten ihr Herz ausschüttet ...

... werde ich ihr trotzdem die Gelegenheit geben und nachfragen, wenn sie wieder nach Hause kommt.

Wer würde ...

... dir schon sein Herz ausschütten?

Hi hi!

In Gedanken war Kaede die ganze Zeit bei dir.

So, als wärst du wirklich ihre Familie.

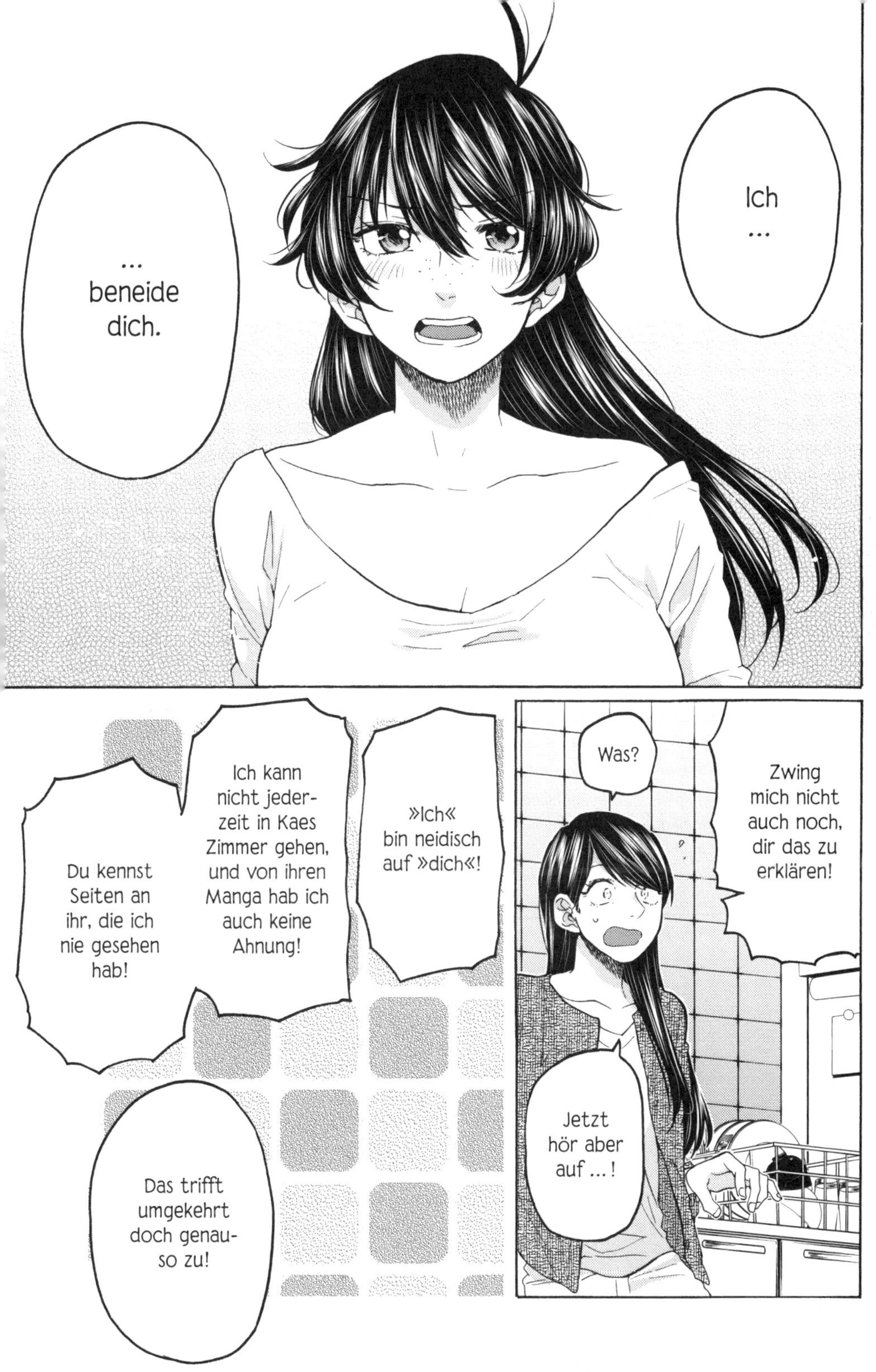
Ich …
… beneide dich.
Was?
Zwing mich nicht auch noch, dir das zu erklären!
Jetzt hör aber auf …!
»Ich« bin neidisch auf »dich«!
Ich kann nicht jederzeit in Kaes Zimmer gehen, und von ihren Manga hab ich auch keine Ahnung!
Du kennst Seiten an ihr, die ich nie gesehen hab!
Das trifft umgekehrt doch genauso zu!

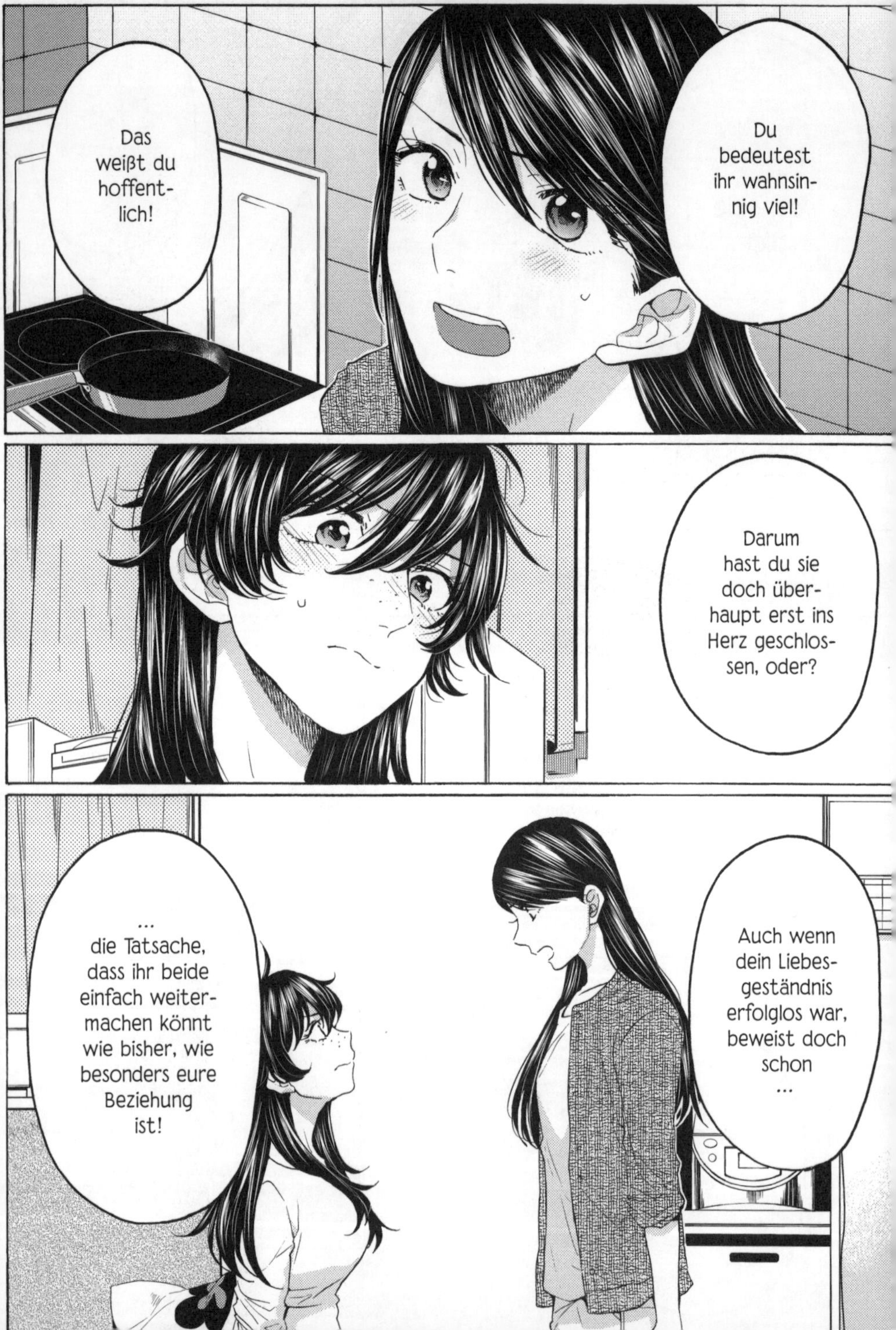

Du bedeutest ihr wahnsinnig viel!

Das weißt du hoffentlich!

Darum hast du sie doch überhaupt erst ins Herz geschlossen, oder?

Auch wenn dein Liebesgeständnis erfolglos war, beweist doch schon …

… die Tatsache, dass ihr beide einfach weitermachen könnt wie bisher, wie besonders eure Beziehung ist!

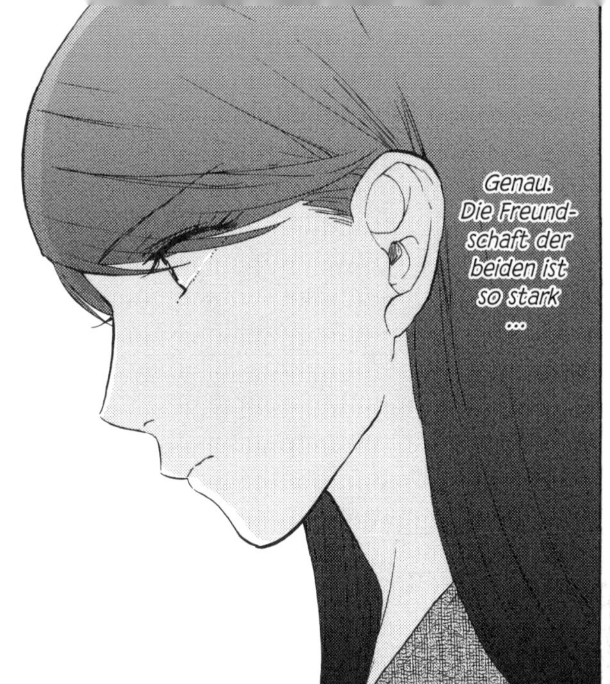
Genau. Die Freundschaft der beiden ist so stark ...
... dass nicht mal eine Liebeserklärung sie kaputt machen konnte.

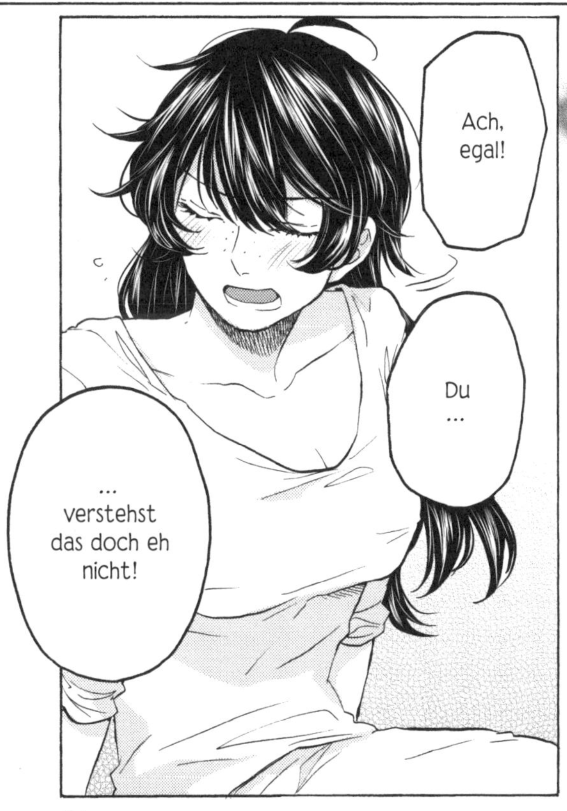
Ach, egal!
Du ...
... verstehst das doch eh nicht!

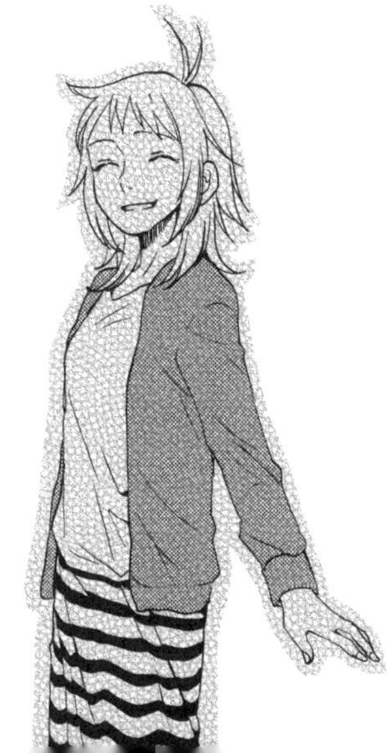
Und wie sieht es bei mir aus?

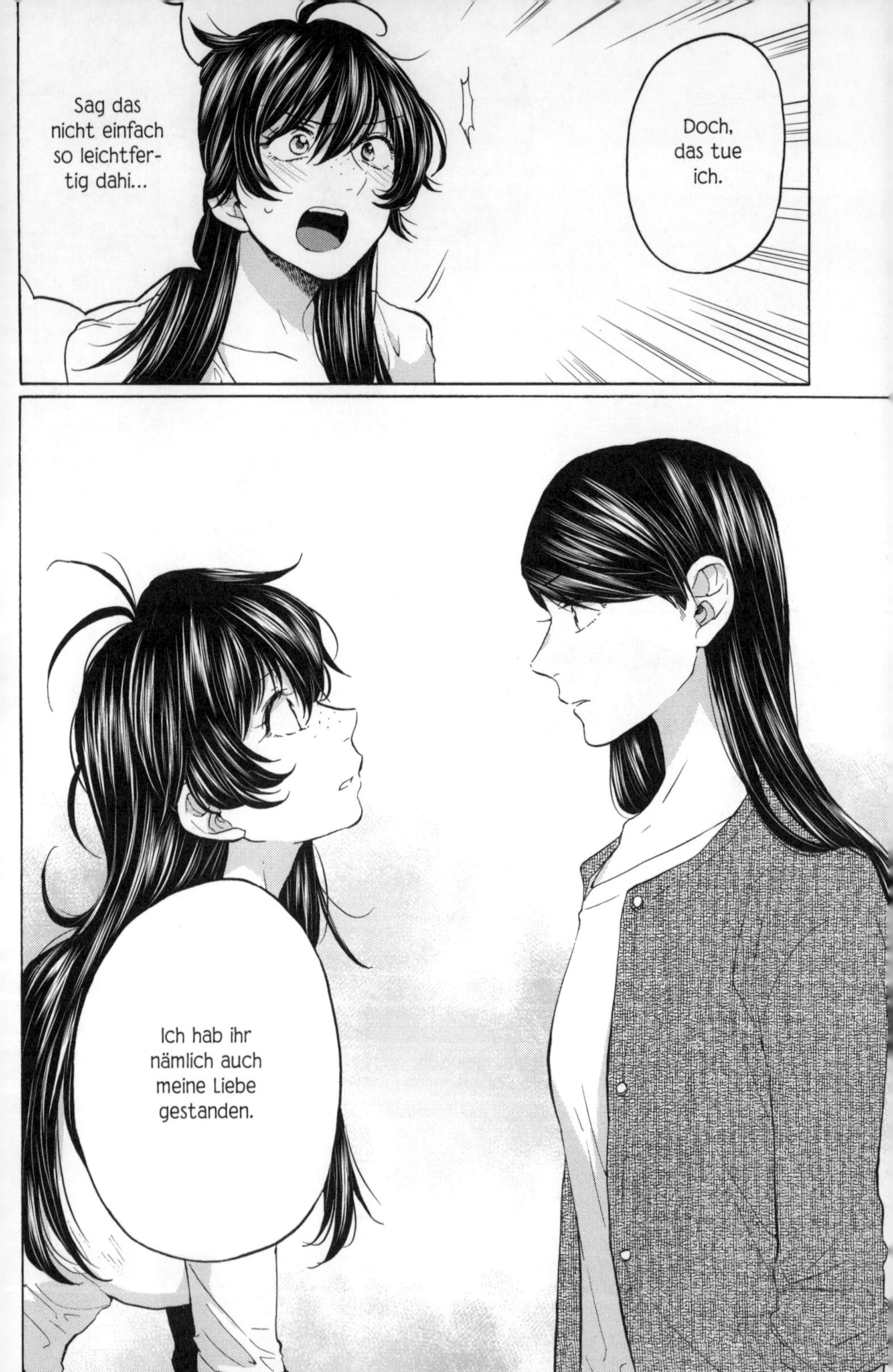
Doch, das tue ich.
Sag das nicht einfach so leichtfertig dahi…
Ich hab ihr nämlich auch meine Liebe gestanden.

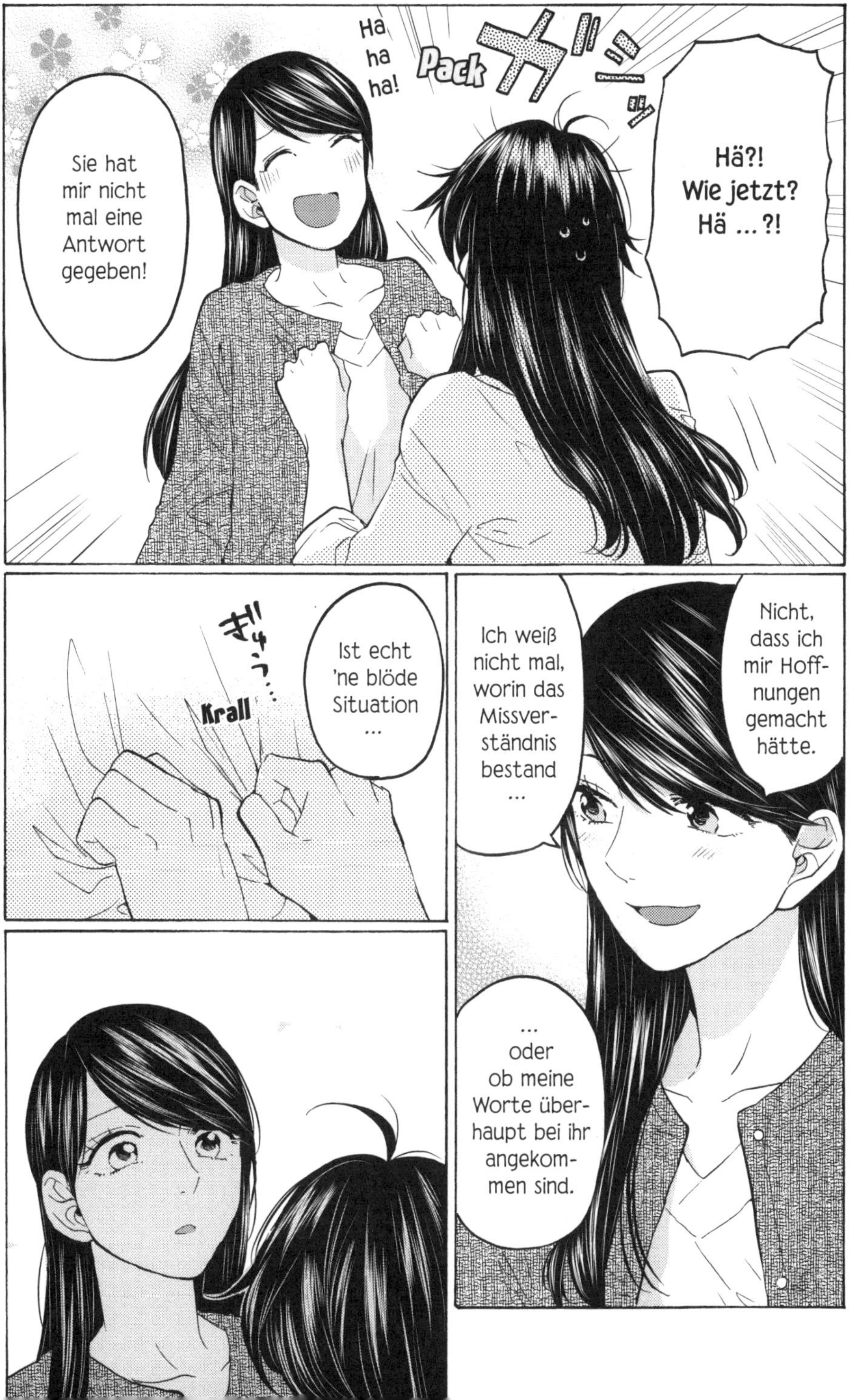

Hä?! Wie jetzt? Hä ...?!

Pack

Ha ha ha!

Sie hat mir nicht mal eine Antwort gegeben!

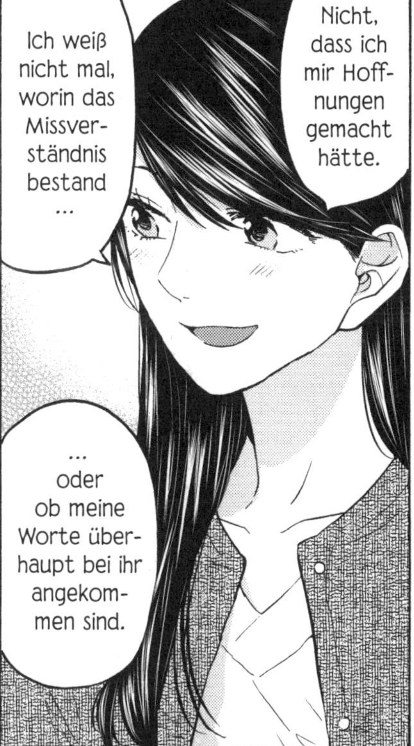

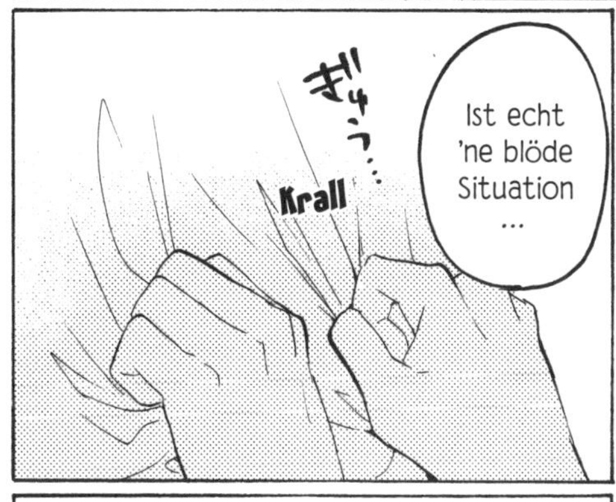

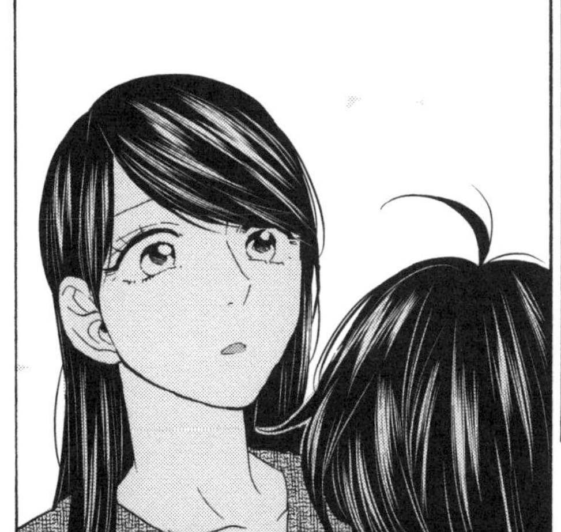

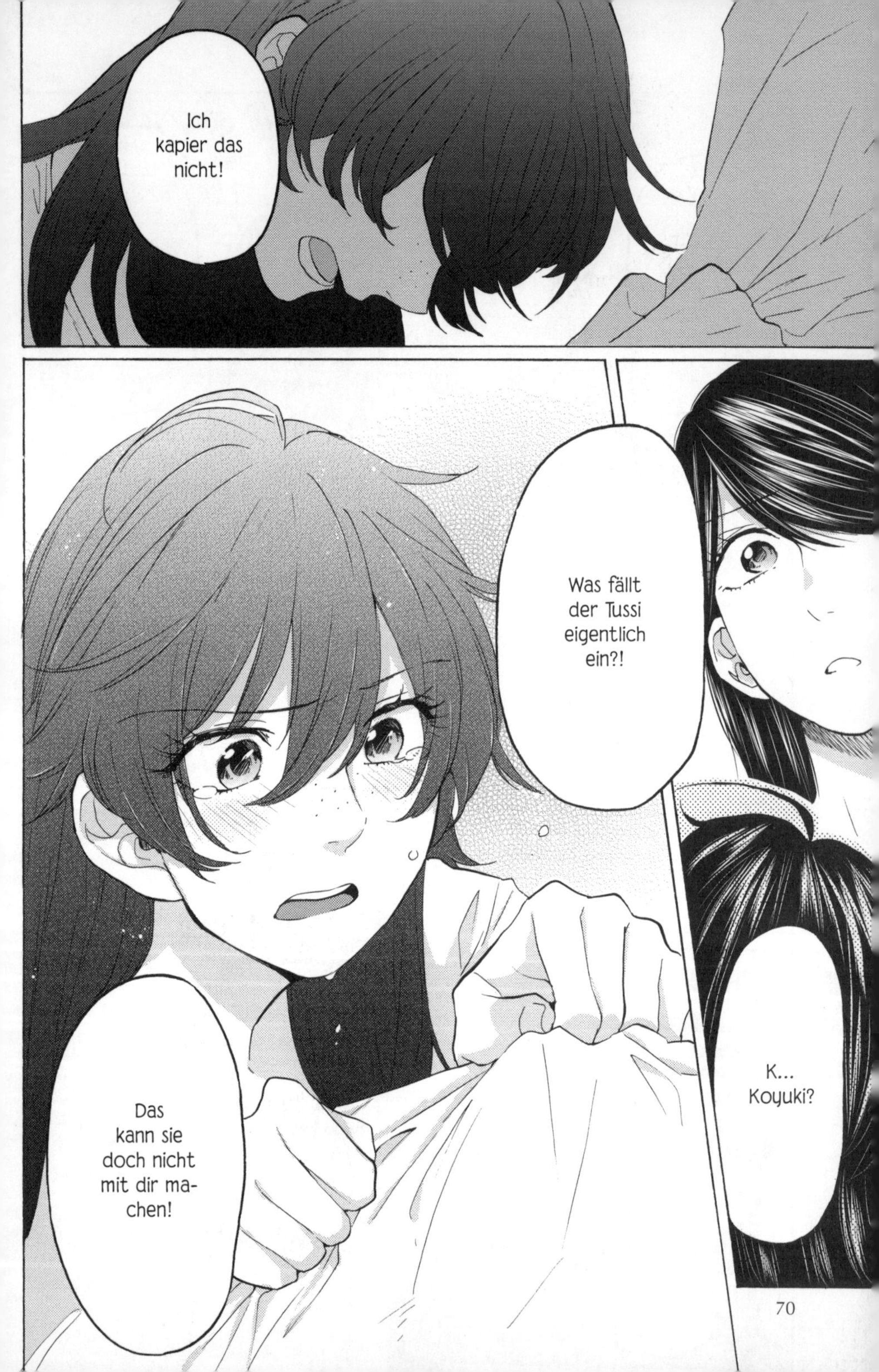
Ich kapier das nicht!
K... Koyuki?
Was fällt der Tussi eigentlich ein?!
Das kann sie doch nicht mit dir ma-chen!

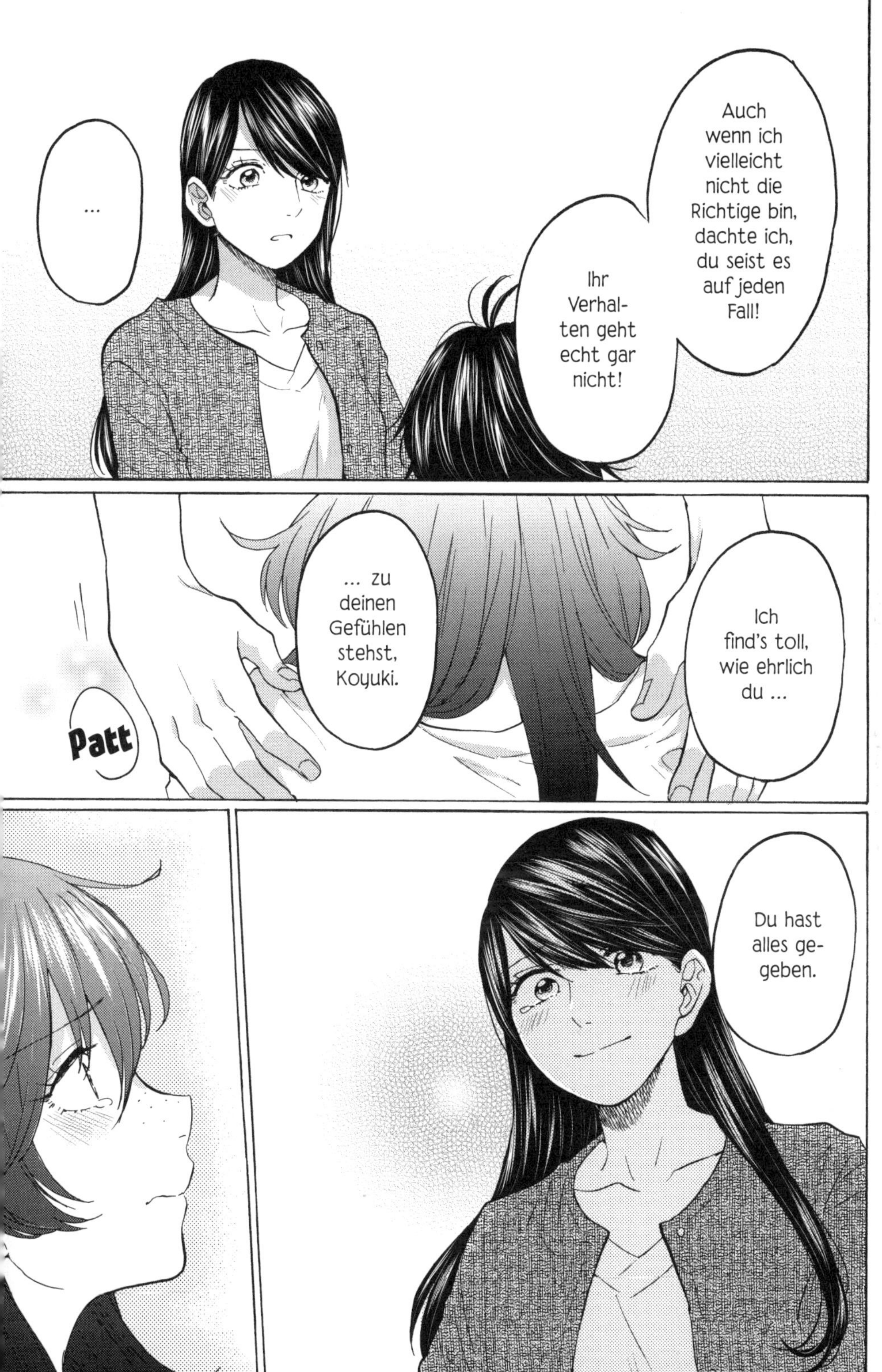
Auch wenn ich vielleicht nicht die Richtige bin, dachte ich, du seist es auf jeden Fall!
Ihr Verhalten geht echt gar nicht!
...
Ich find's toll, wie ehrlich du ...
... zu deinen Gefühlen stehst, Koyuki.
Patt
Du hast alles gegeben.

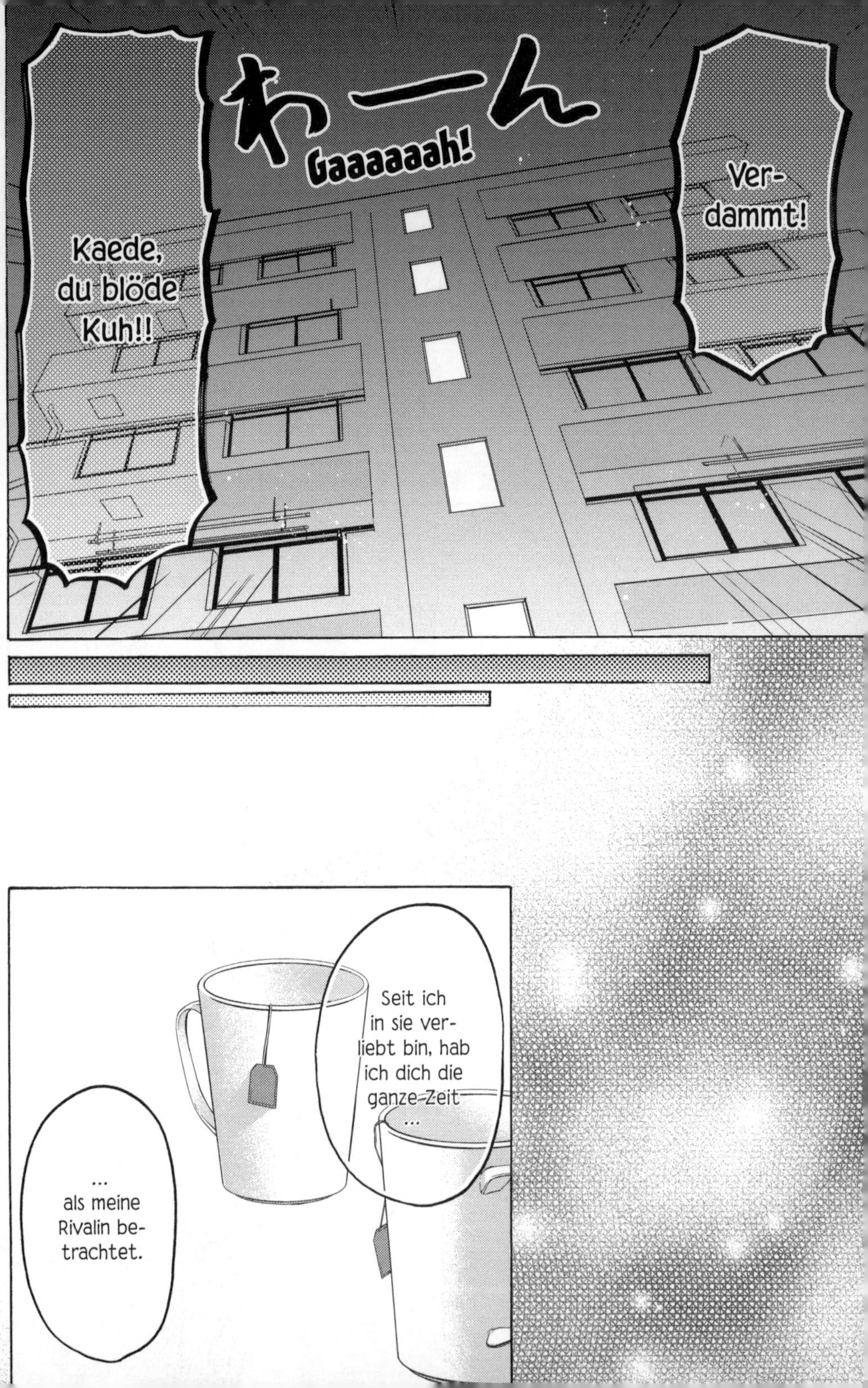

Verdammt!

わーん

Gaaaaaah!

Kaede, du blöde Kuh!!

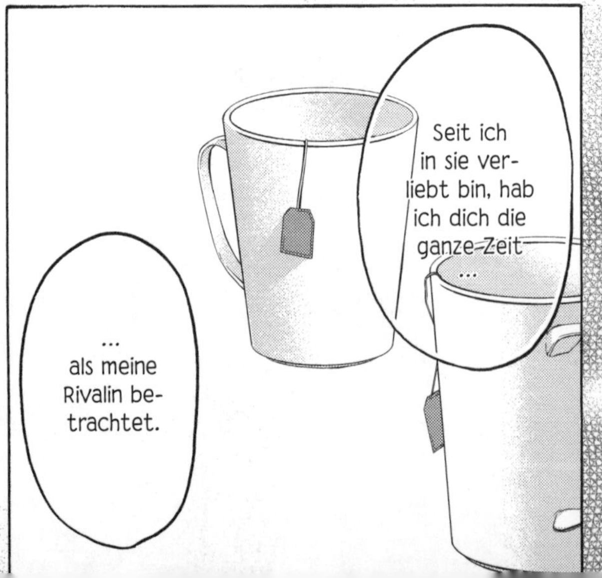

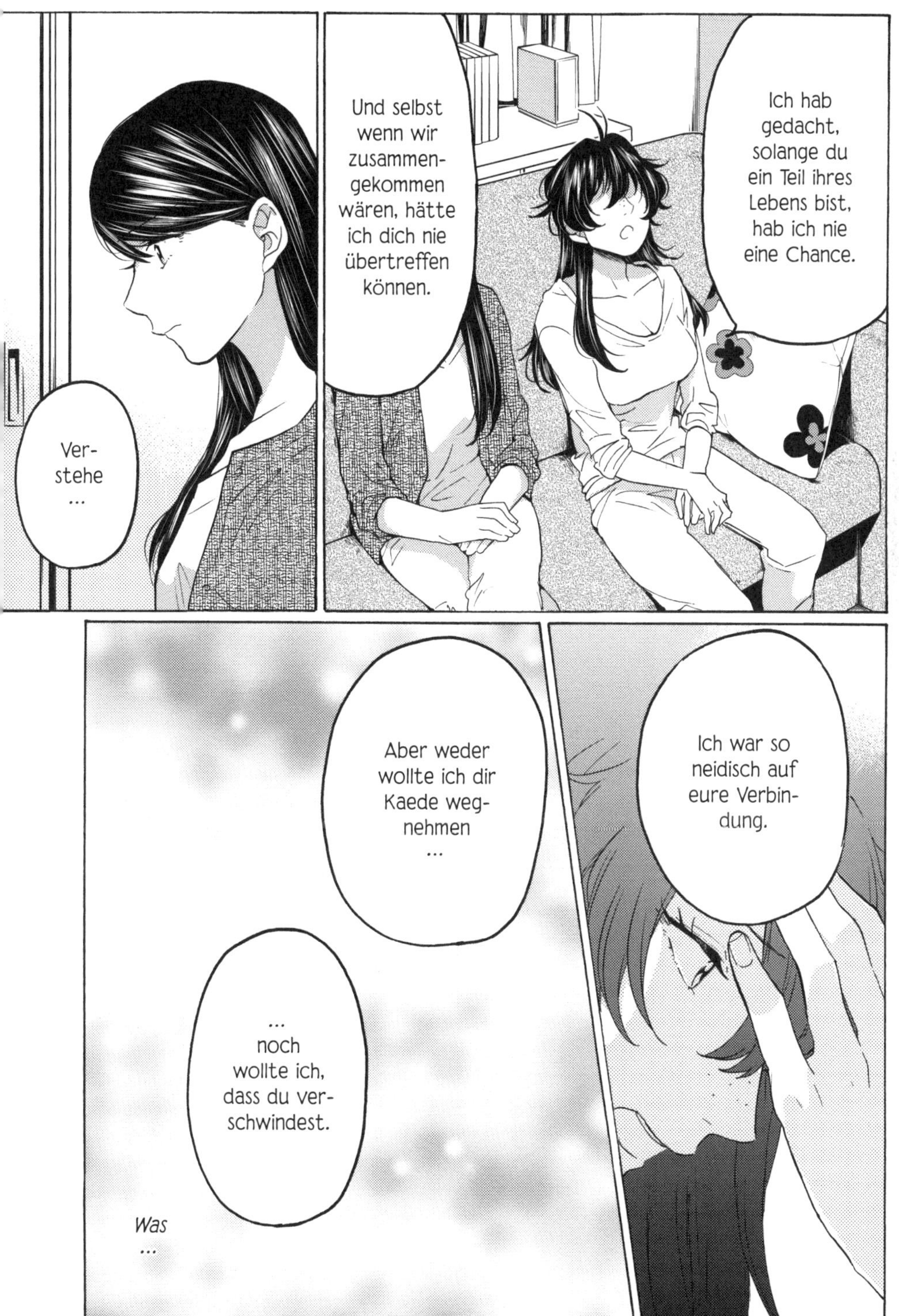
Ich hab gedacht, solange du ein Teil ihres Lebens bist, hab ich nie eine Chance.
Und selbst wenn wir zusammengekommen wären, hätte ich dich nie übertreffen können.
Verstehe …
Ich war so neidisch auf eure Verbindung.
Aber weder wollte ich dir Kaede wegnehmen …
… noch wollte ich, dass du verschwindest.
Was …

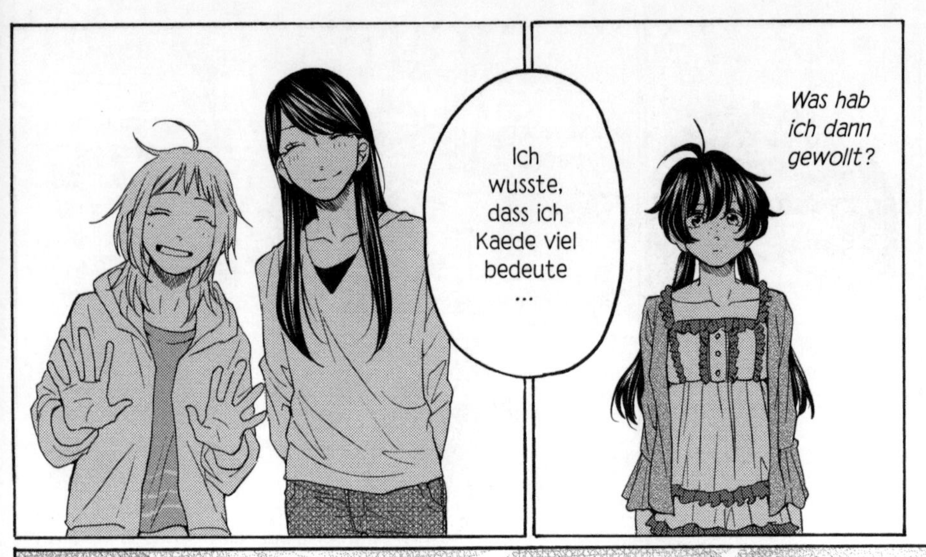

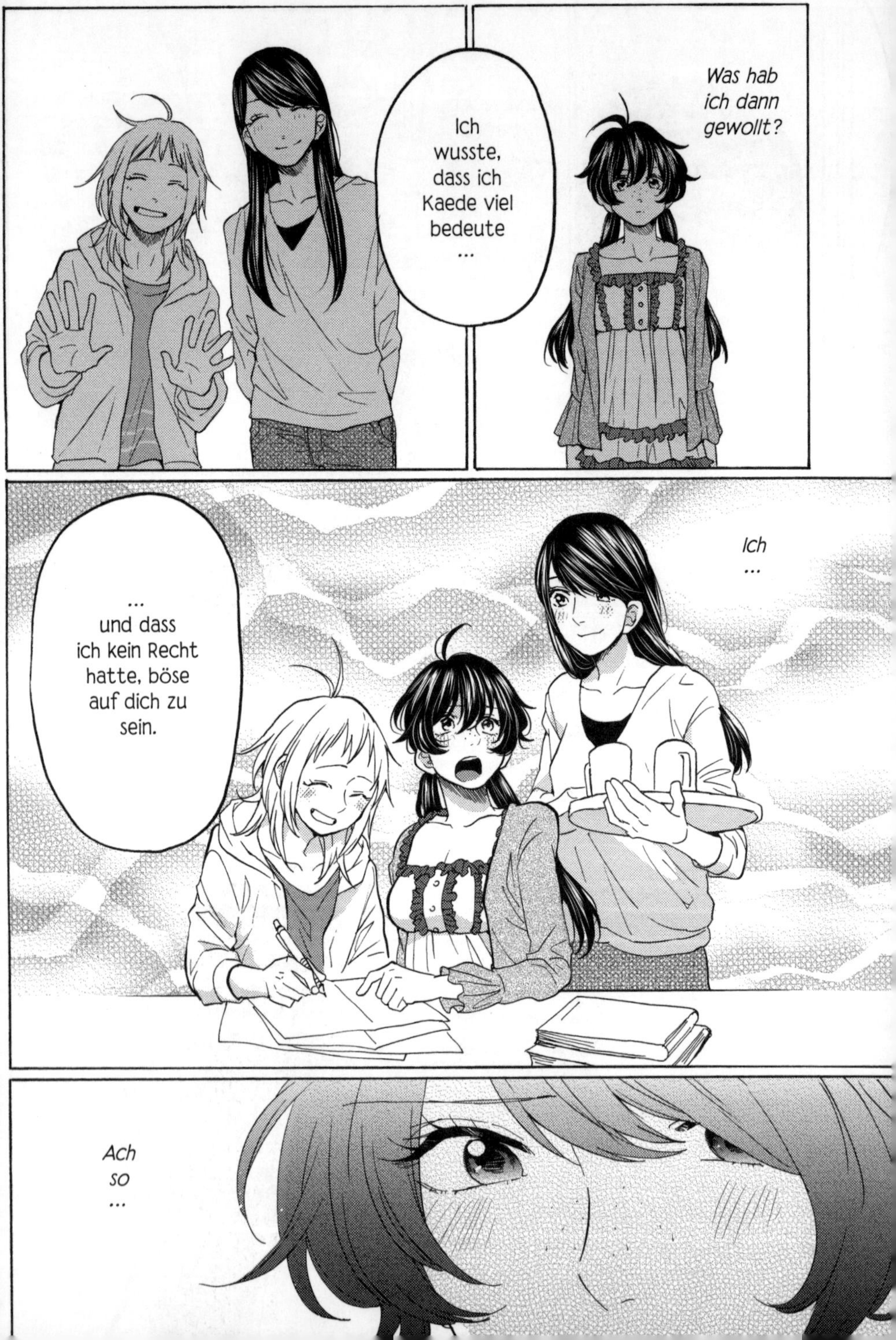

Ich ...

... und dass ich kein Recht hatte, böse auf dich zu sein.

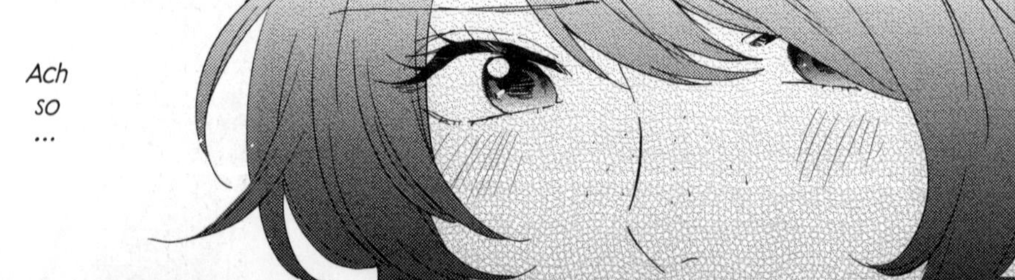

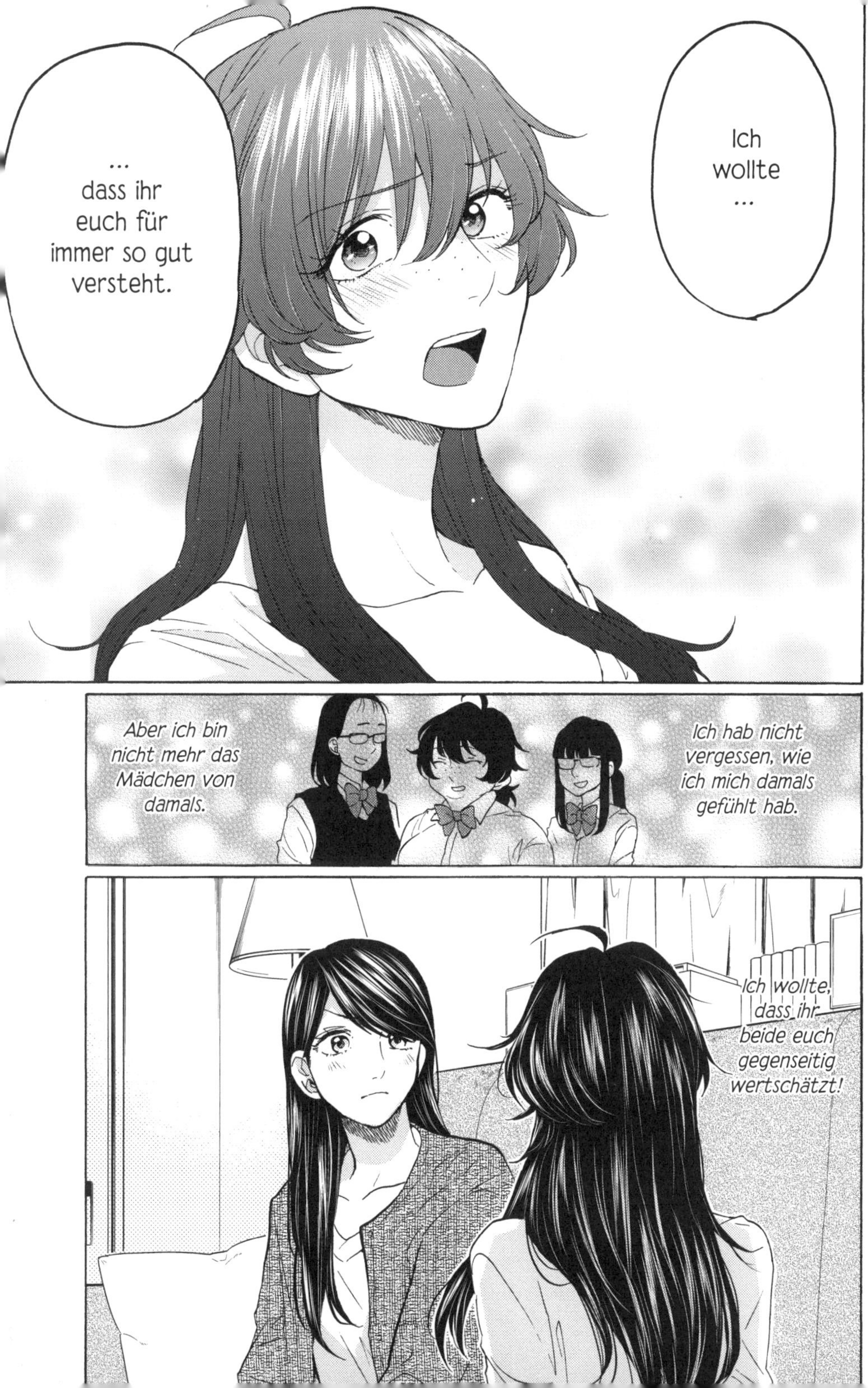

Ich wollte ...

... dass ihr euch für immer so gut versteht.

Ich hab nicht vergessen, wie ich mich damals gefühlt hab.

Aber ich bin nicht mehr das Mädchen von damals.

Ich wollte, dass ihr beide euch gegenseitig wertschätzt!

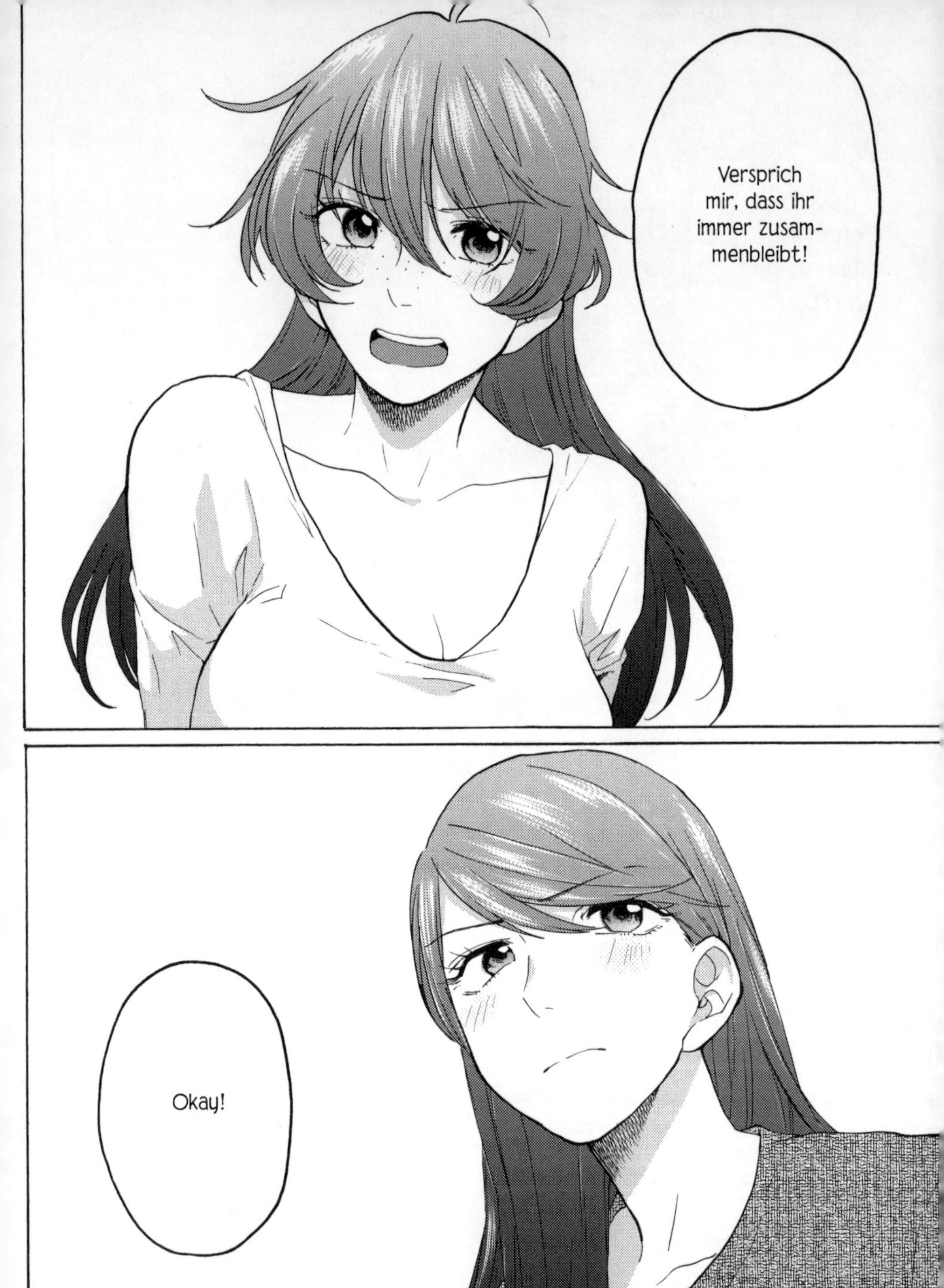
Versprich mir, dass ihr immer zusammenbleibt!
Okay!

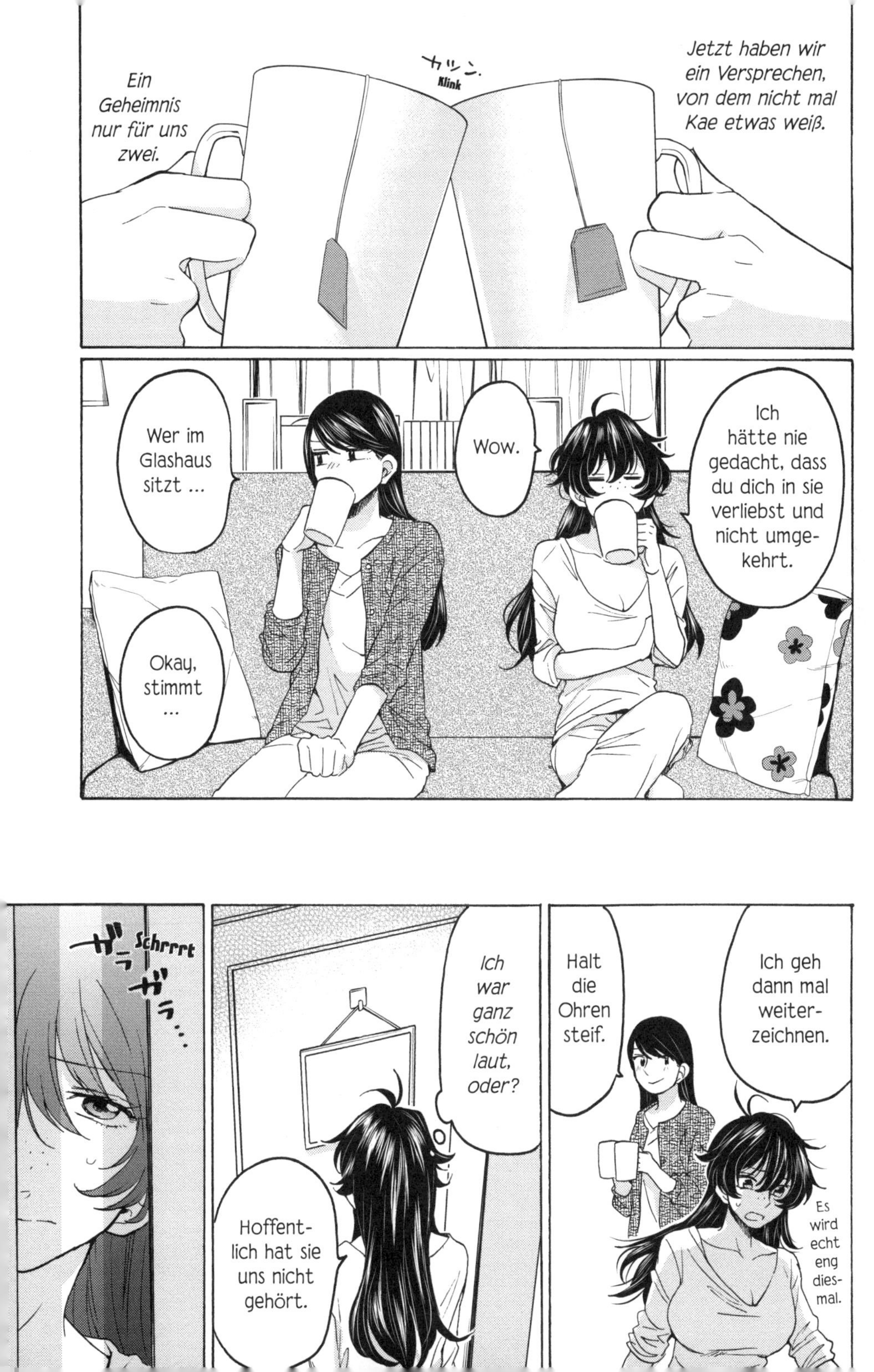

Jetzt haben wir ein Versprechen, von dem nicht mal Kae etwas weiß.

カツン
Klink

Ein Geheimnis nur für uns zwei.

Ich hätte nie gedacht, dass du dich in sie verliebst und nicht umgekehrt.

Wow.

Wer im Glashaus sitzt ...

Okay, stimmt ...

Ich geh dann mal weiterzeichnen.

Es wird echt eng diesmal.

Halt die Ohren steif.

Ich war ganz schön laut, oder?

Hoffentlich hat sie uns nicht gehört.

ガラ ガラ…
Schrrrt

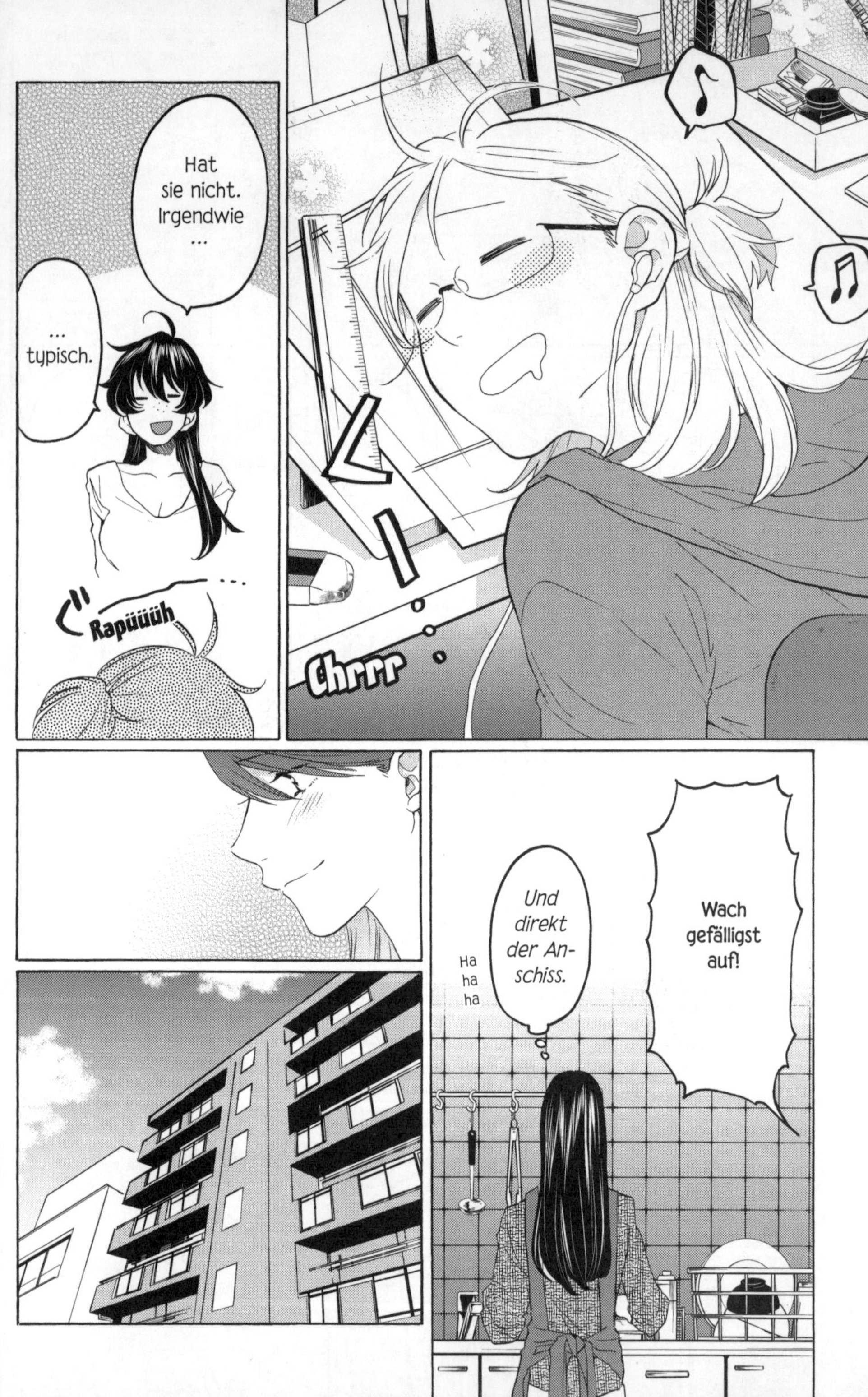
Chrrr
Hat sie nicht. Irgendwie ...
... typisch.
Rapüüüh
Wach gefälligst auf!
Und direkt der Anschiss.
Ha ha ha

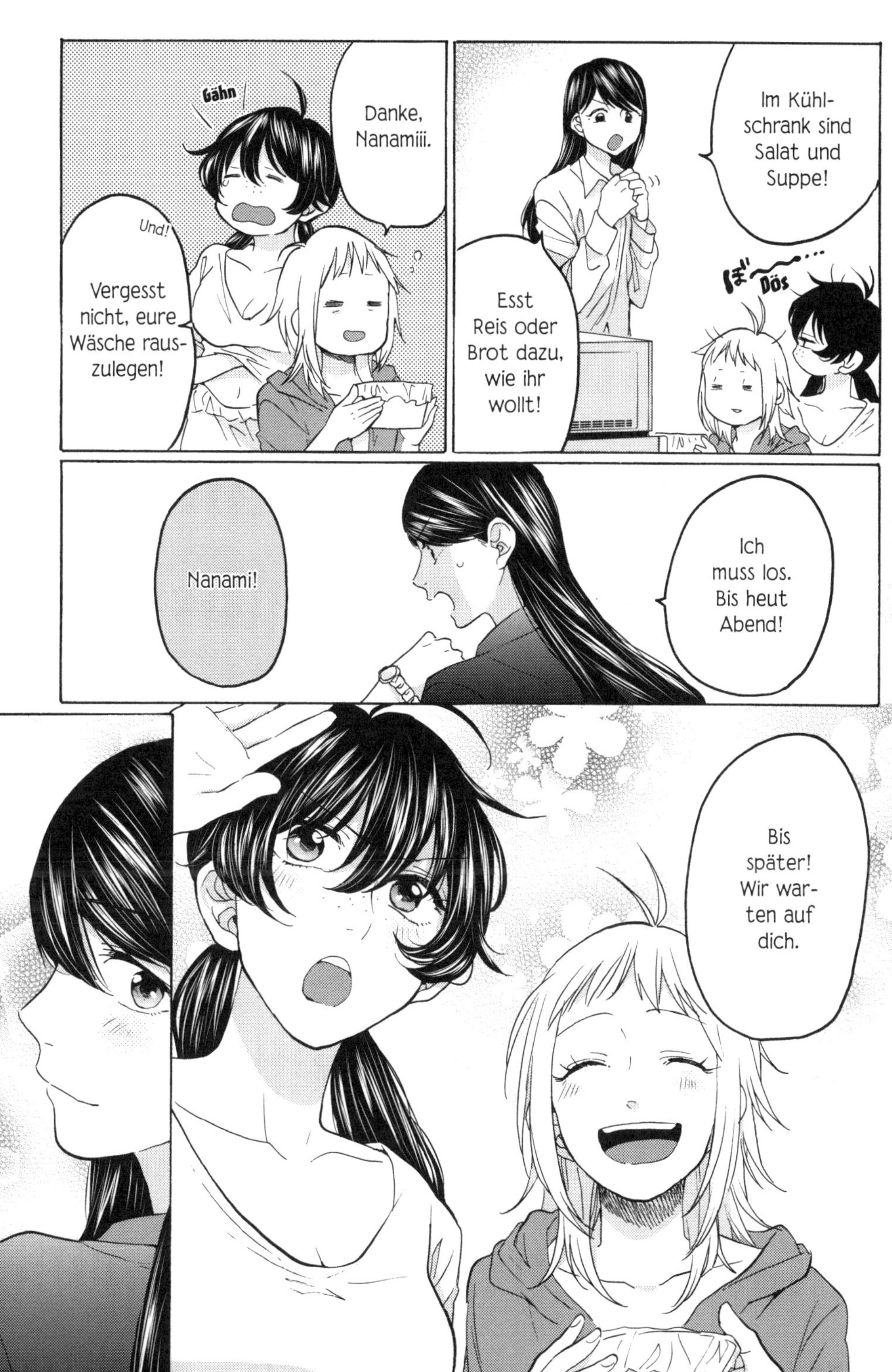

Im Kühlschrank sind Salat und Suppe!
Esst Reis oder Brot dazu, wie ihr wollt!
Dös
Danke, Nanamiii.
Gähn
Und!
Vergesst nicht, eure Wäsche rauszulegen!
Ich muss los. Bis heut Abend!
Nanami!
Bis später! Wir warten auf dich.

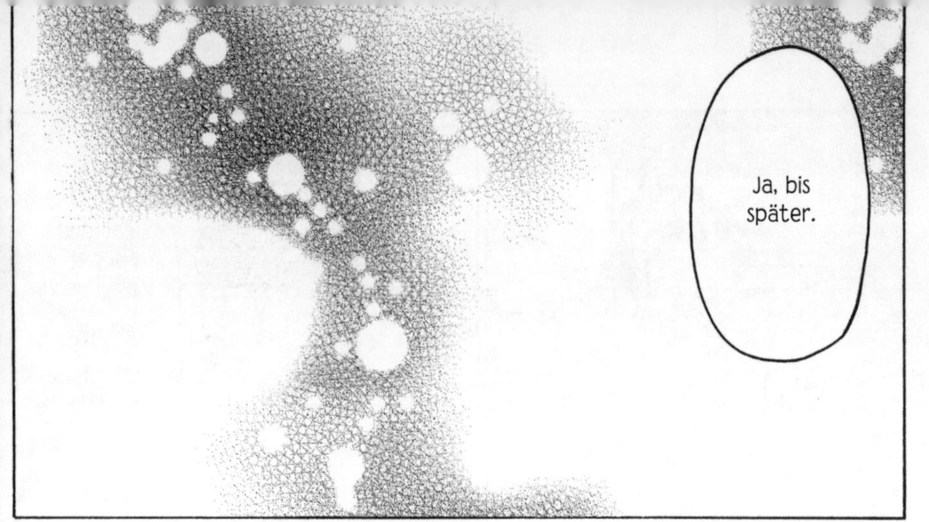

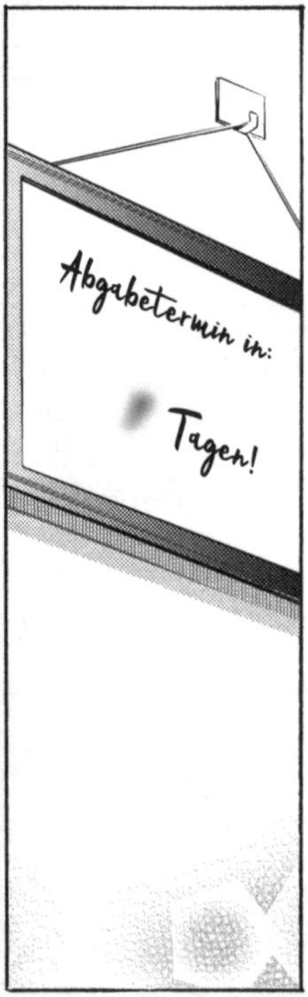

Abgabetermin in: Tagen!

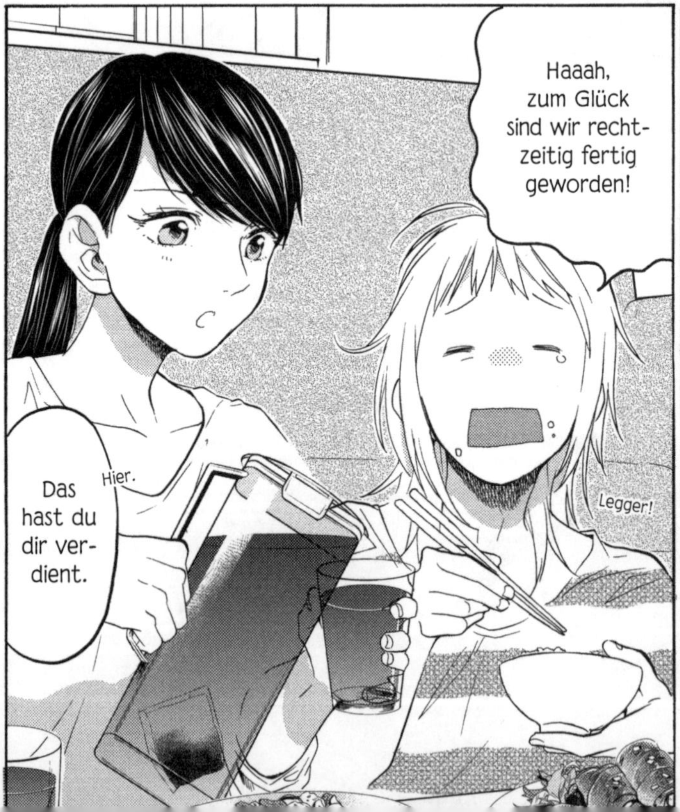

Haaah, zum Glück sind wir rechtzeitig fertig geworden!

Legger!

Hier.

Das hast du dir verdient.

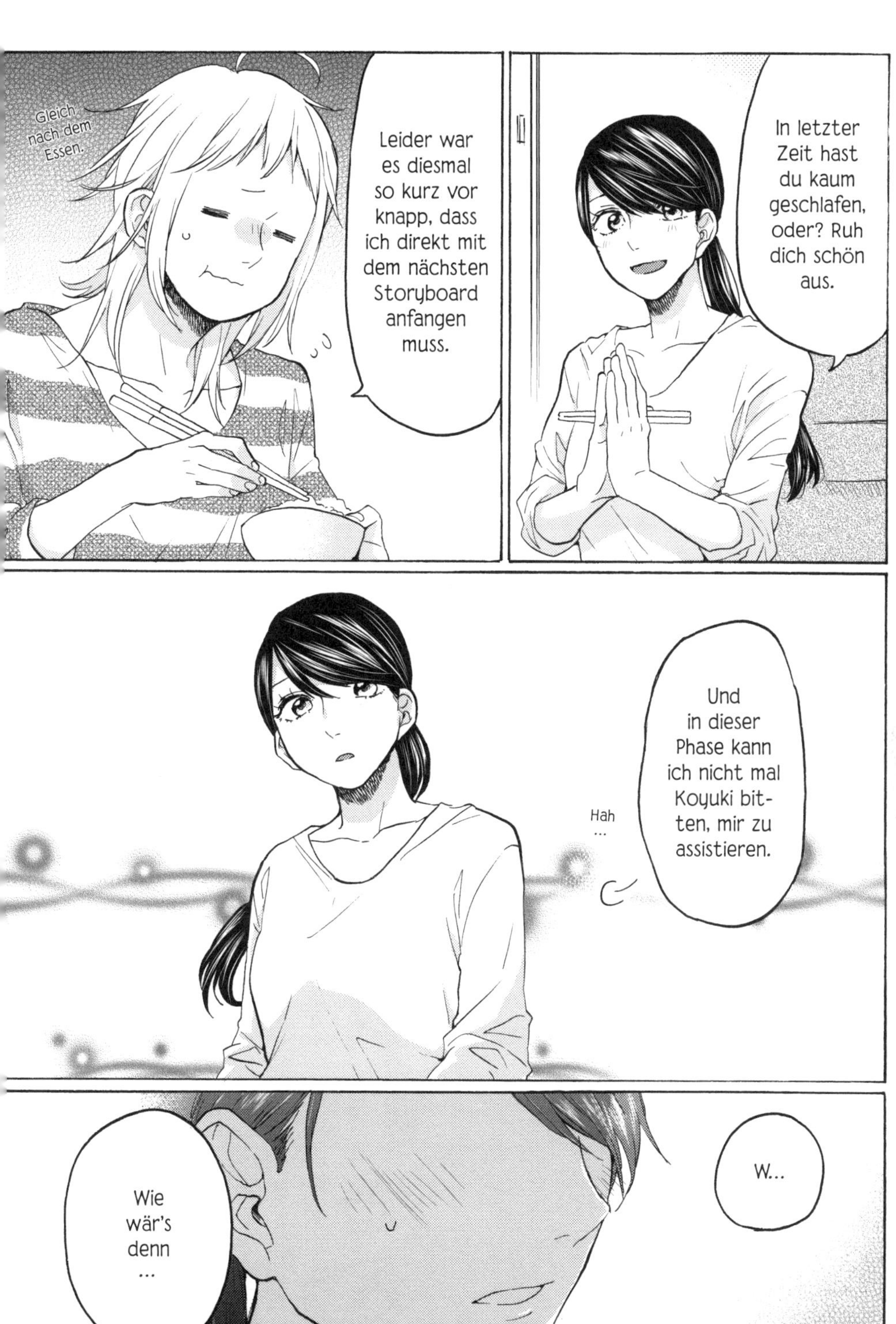
In letzter Zeit hast du kaum geschlafen, oder? Ruh dich schön aus.
Leider war es diesmal so kurz vor knapp, dass ich direkt mit dem nächsten Storyboard anfangen muss.
Gleich nach dem Essen.
Und in dieser Phase kann ich nicht mal Koyuki bitten, mir zu assistieren.
Hah …
W…
Wie wär's denn …

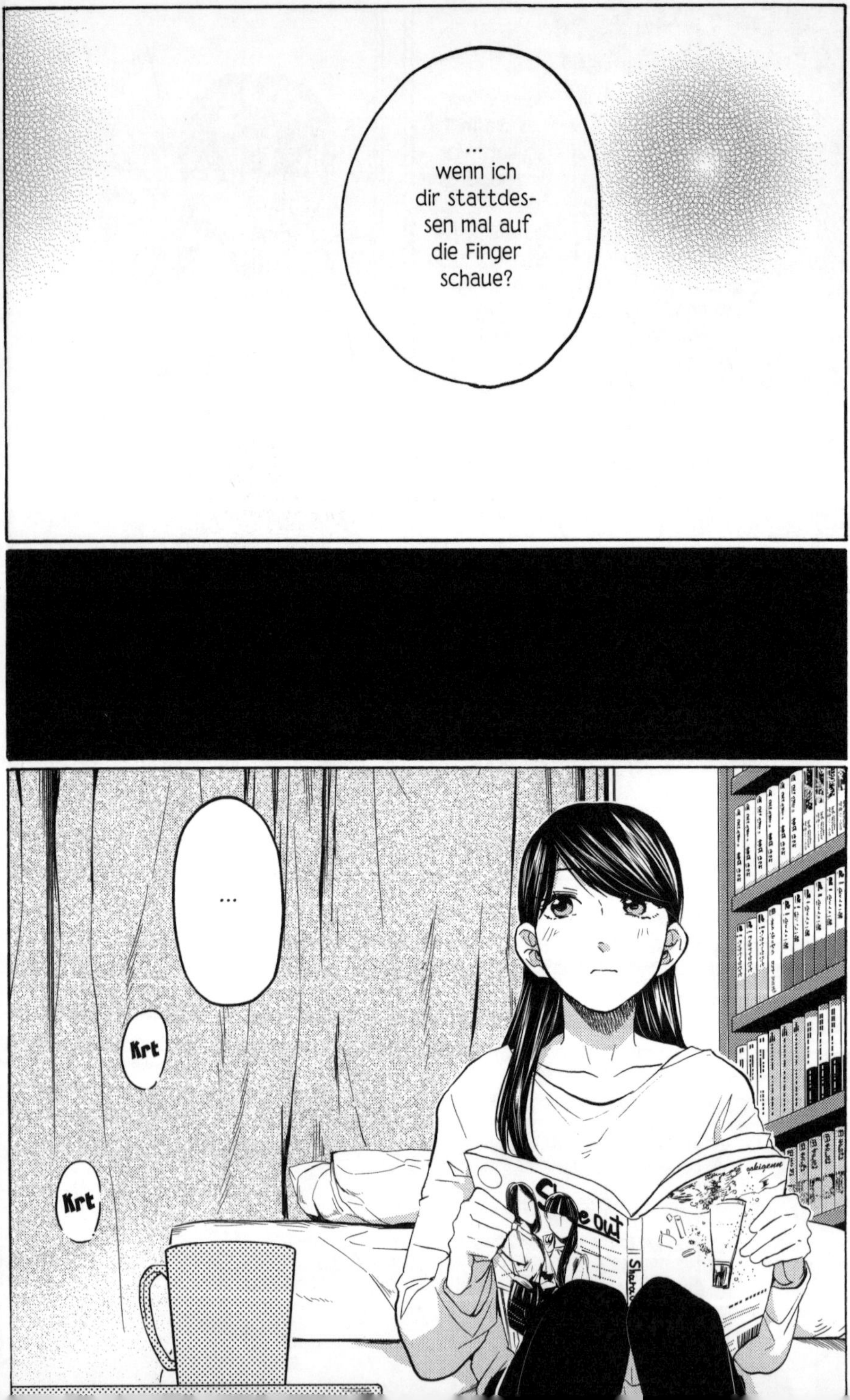

...
wenn ich
dir stattdes-
sen mal auf
die Finger
schaue?
...
Krt
Krt

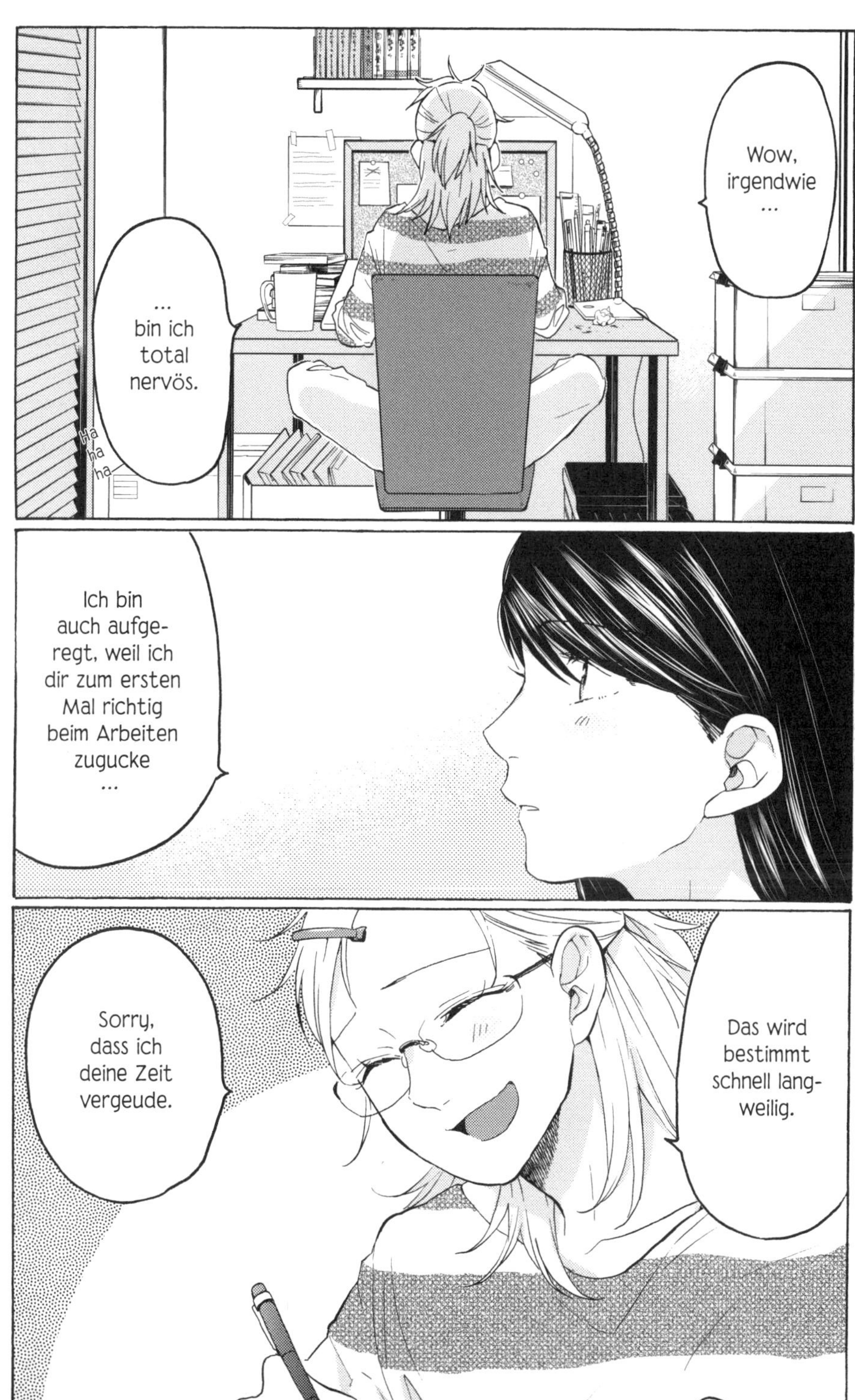
Wow, irgendwie …
… bin ich total nervös.
Ha ha ha
Ich bin auch aufgeregt, weil ich dir zum ersten Mal richtig beim Arbeiten zugucke …
Das wird bestimmt schnell langweilig.
Sorry, dass ich deine Zeit vergeude.

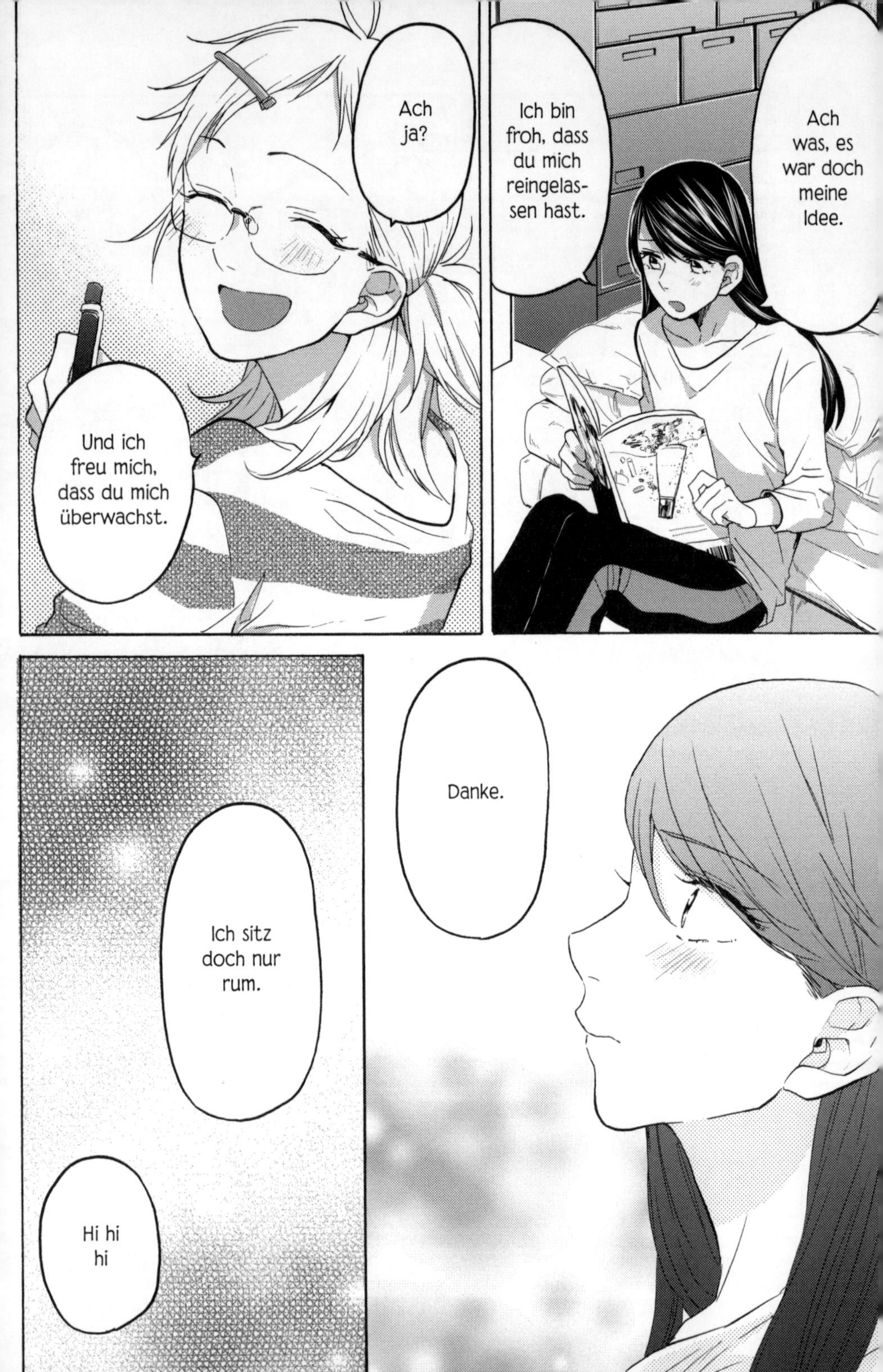
Ach was, es war doch meine Idee.
Ich bin froh, dass du mich reingelassen hast.
Ach ja?
Und ich freu mich, dass du mich überwachst.
Danke.
Ich sitz doch nur rum.
Hi hi hi

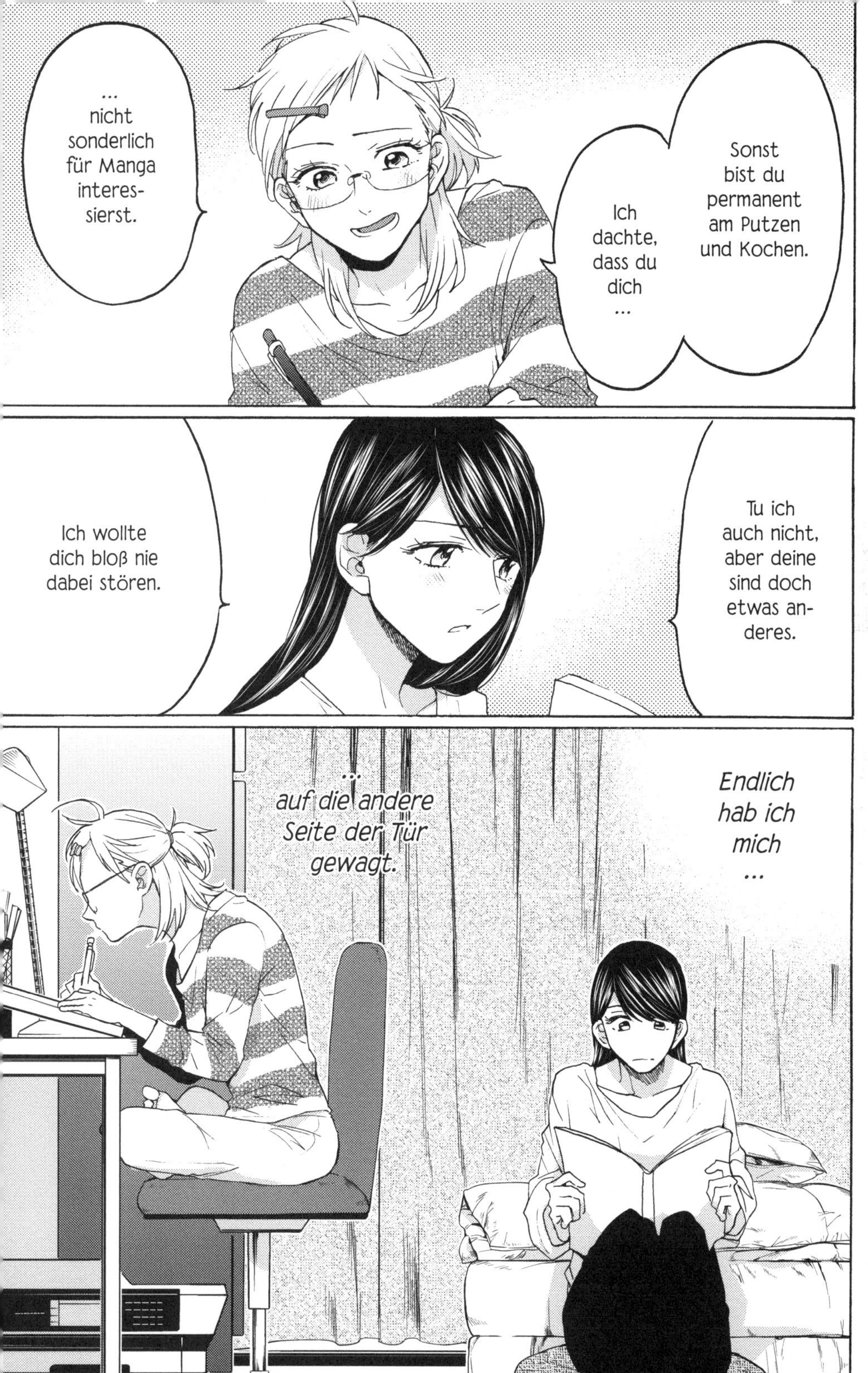
Sonst bist du permanent am Putzen und Kochen.
Ich dachte, dass du dich ...
... nicht sonderlich für Manga interessierst.
Tu ich auch nicht, aber deine sind doch etwas anderes.
Ich wollte dich bloß nie dabei stören.
Endlich hab ich mich ...
... auf die andere Seite der Tür gewagt.

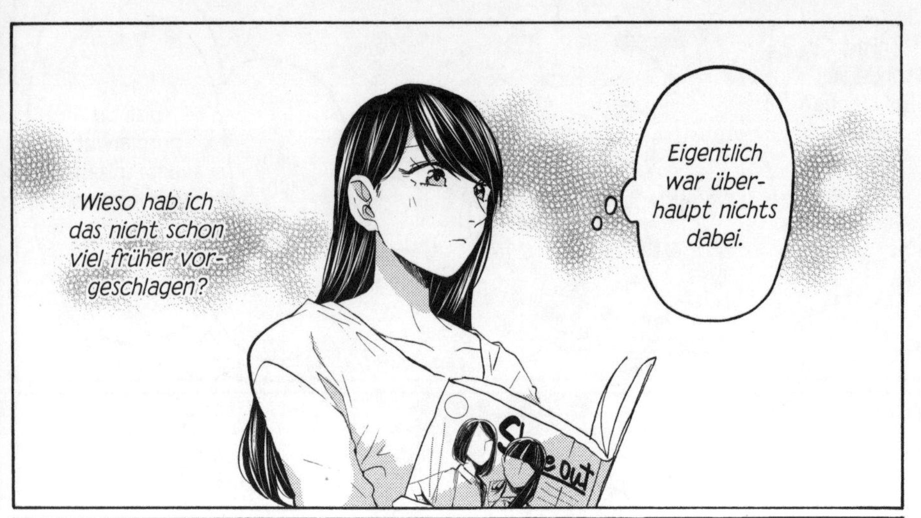

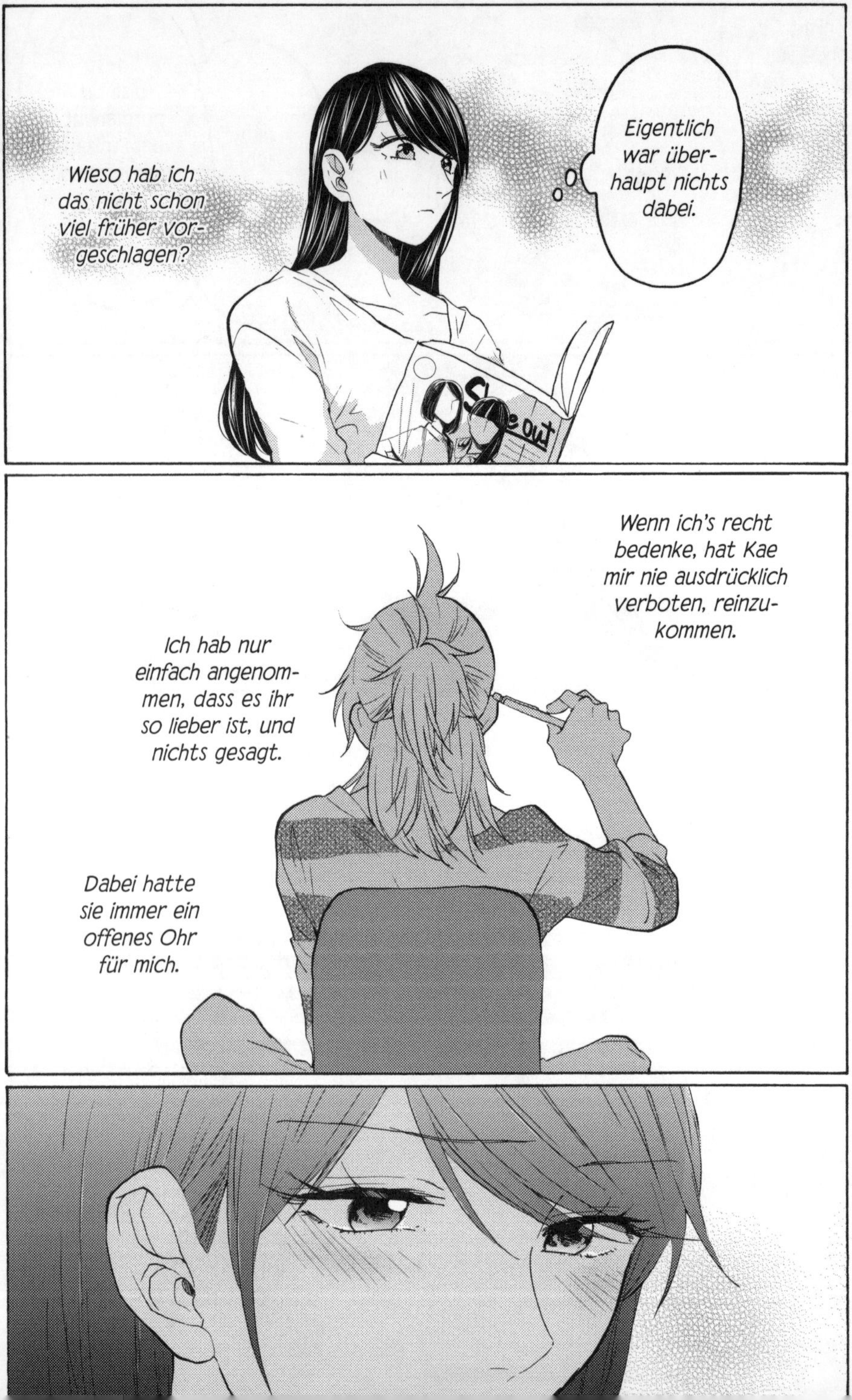

Wenn ich's recht bedenke, hat Kae mir nie ausdrücklich verboten, reinzukommen.

Ich hab nur einfach angenommen, dass es ihr so lieber ist, und nichts gesagt.

Dabei hatte sie immer ein offenes Ohr für mich.

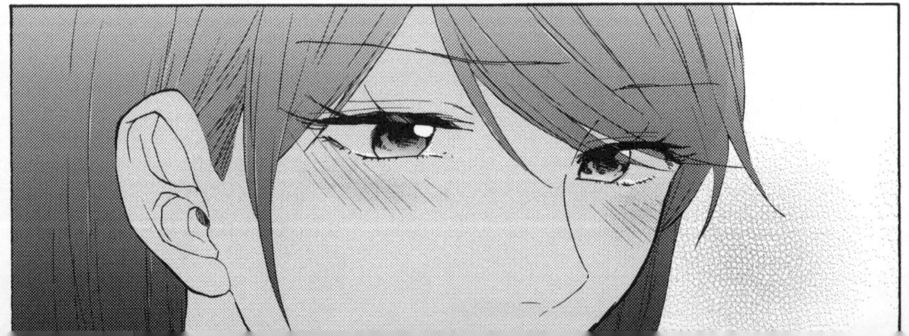

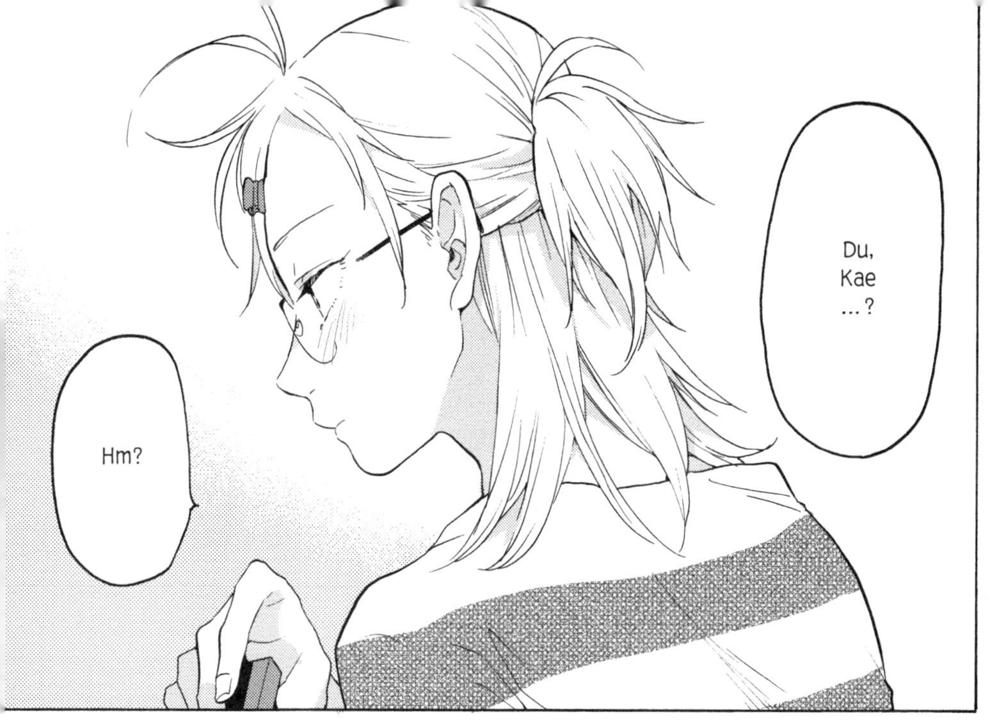

Ich würd dich gern was fragen.

Klar, schieß los.

Es gibt da diese Sache, die mich schon länger beschäftigt ...

Bisher hab ich mich nie getraut, aber jetzt frag ich sie einfach.

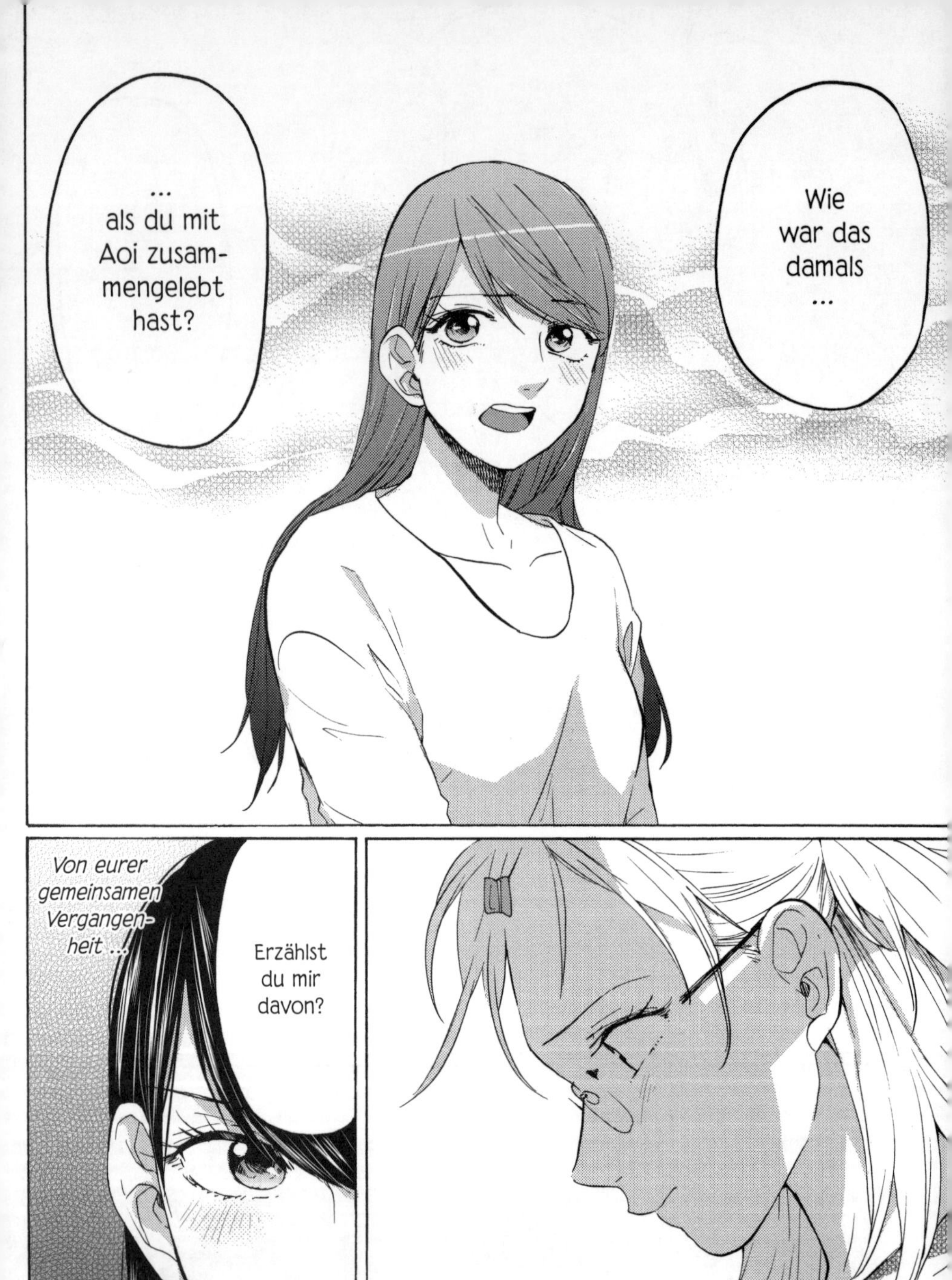
Wie war das damals …
… als du mit Aoi zusammengelebt hast?
Erzählst du mir davon?
Von eurer gemeinsamen Vergangenheit …

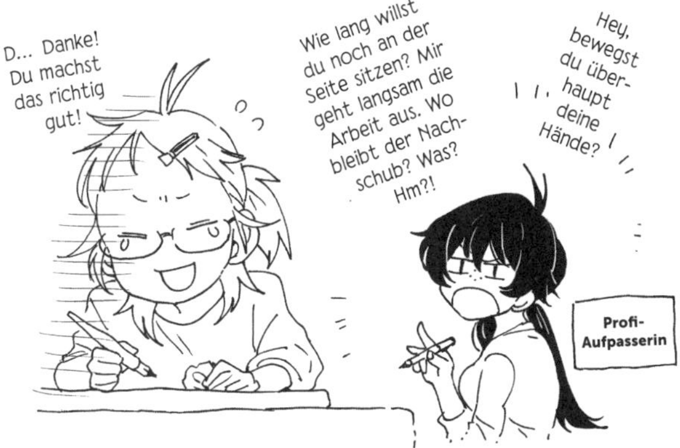
Hey, bewegst du überhaupt deine Hände?
Wie lang willst du noch an der Seite sitzen? Mir geht langsam die Arbeit aus. Wo bleibt der Nachschub? Was? Hm?!
D... Danke! Du machst das richtig gut!
Profi-Aufpasserin

2ZKB, Feder & Wecker

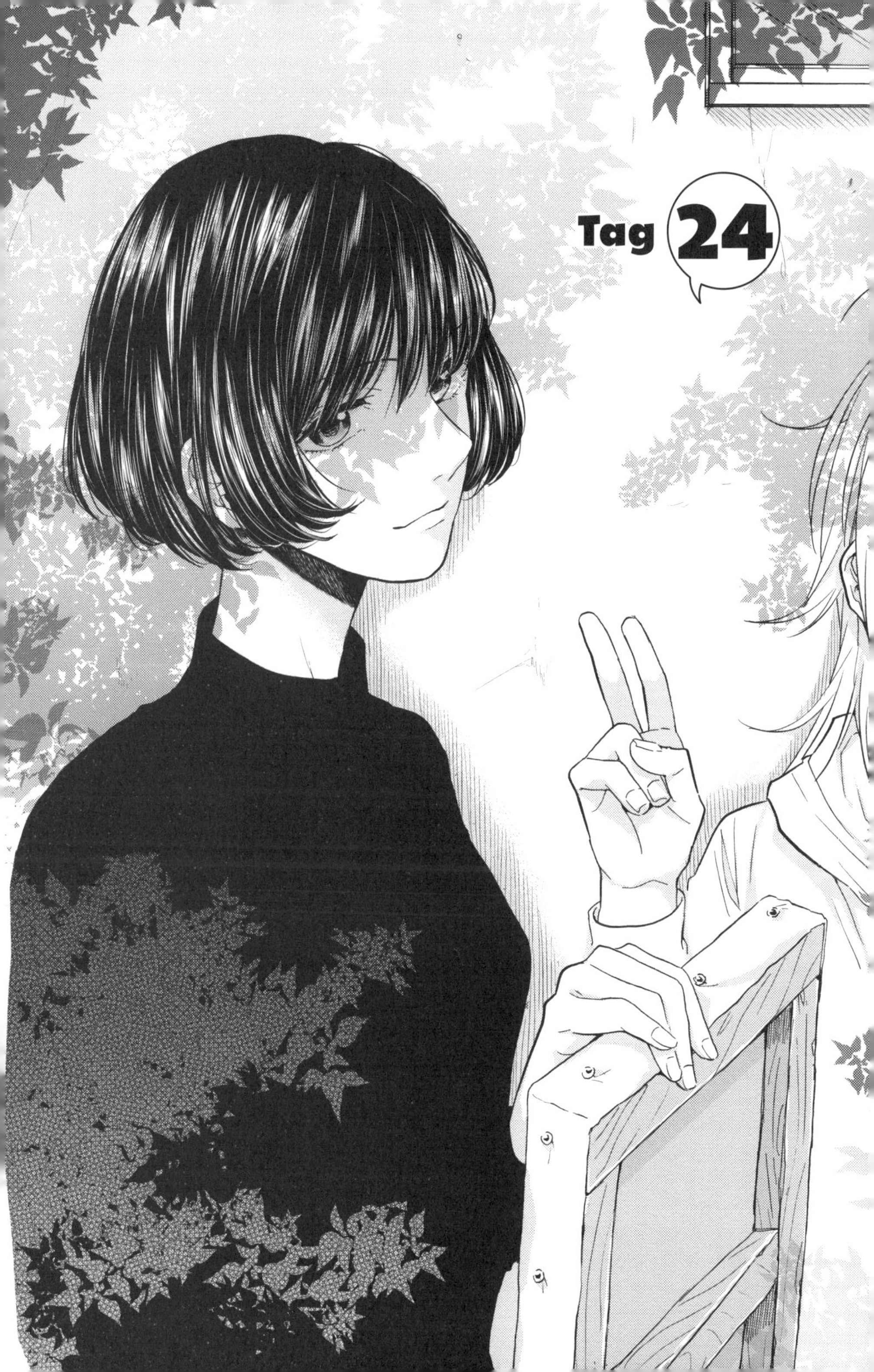
Tag 24

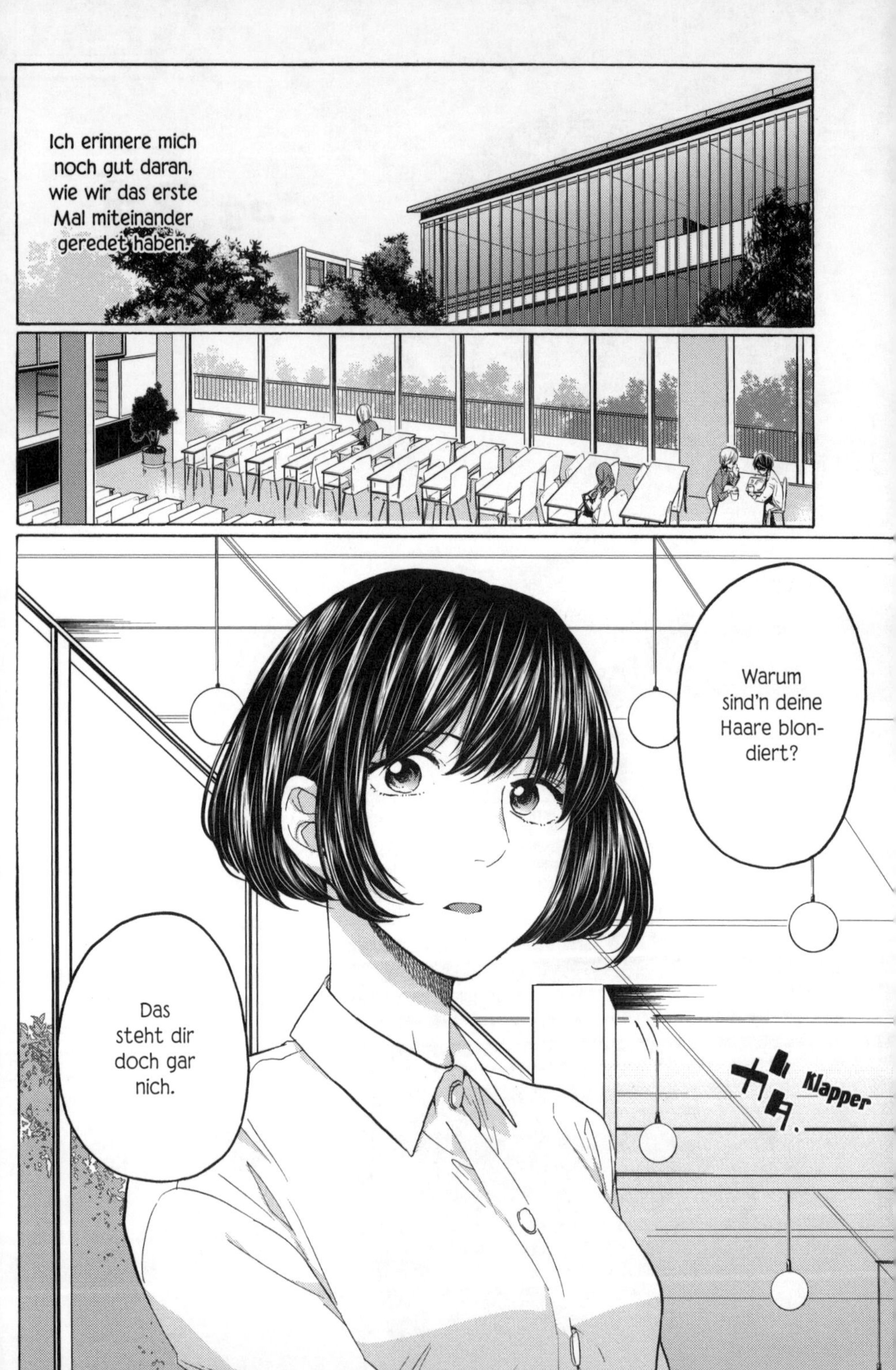
Ich erinnere mich noch gut daran, wie wir das erste Mal miteinander geredet haben.
Warum sind'n deine Haare blondiert?
Das steht dir doch gar nich.
Klapper

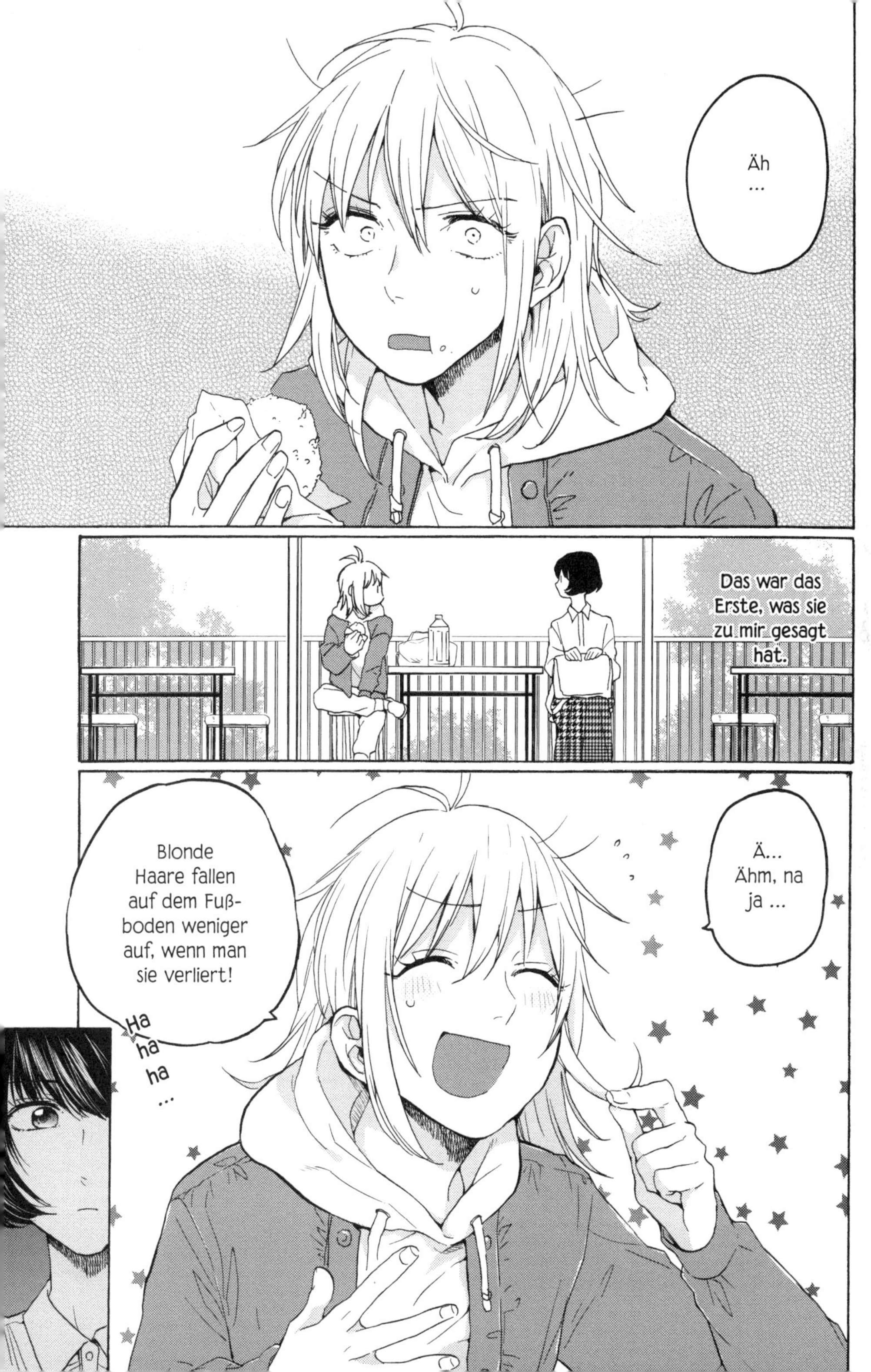
Äh
...
Das war das Erste, was sie zu mir gesagt hat.
Ä...
Ähm, na ja ...
Blonde Haare fallen auf dem Fuß-boden weniger auf, wenn man sie verliert!
Ha ha ha ...

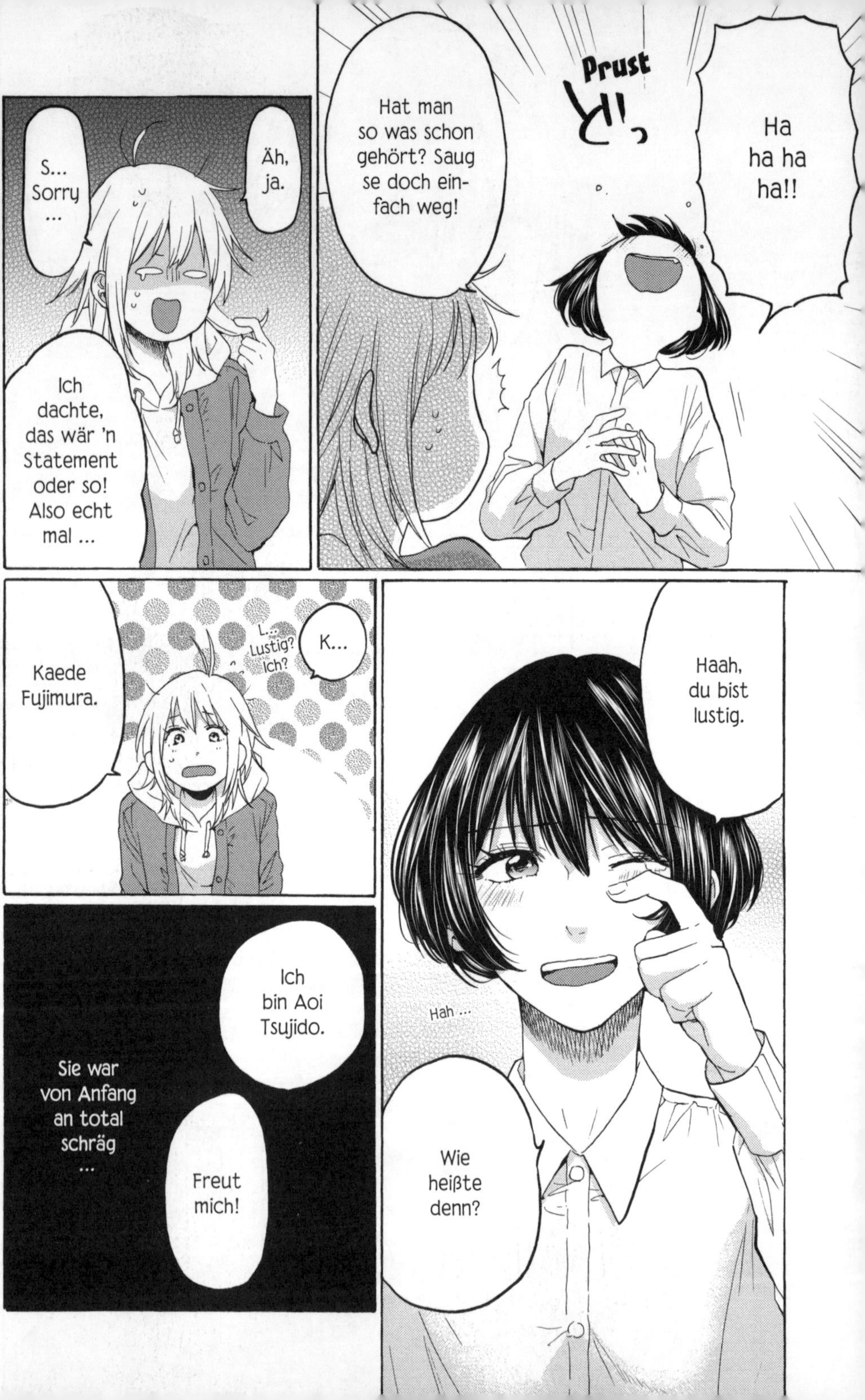

Ha ha ha ha!!

Prust

どっ

Hat man so was schon gehört? Saug se doch einfach weg!

Äh, ja.

S... Sorry ...

Ich dachte, das wär 'n Statement oder so! Also echt mal ...

Haah, du bist lustig.

Hah ...

Wie heißte denn?

K...

L... Lustig? Ich?

Kaede Fujimura.

Ich bin Aoi Tsujido.

Freut mich!

Sie war von Anfang an total schräg ...

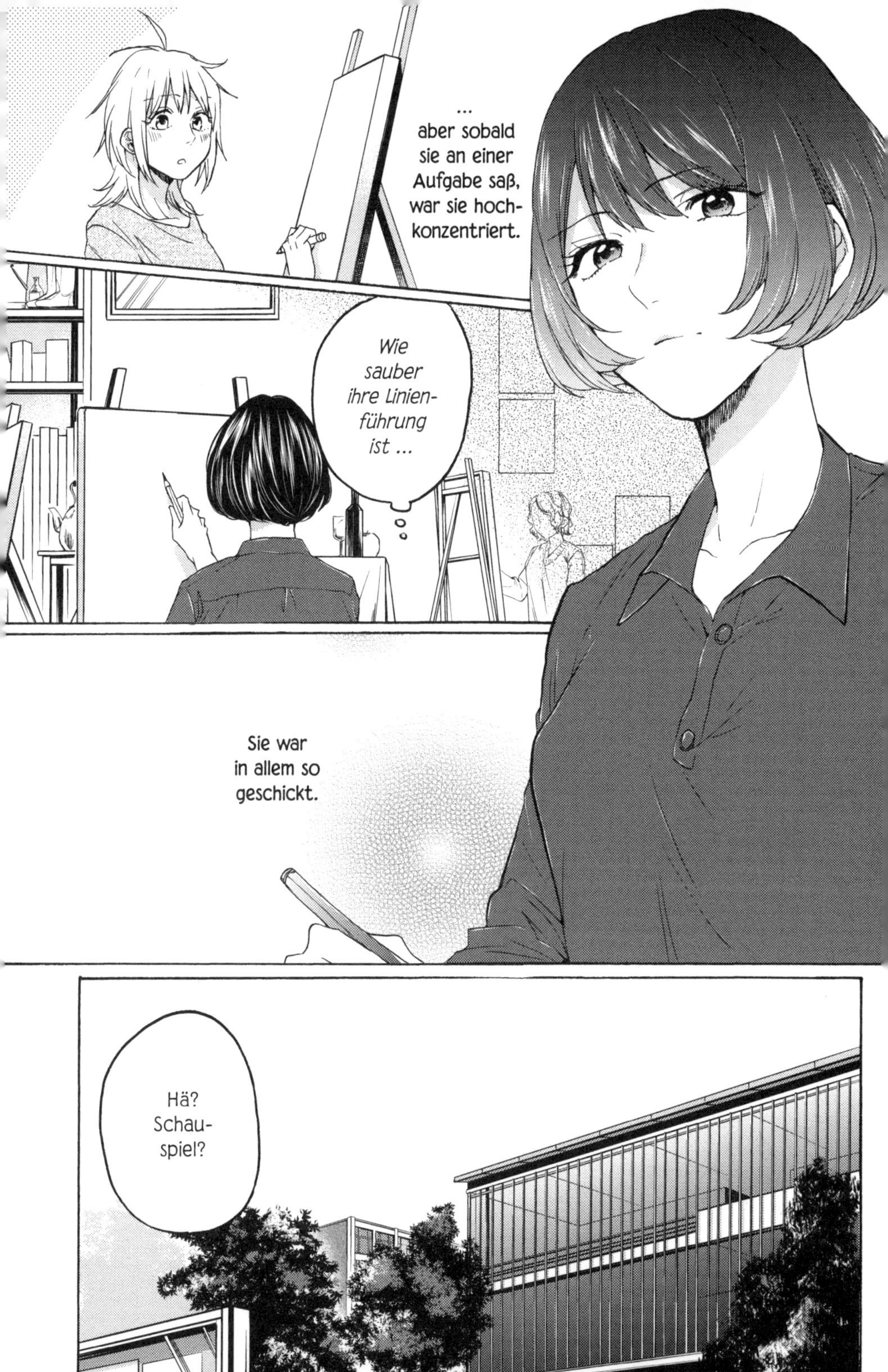
... aber sobald sie an einer Aufgabe saß, war sie hochkonzentriert.
Wie sauber ihre Linienführung ist ...
Sie war in allem so geschickt.
Hä? Schauspiel?

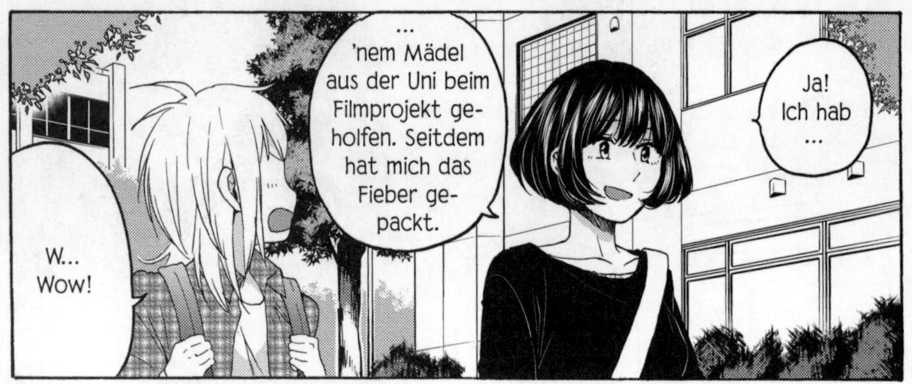
Ja! Ich hab ...
... 'nem Mädel aus der Uni beim Filmprojekt geholfen. Seitdem hat mich das Fieber gepackt.
W... Wow!

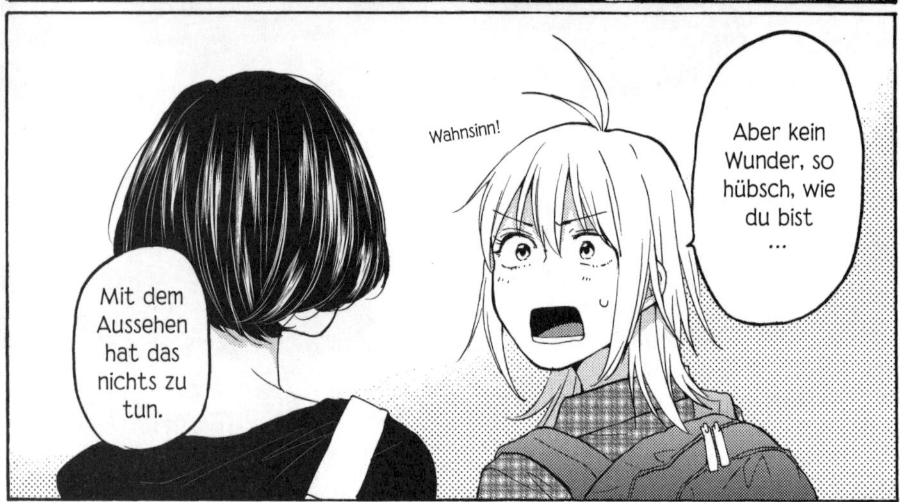
Aber kein Wunder, so hübsch, wie du bist ...
Wahnsinn!
Mit dem Aussehen hat das nichts zu tun.

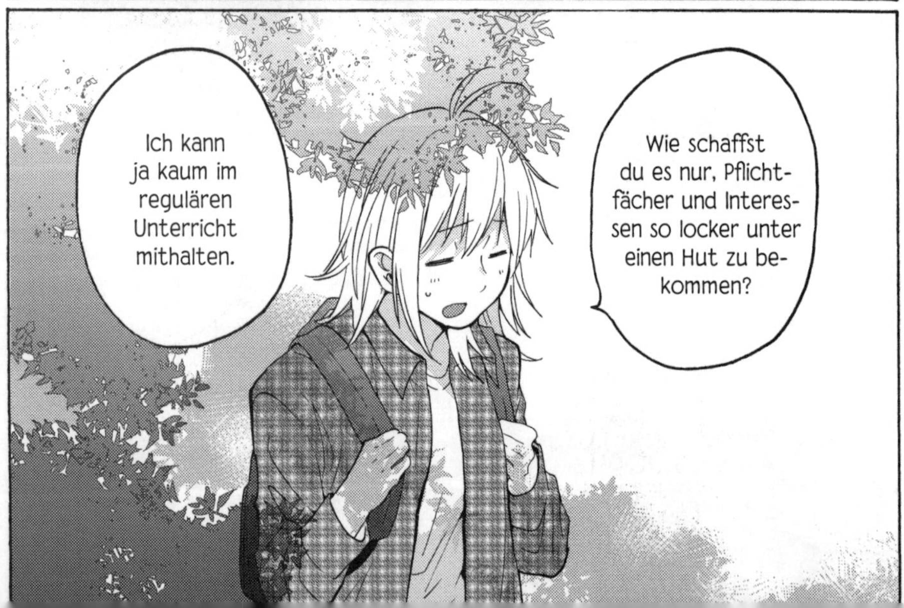
Wie schaffst du es nur, Pflichtfächer und Interessen so locker unter einen Hut zu bekommen?
Ich kann ja kaum im regulären Unterricht mithalten.

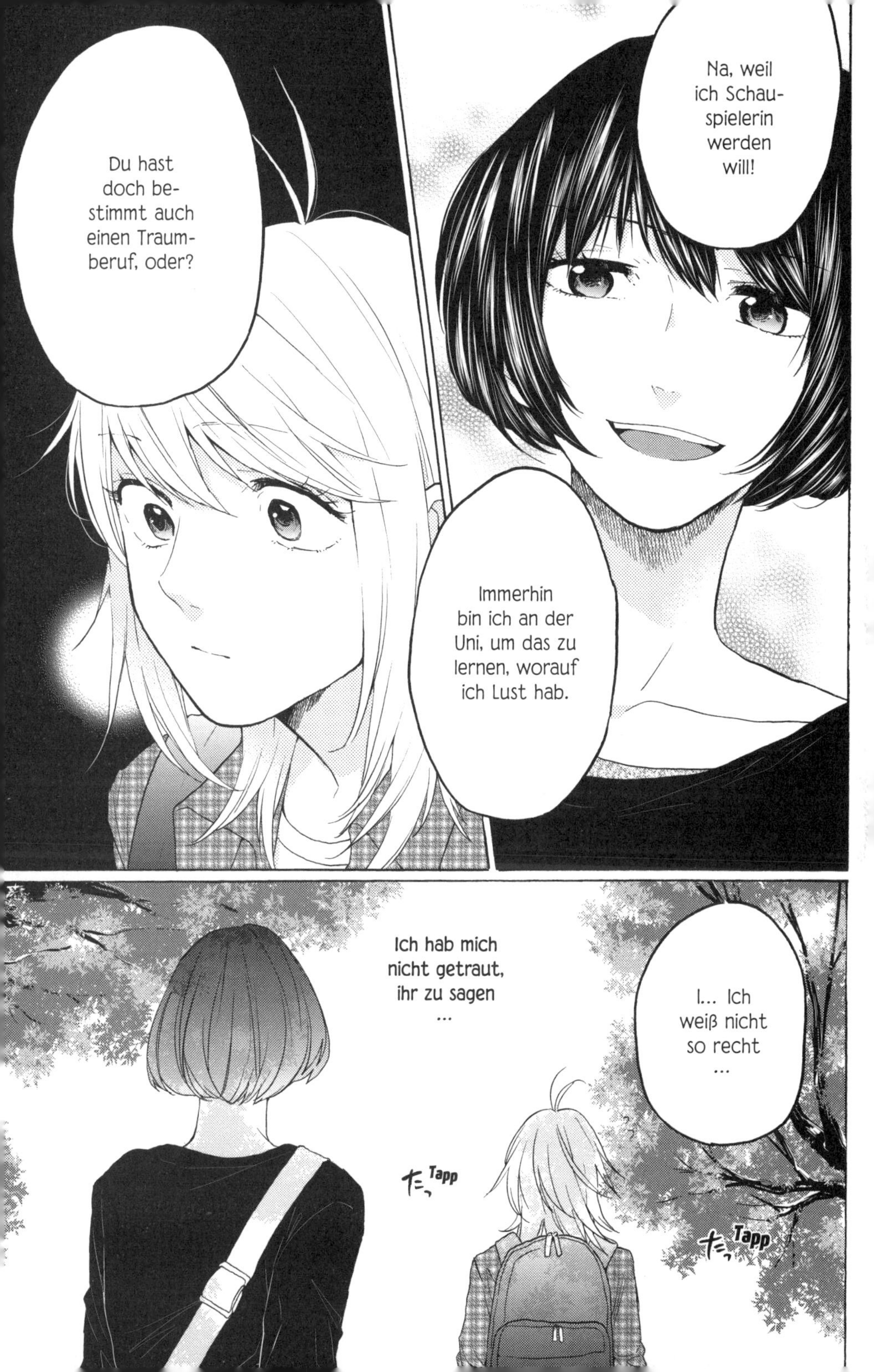

Na, weil ich Schauspielerin werden will!

Immerhin bin ich an der Uni, um das zu lernen, worauf ich Lust hab.

Du hast doch bestimmt auch einen Traumberuf, oder?

I… Ich weiß nicht so recht …

Tapp

Ich hab mich nicht getraut, ihr zu sagen …

Tapp

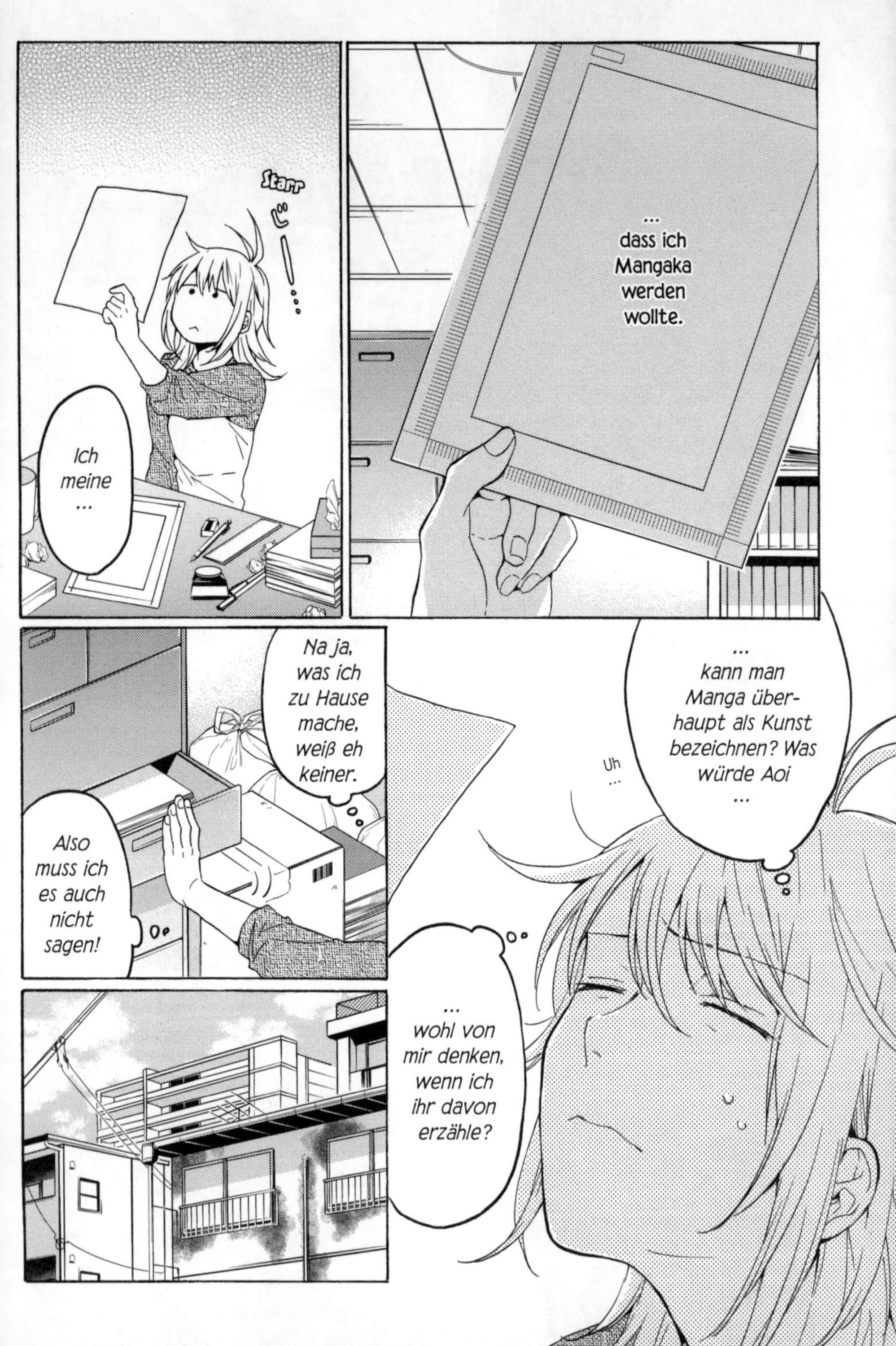
... dass ich Mangaka werden wollte.
Starr
じー…
Ich meine ...
... kann man Manga über-haupt als Kunst bezeichnen? Was würde Aoi ...
Uh ...
Na ja, was ich zu Hause mache, weiß eh keiner.
Also muss ich es auch nicht sagen!
... wohl von mir denken, wenn ich ihr davon erzähle?

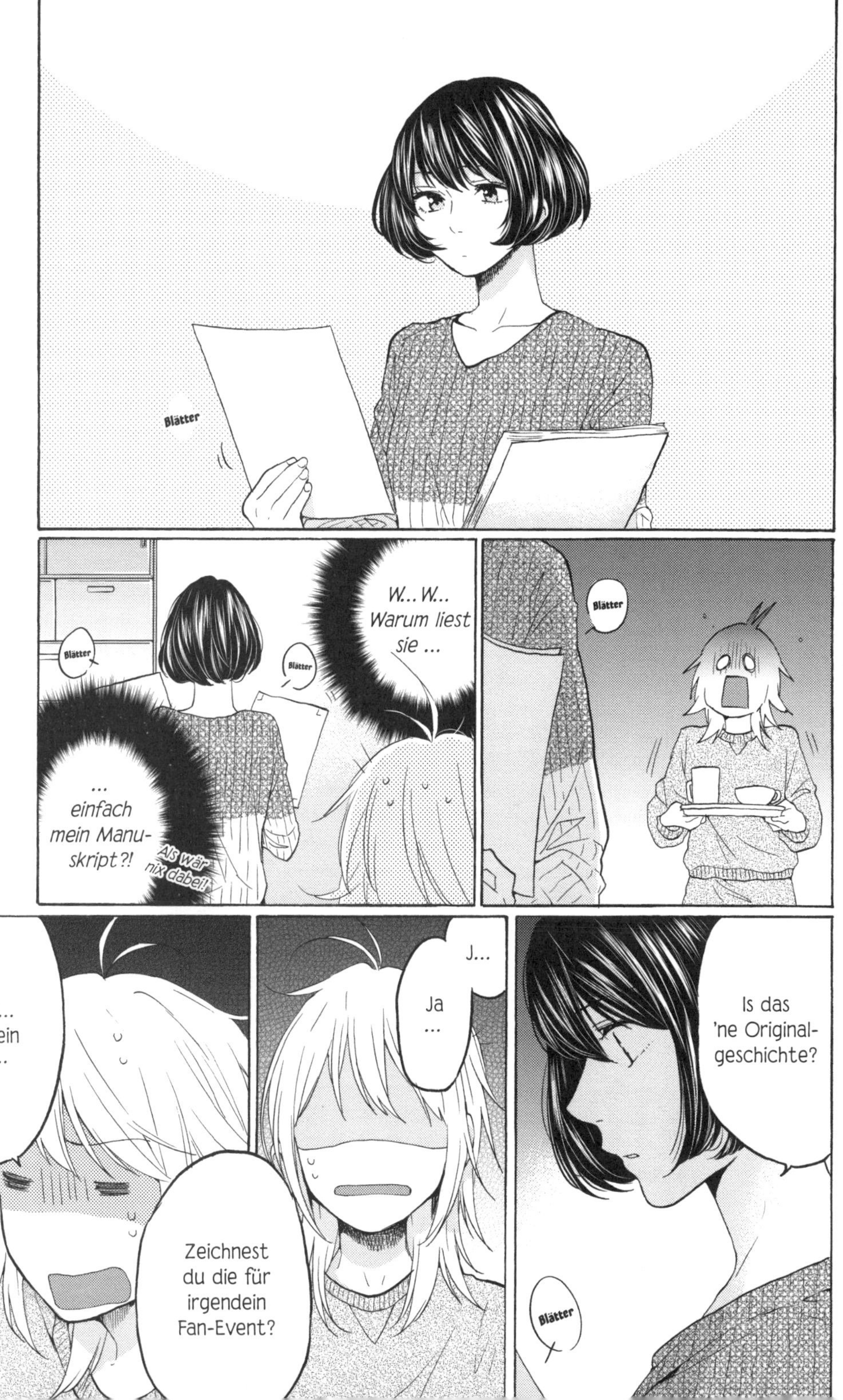
Blätter
Blätter
W... W... Warum liest sie ...
Blätter
Blätter
... einfach mein Manuskript?!
Als wär nix dabei!
Is das 'ne Original-geschichte?
Blätter
J...
Ja ...
Zeichnest du die für irgendein Fan-Event?
N... Nein ...

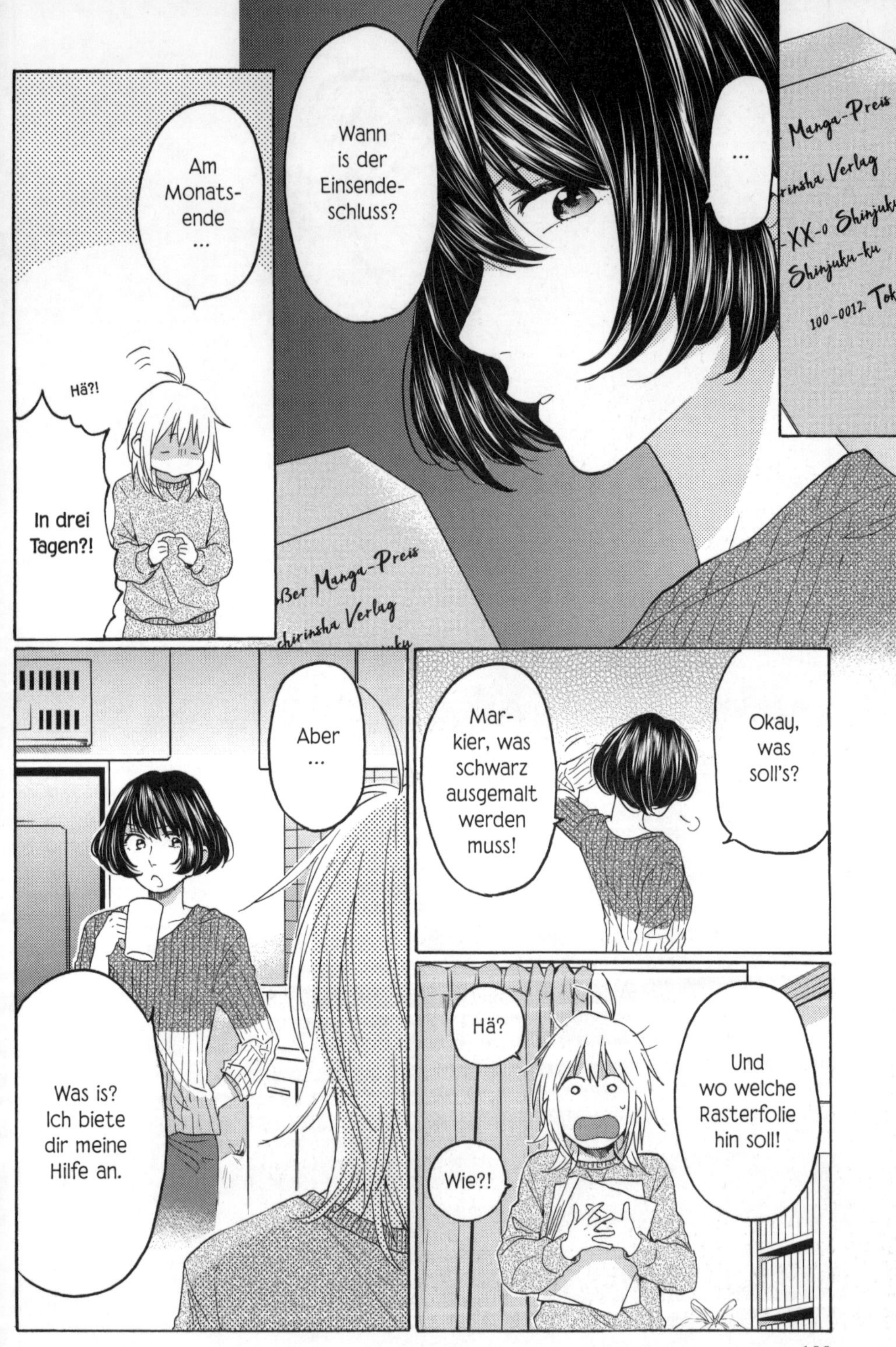
...
Wann is der Einsendeschluss?
Manga-Preis
rinsha Verlag
XX-0 Shinjuku
Shinjuku-ku
100-0012 Tokio
Am Monatsende ...
Hä?!
In drei Tagen?!
Aber ...
Was is? Ich biete dir meine Hilfe an.
Okay, was soll's?
Markier, was schwarz ausgemalt werden muss!
Und wo welche Rasterfolie hin soll!
Hä?
Wie?!

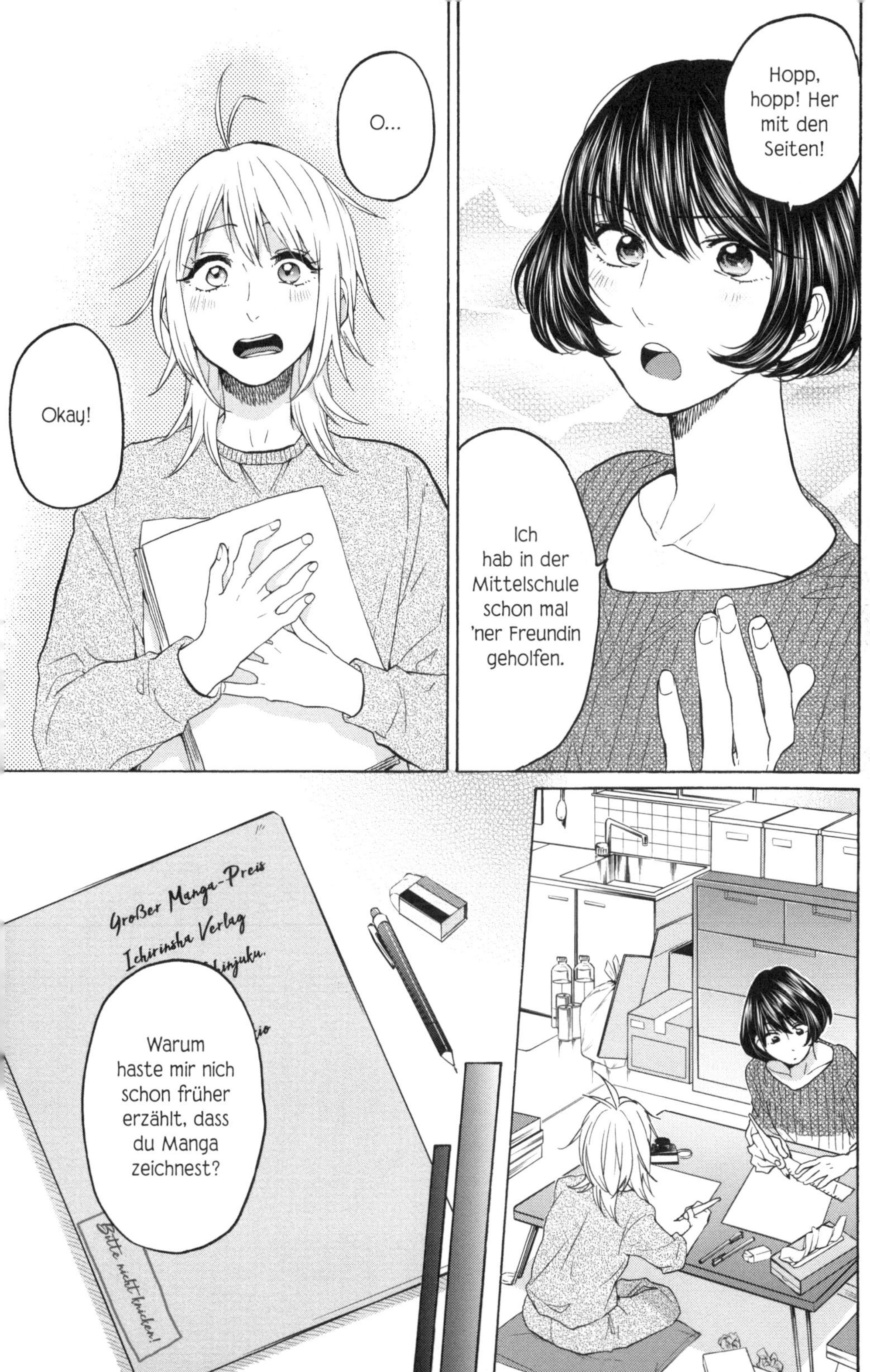
Hopp, hopp! Her mit den Seiten!
Ich hab in der Mittelschule schon mal 'ner Freundin geholfen.
O...
Okay!
Großer Manga-Preis
Ichirinsha Verlag
Warum haste mir nich schon früher erzählt, dass du Manga zeichnest?
Bitte nicht knicken!

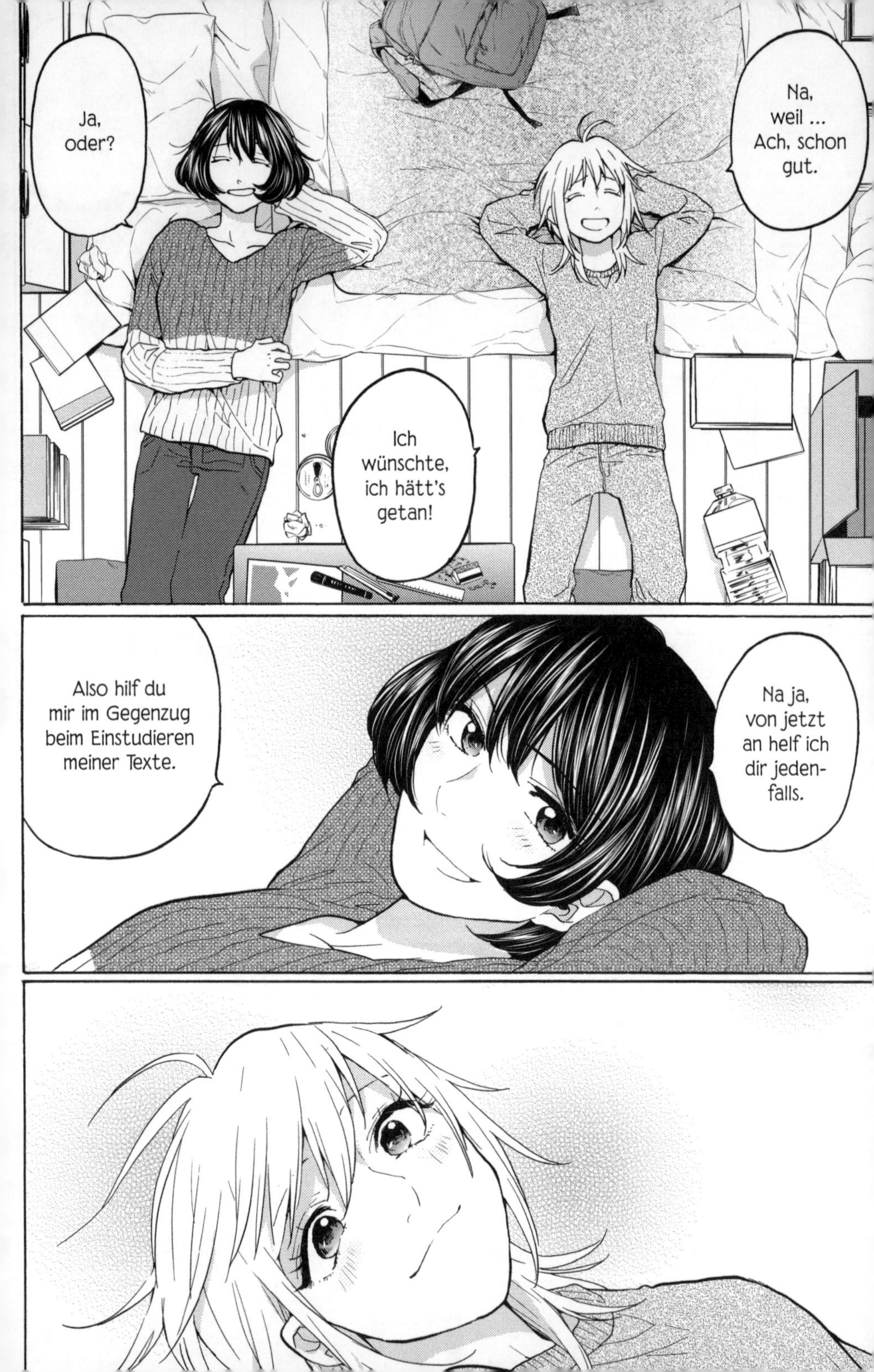
Na, weil ... Ach, schon gut.
Ja, oder?
Ich wünschte, ich hätt's getan!
Na ja, von jetzt an helf ich dir jedenfalls.
Also hilf du mir im Gegenzug beim Einstudieren meiner Texte.

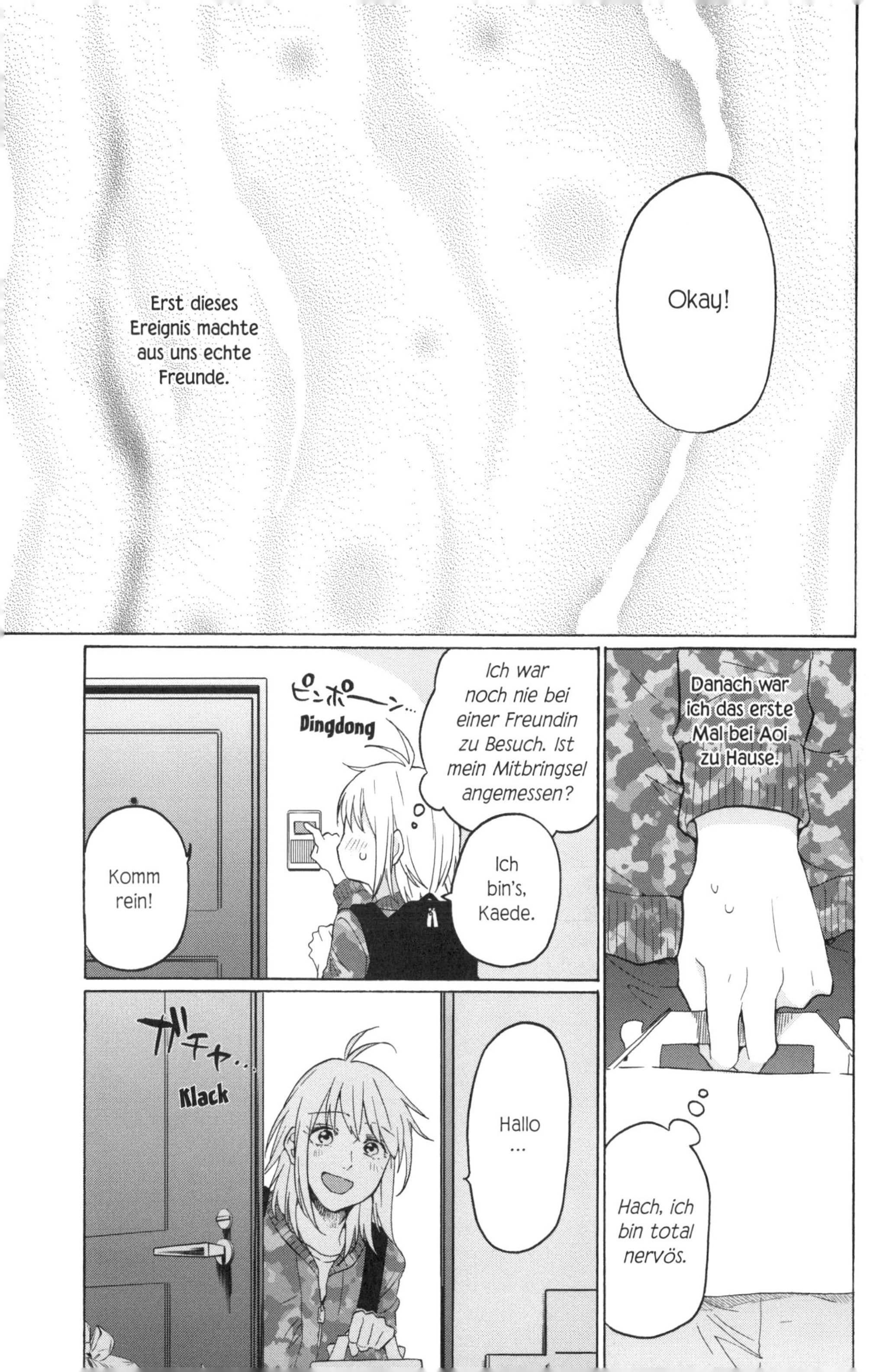
Okay!
Erst dieses Ereignis machte aus uns echte Freunde.
Danach war ich das erste Mal bei Aoi zu Hause.
ピンポーン…
Dingdong
Ich war noch nie bei einer Freundin zu Besuch. Ist mein Mitbringsel angemessen?
Ich bin's, Kaede.
Komm rein!
Hach, ich bin total nervös.
Hallo …
ガチャ…
Klack

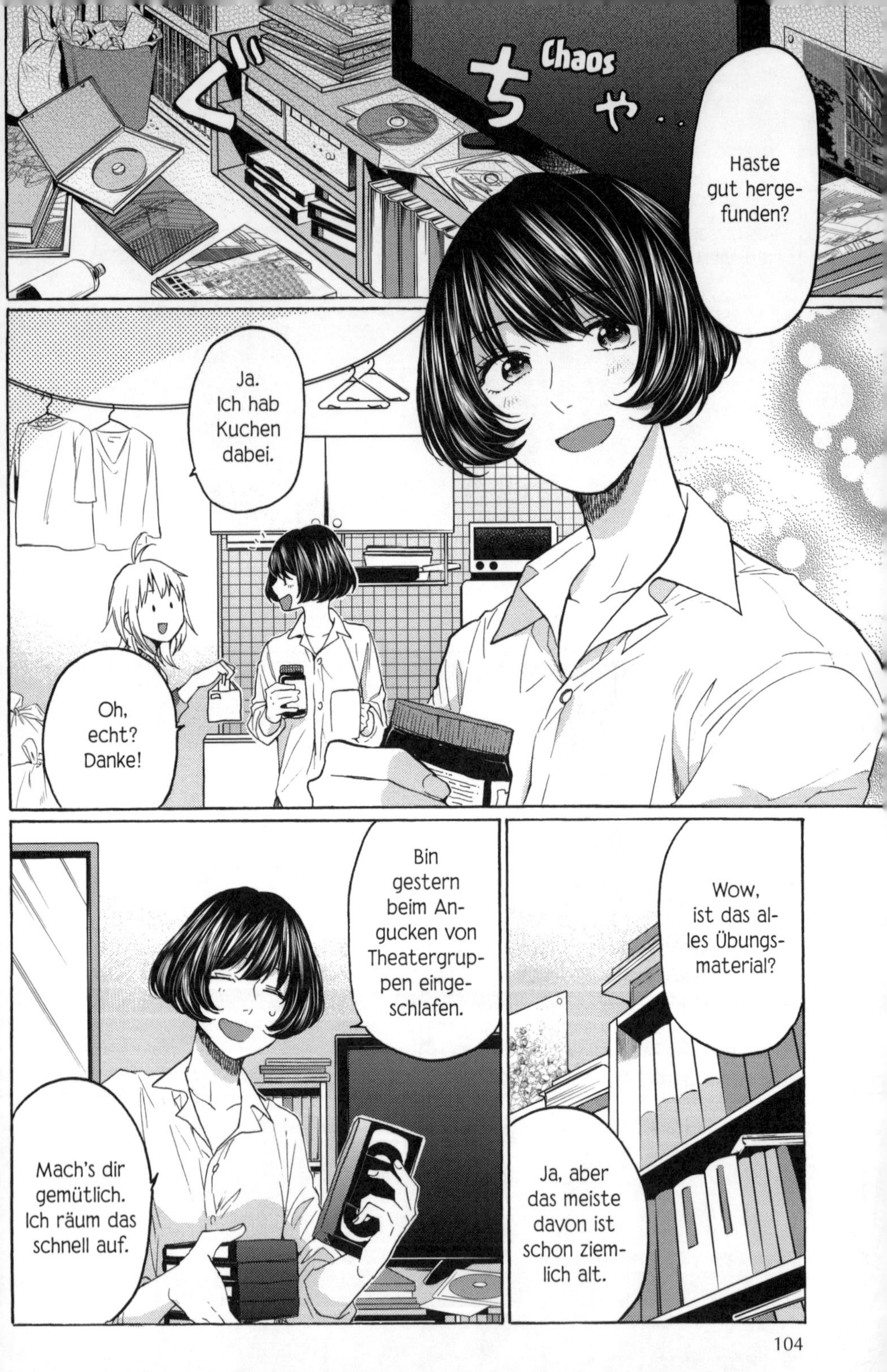

ぐちゃ..
Chaos
Haste gut hergefunden?
Ja. Ich hab Kuchen dabei.
Oh, echt? Danke!

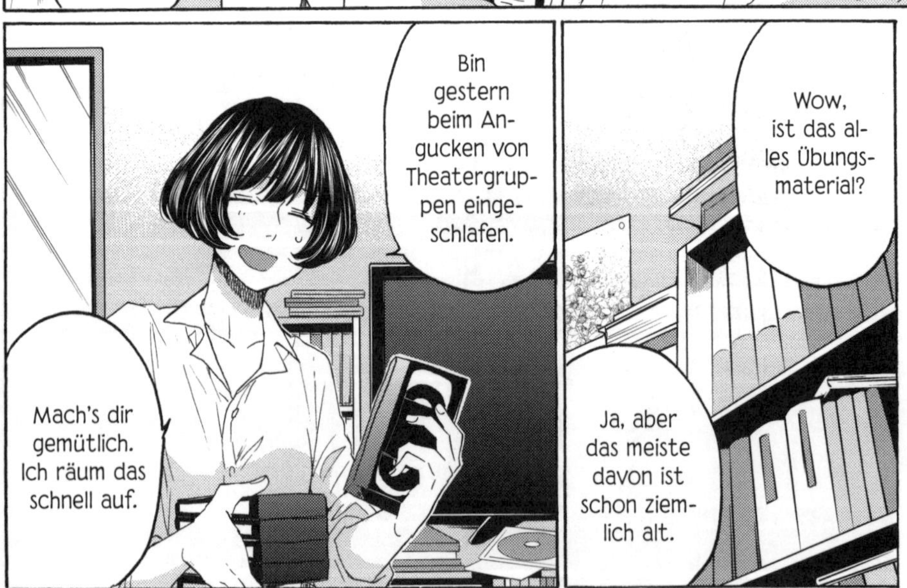

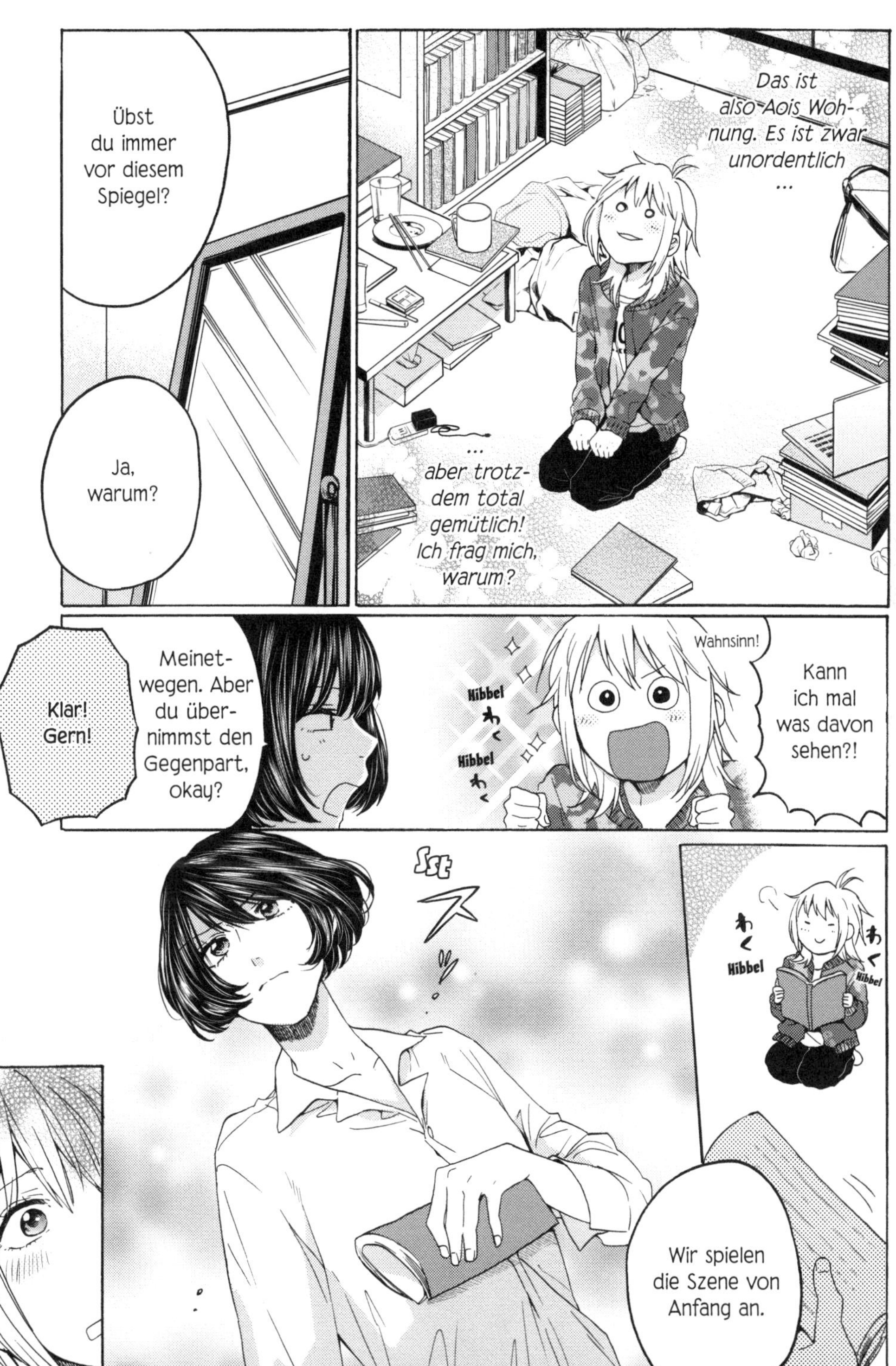
Das ist also Aois Wohnung. Es ist zwar unordentlich ...
... aber trotzdem total gemütlich! Ich frag mich, warum?
Übst du immer vor diesem Spiegel?
Ja, warum?
Wahnsinn!
Kann ich mal was davon sehen?!
Hibbel
Hibbel
Meinetwegen. Aber du übernimmst den Gegenpart, okay?
Klar! Gern!
Hibbel
Hibbel
Sst
Wir spielen die Szene von Anfang an.

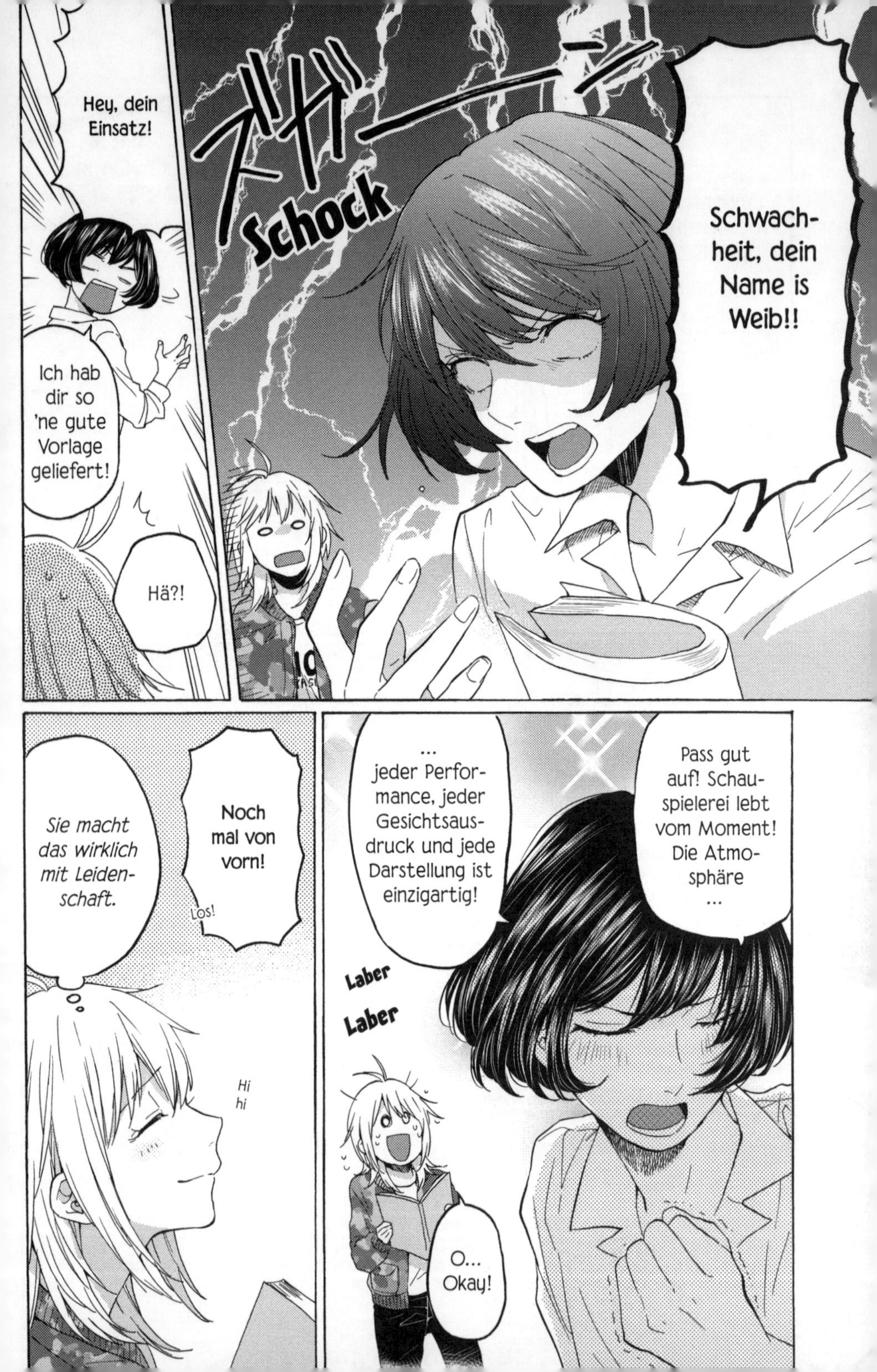

Schock

Schwachheit, dein Name is Weib!!

Hey, dein Einsatz!

Ich hab dir so 'ne gute Vorlage geliefert!

Hä?!

Pass gut auf! Schauspielerei lebt vom Moment! Die Atmosphäre ...

... jeder Performance, jeder Gesichtsausdruck und jede Darstellung ist einzigartig!

Laber

Laber

O... Okay!

Noch mal von vorn!

Los!

Sie macht das wirklich mit Leidenschaft.

Hi hi

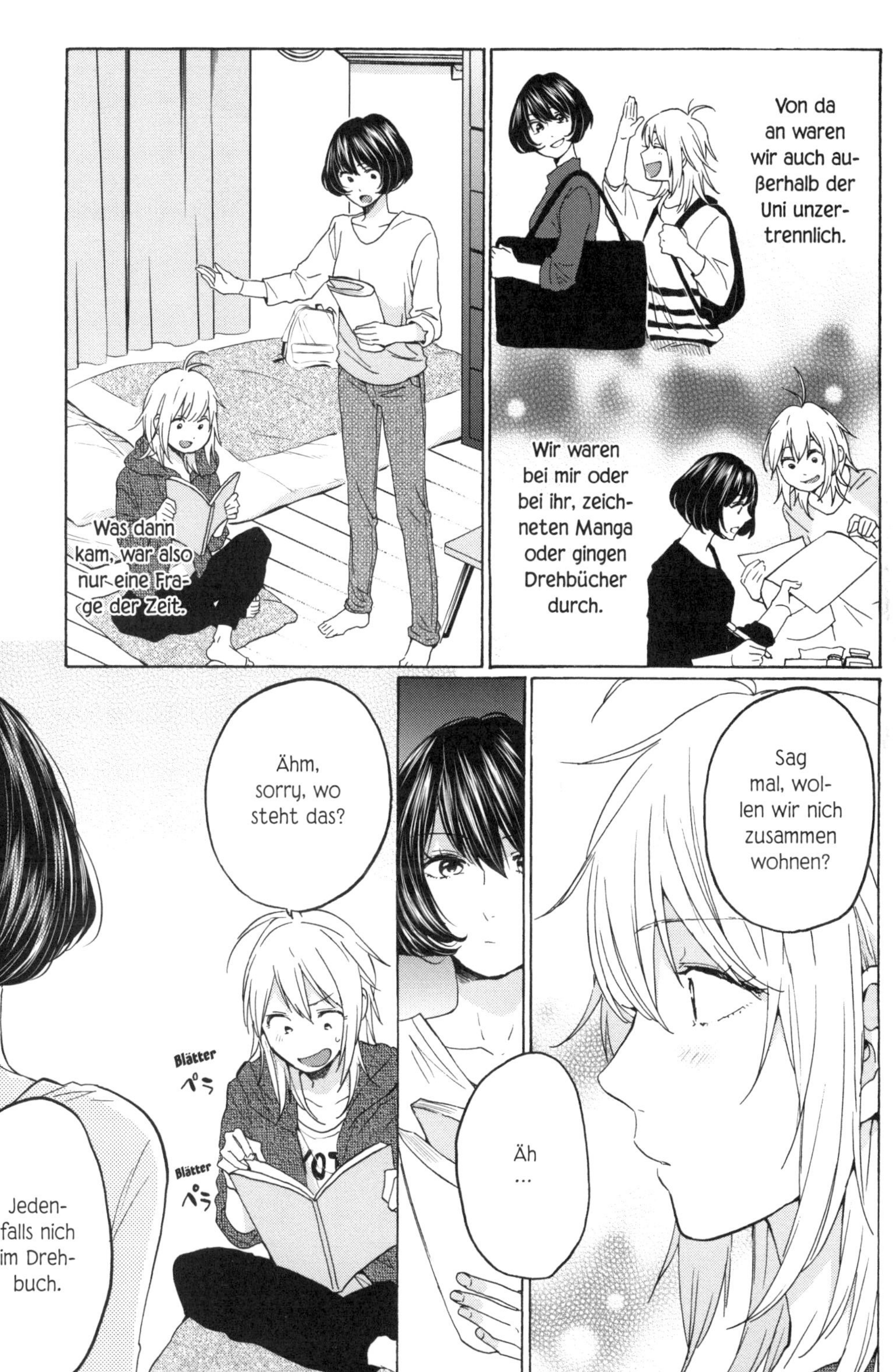
Von da an waren wir auch außerhalb der Uni unzertrennlich.
Wir waren bei mir oder bei ihr, zeichneten Manga oder gingen Drehbücher durch.
Was dann kam, war also nur eine Frage der Zeit.
Sag mal, wollen wir nich zusammen wohnen?
Äh …
Ähm, sorry, wo steht das?
Blätter
Blätter
Jedenfalls nich im Drehbuch.

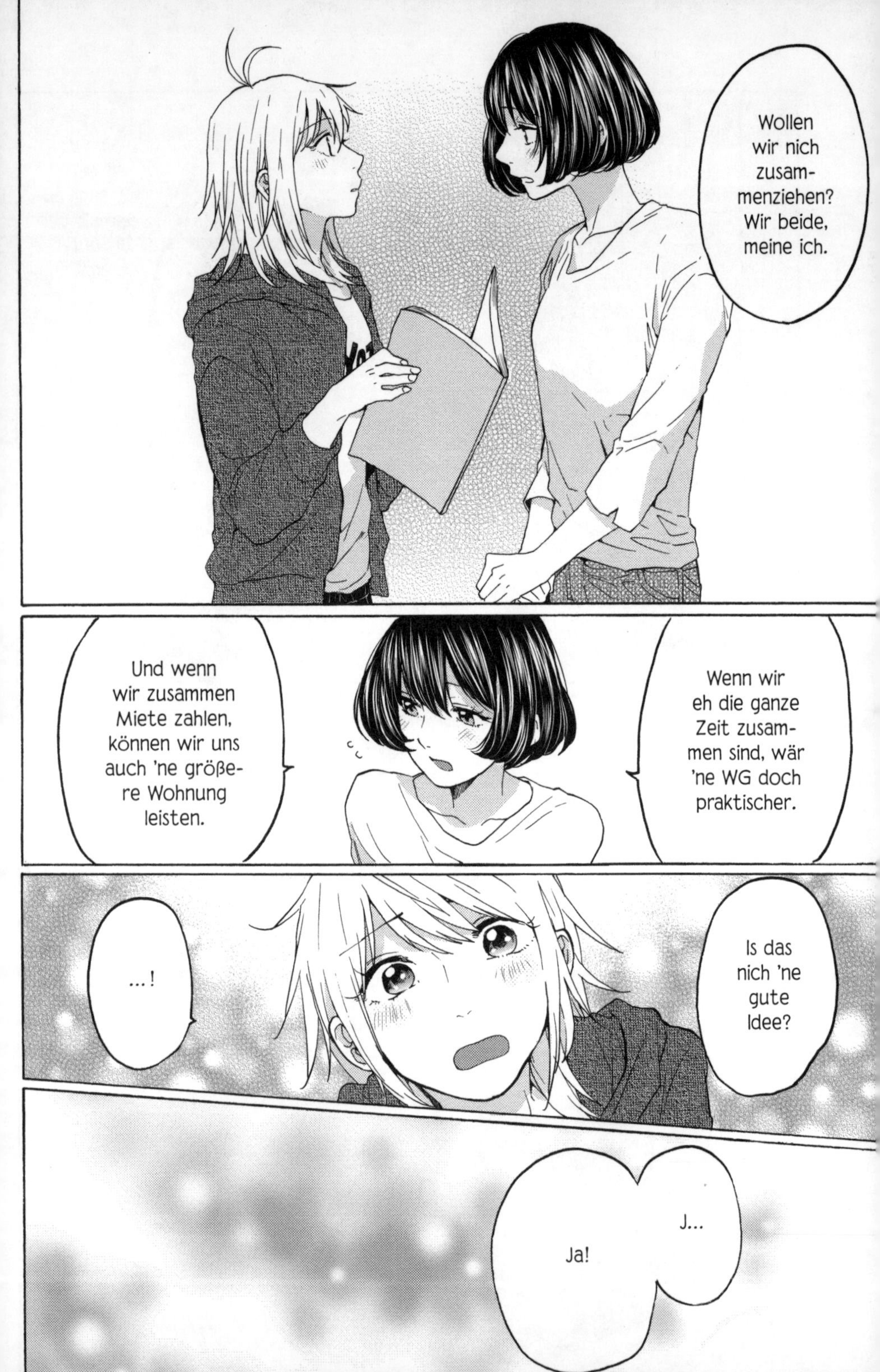
Wollen wir nich zusammenziehen? Wir beide, meine ich.
Wenn wir eh die ganze Zeit zusammen sind, wär 'ne WG doch praktischer.
Und wenn wir zusammen Miete zahlen, können wir uns auch 'ne größere Wohnung leisten.
Is das nich 'ne gute Idee?
...!
J... Ja!

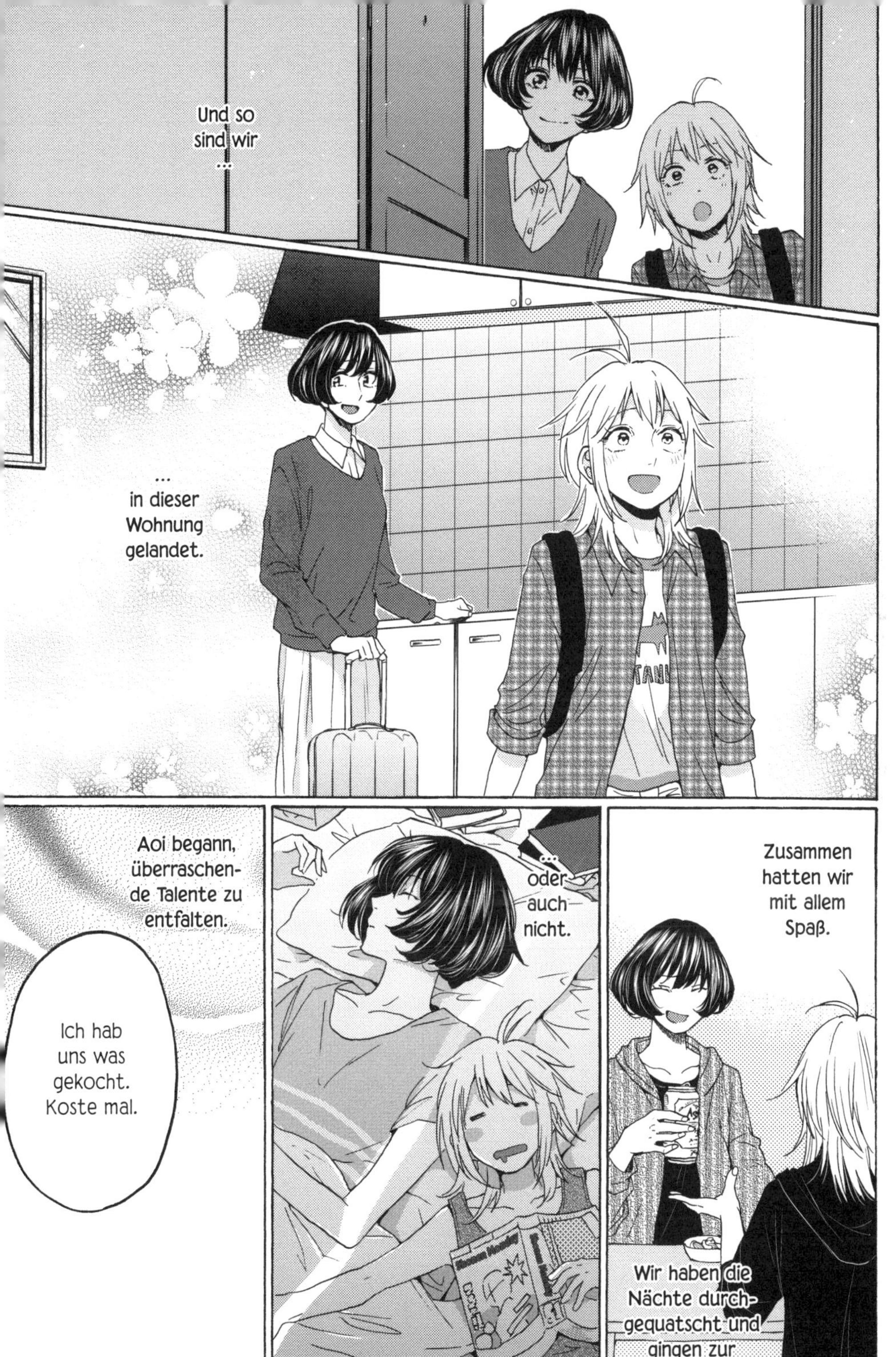
Und so sind wir ...
... in dieser Wohnung gelandet.
Aoi begann, überraschende Talente zu entfalten.
Ich hab uns was gekocht. Koste mal.
... oder auch nicht.
Zusammen hatten wir mit allem Spaß.
Wir haben die Nächte durchgequatscht und gingen zur Uni ...

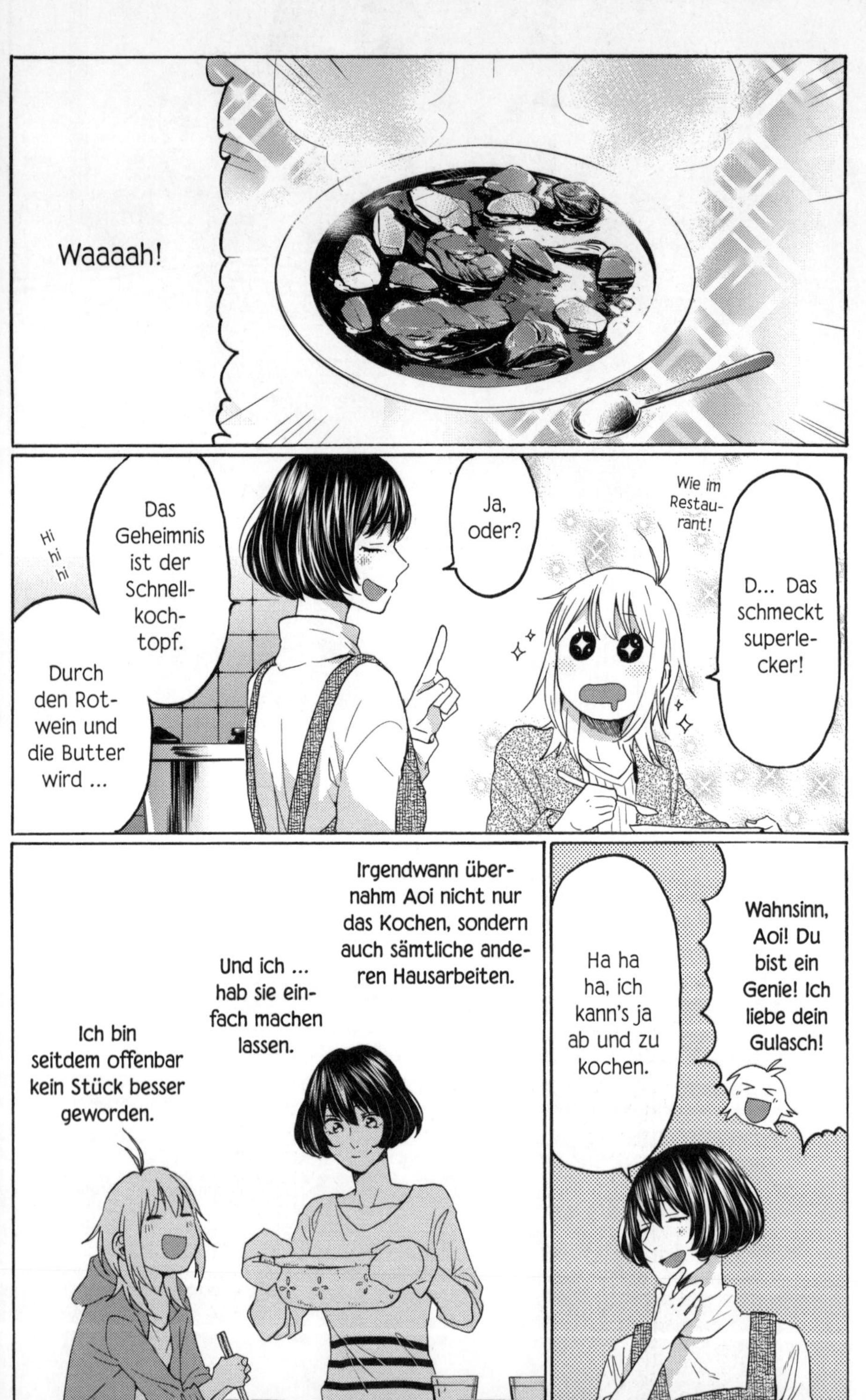

Waaaah!
Wie im Restaurant!
D... Das schmeckt superlecker!
Ja, oder?
Das Geheimnis ist der Schnellkochtopf.
Hi hi hi
Durch den Rotwein und die Butter wird ...
Wahnsinn, Aoi! Du bist ein Genie! Ich liebe dein Gulasch!
Ha ha ha, ich kann's ja ab und zu kochen.
Irgendwann übernahm Aoi nicht nur das Kochen, sondern auch sämtliche anderen Hausarbeiten.
Und ich ... hab sie einfach machen lassen.
Ich bin seitdem offenbar kein Stück besser geworden.

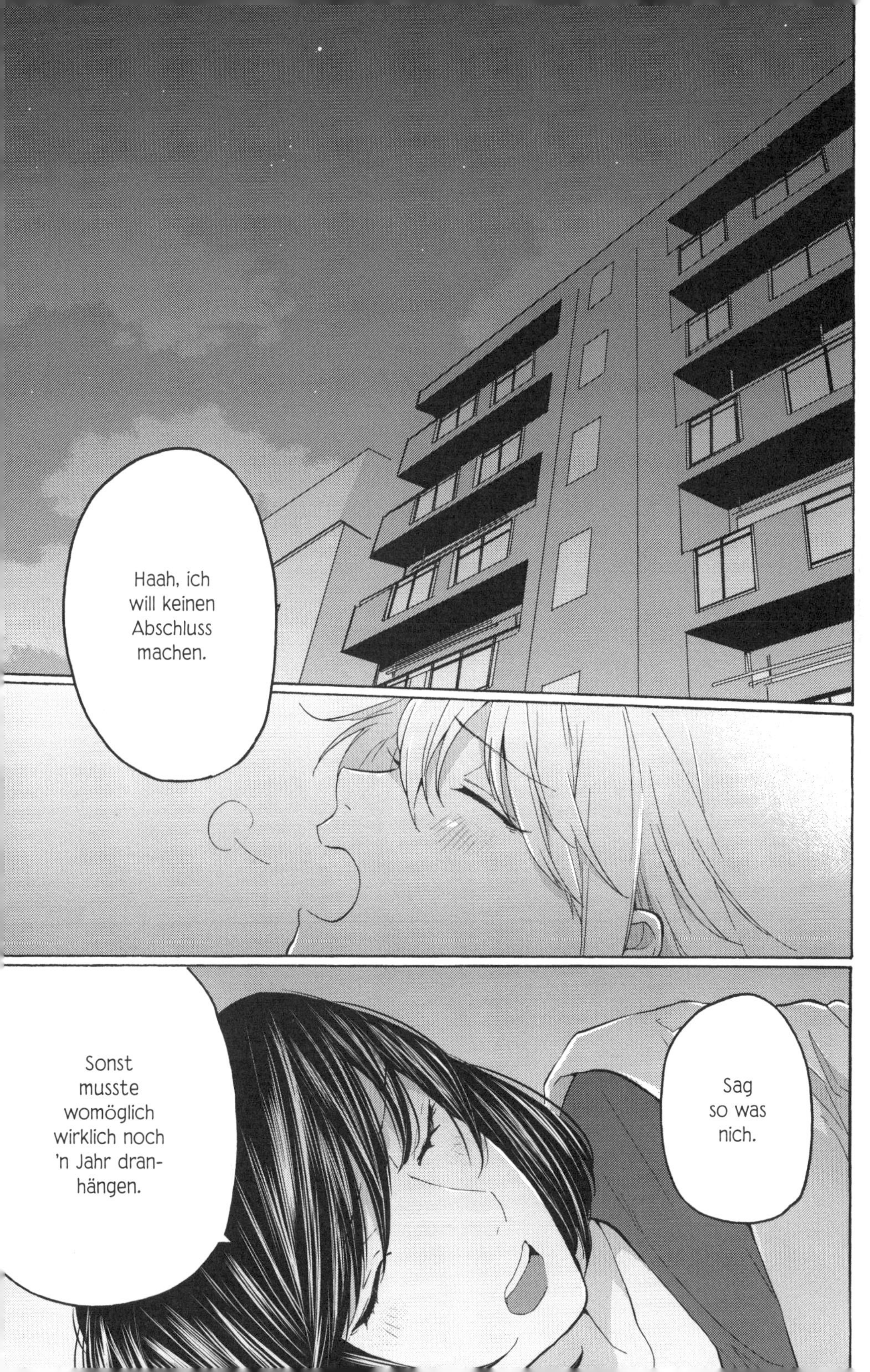
Haah, ich will keinen Abschluss machen.
Sag so was nich.
Sonst musste womöglich wirklich noch 'n Jahr dranhängen.

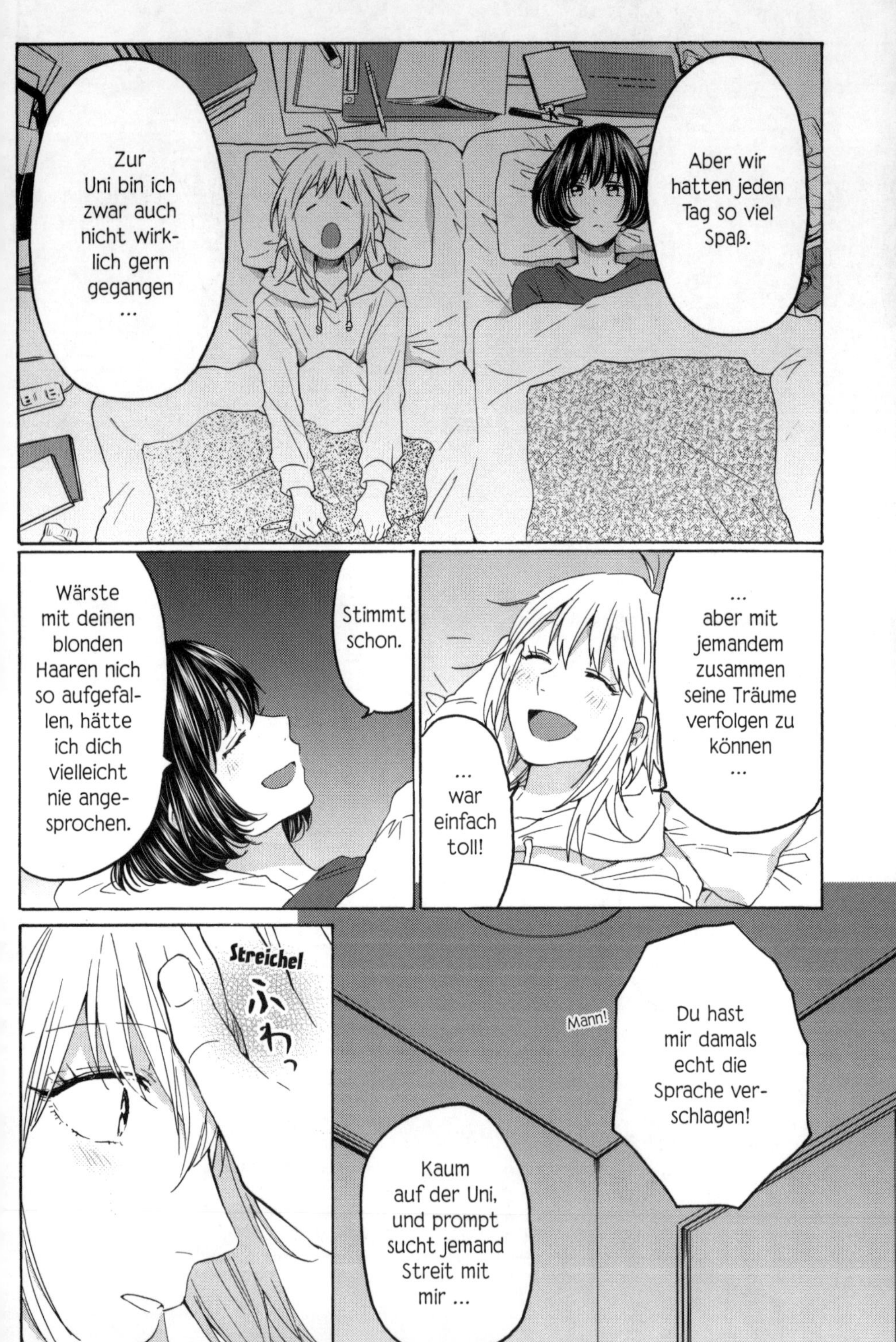
Aber wir hatten jeden Tag so viel Spaß.
Zur Uni bin ich zwar auch nicht wirklich gern gegangen ...
... aber mit jemandem zusammen seine Träume verfolgen zu können ...
... war einfach toll!
Stimmt schon.
Wärste mit deinen blonden Haaren nich so aufgefallen, hätte ich dich vielleicht nie angesprochen.
Mann!
Du hast mir damals echt die Sprache verschlagen!
Kaum auf der Uni, und prompt sucht jemand Streit mit mir ...
Streichel
ふわっ

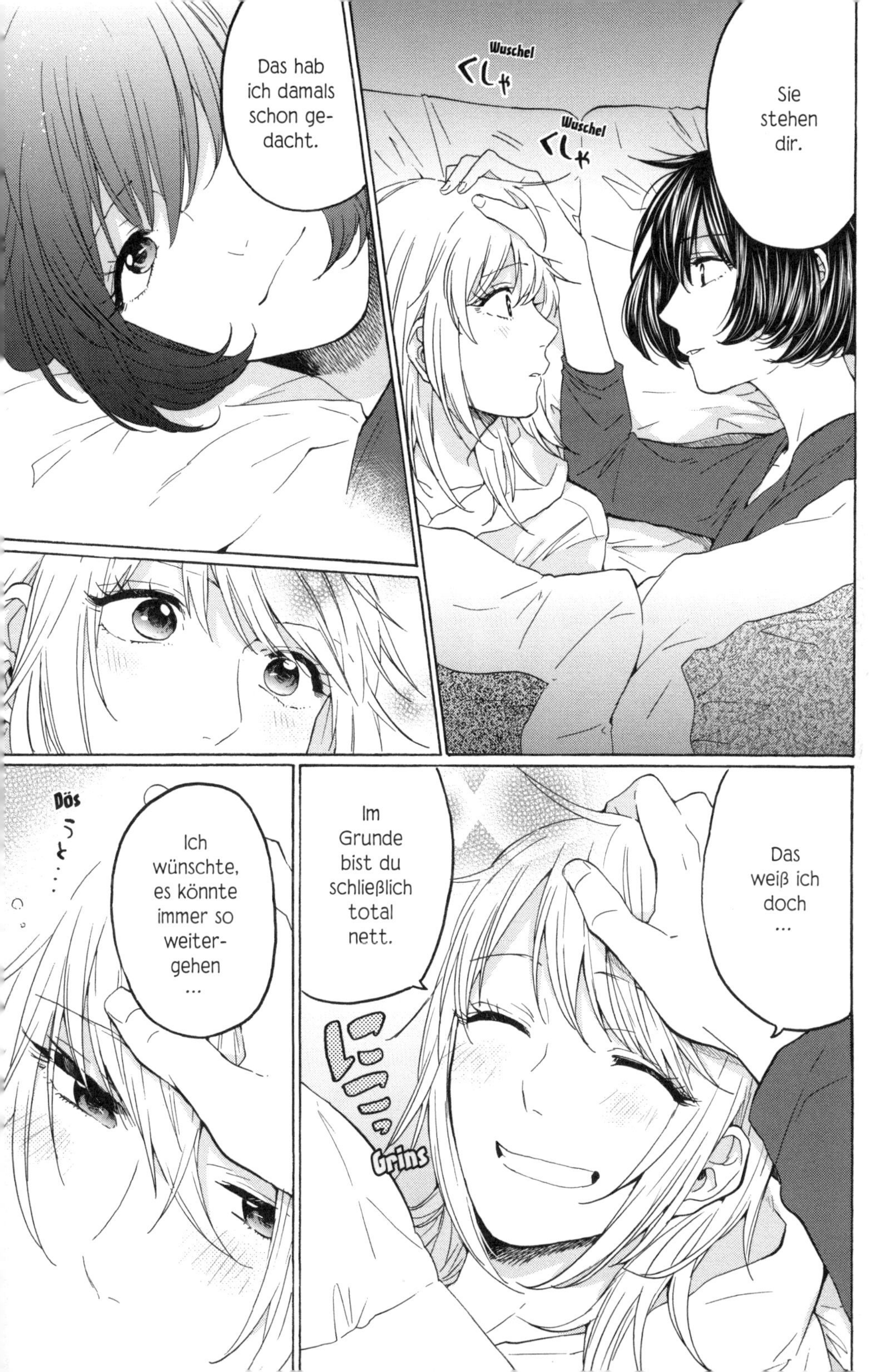
Sie stehen dir.
Wuschel
Wuschel
Das hab ich damals schon gedacht.
Das weiß ich doch ...
Im Grunde bist du schließlich total nett.
Grins
Ich wünschte, es könnte immer so weitergehen ...
Dös

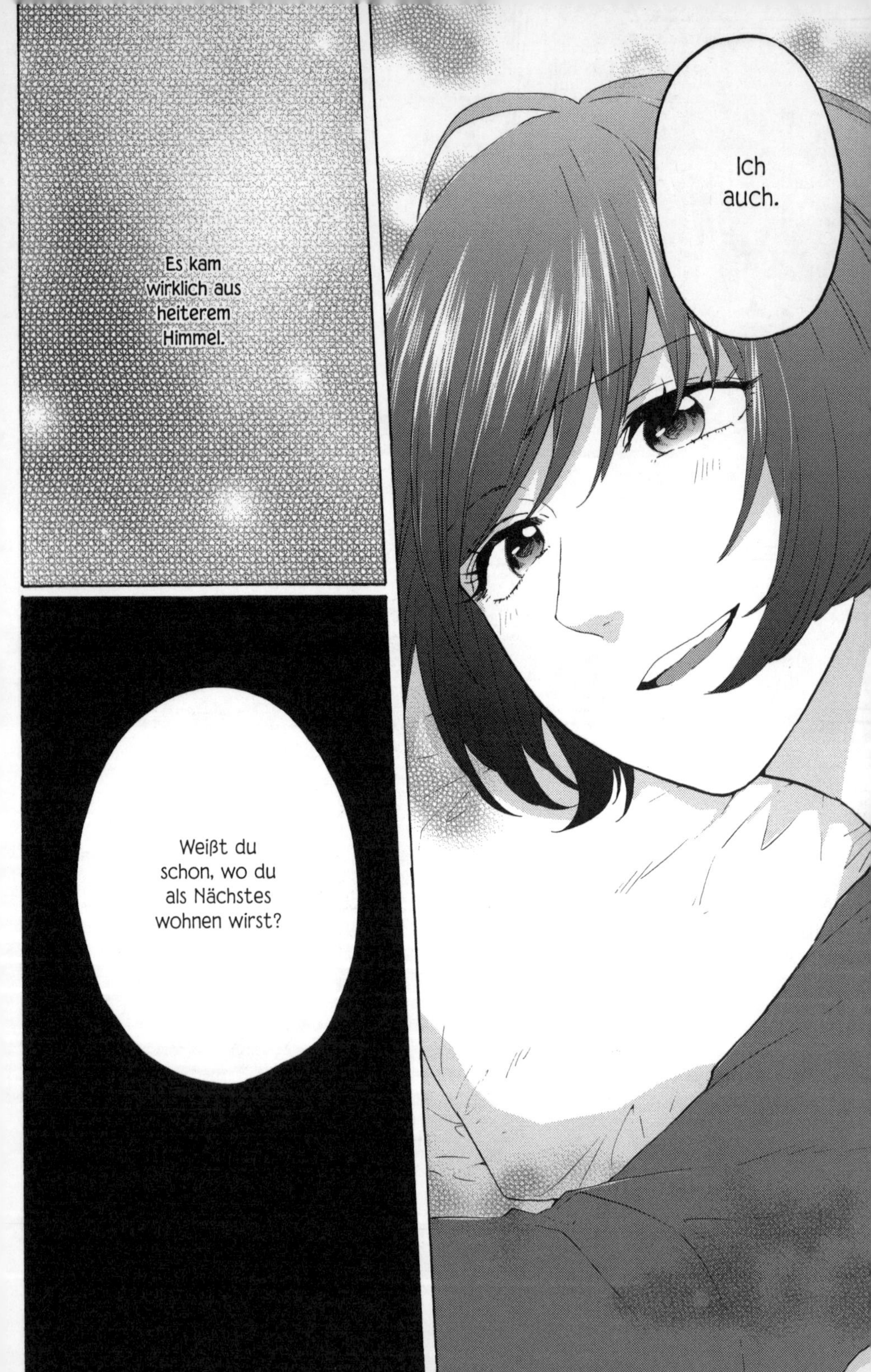
Ich auch.
Es kam wirklich aus heiterem Himmel.
Weißt du schon, wo du als Nächstes wohnen wirst?

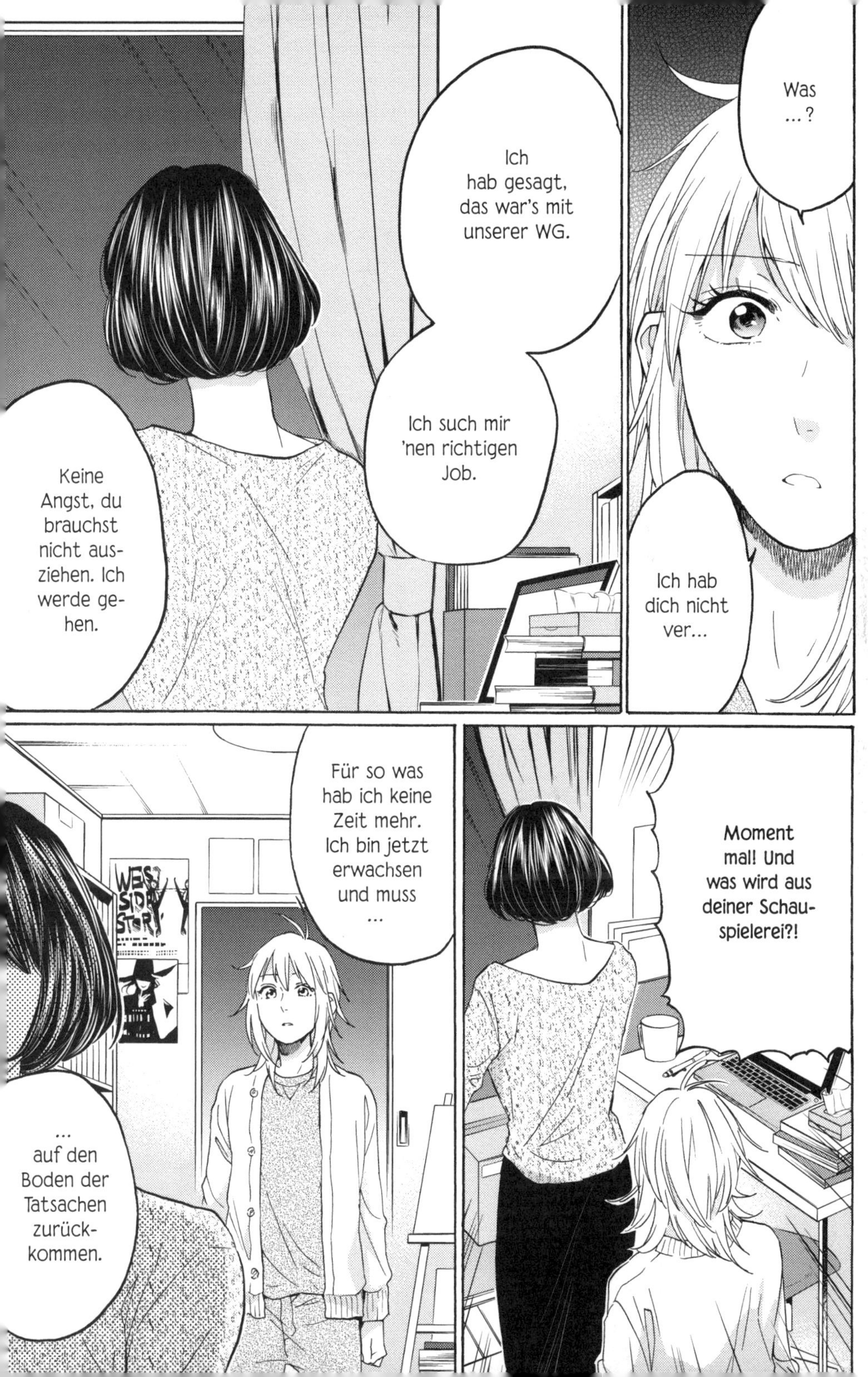
Was ...?
Ich hab dich nicht ver...
Ich hab gesagt, das war's mit unserer WG.
Ich such mir 'nen richtigen Job.
Keine Angst, du brauchst nicht ausziehen. Ich werde gehen.
Moment mal! Und was wird aus deiner Schauspielerei?!
Für so was hab ich keine Zeit mehr. Ich bin jetzt erwachsen und muss ...
... auf den Boden der Tatsachen zurückkommen.

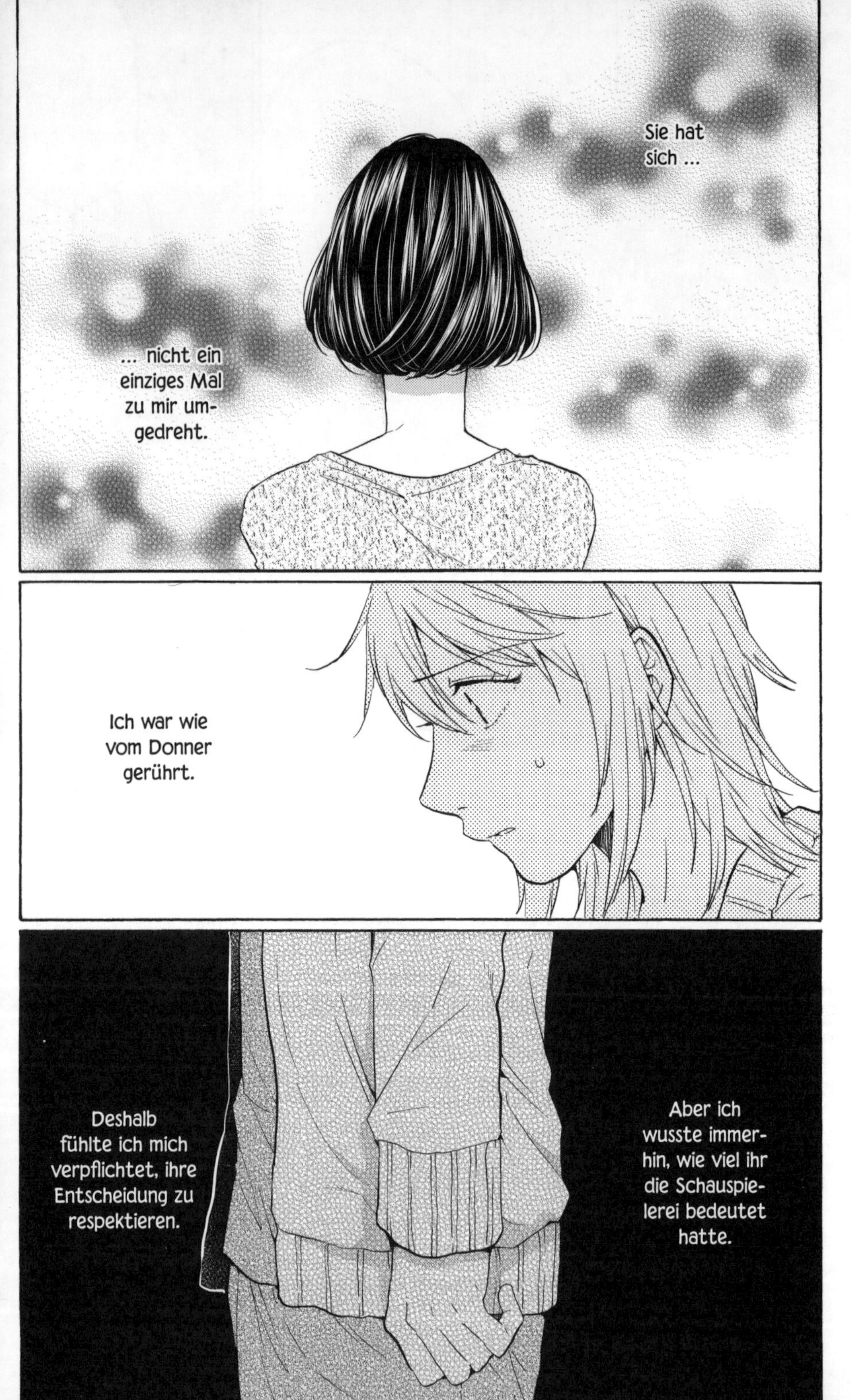
Sie hat
sich ...
... nicht ein
einziges Mal
zu mir um-
gedreht.
Ich war wie
vom Donner
gerührt.
Aber ich
wusste immer-
hin, wie viel ihr
die Schauspie-
lerei bedeutet
hatte.
Deshalb
fühlte ich mich
verpflichtet, ihre
Entscheidung zu
respektieren.

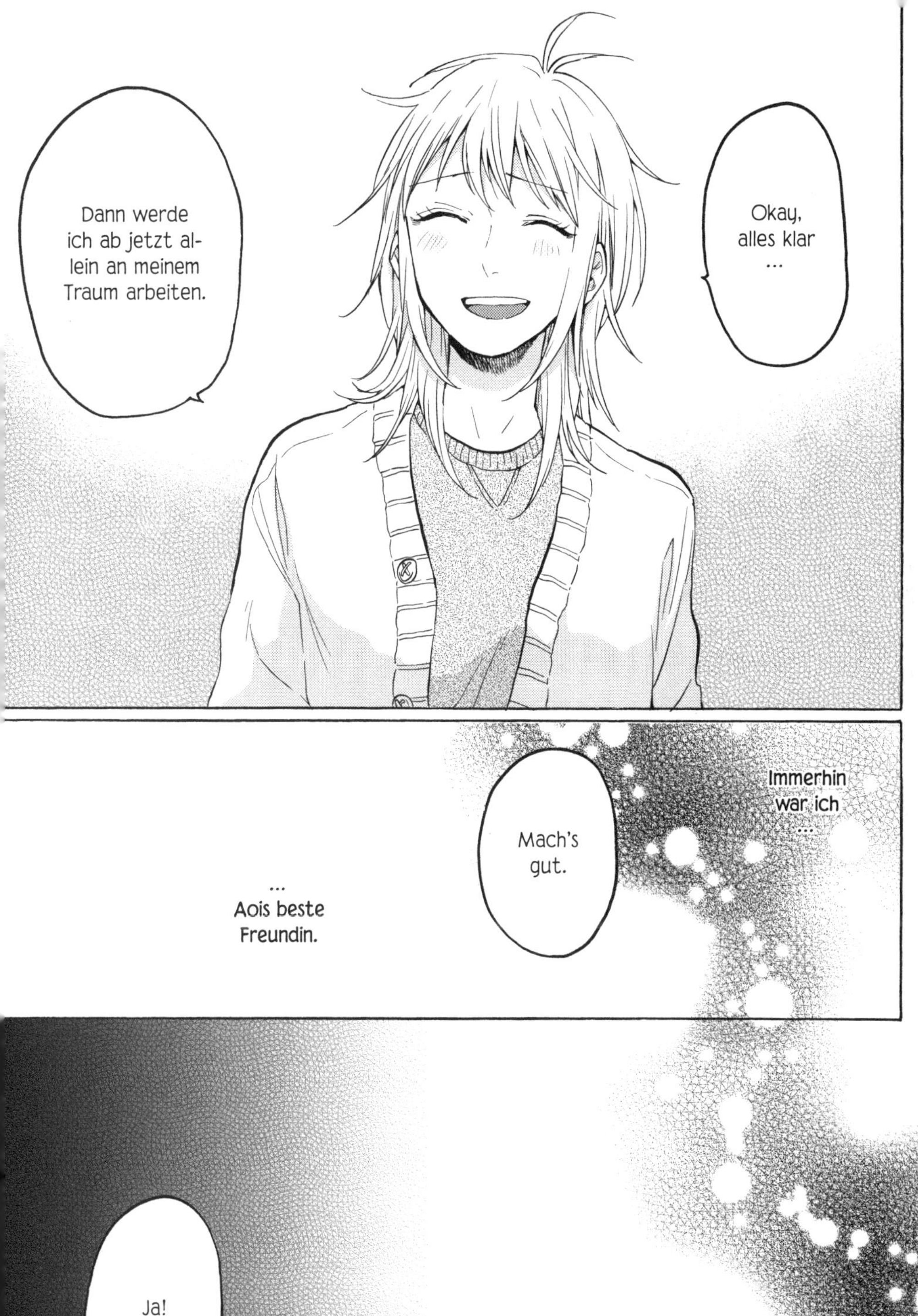
Okay, alles klar …
Dann werde ich ab jetzt allein an meinem Traum arbeiten.
Immerhin war ich …
Mach's gut.
… Aois beste Freundin.
Ja!

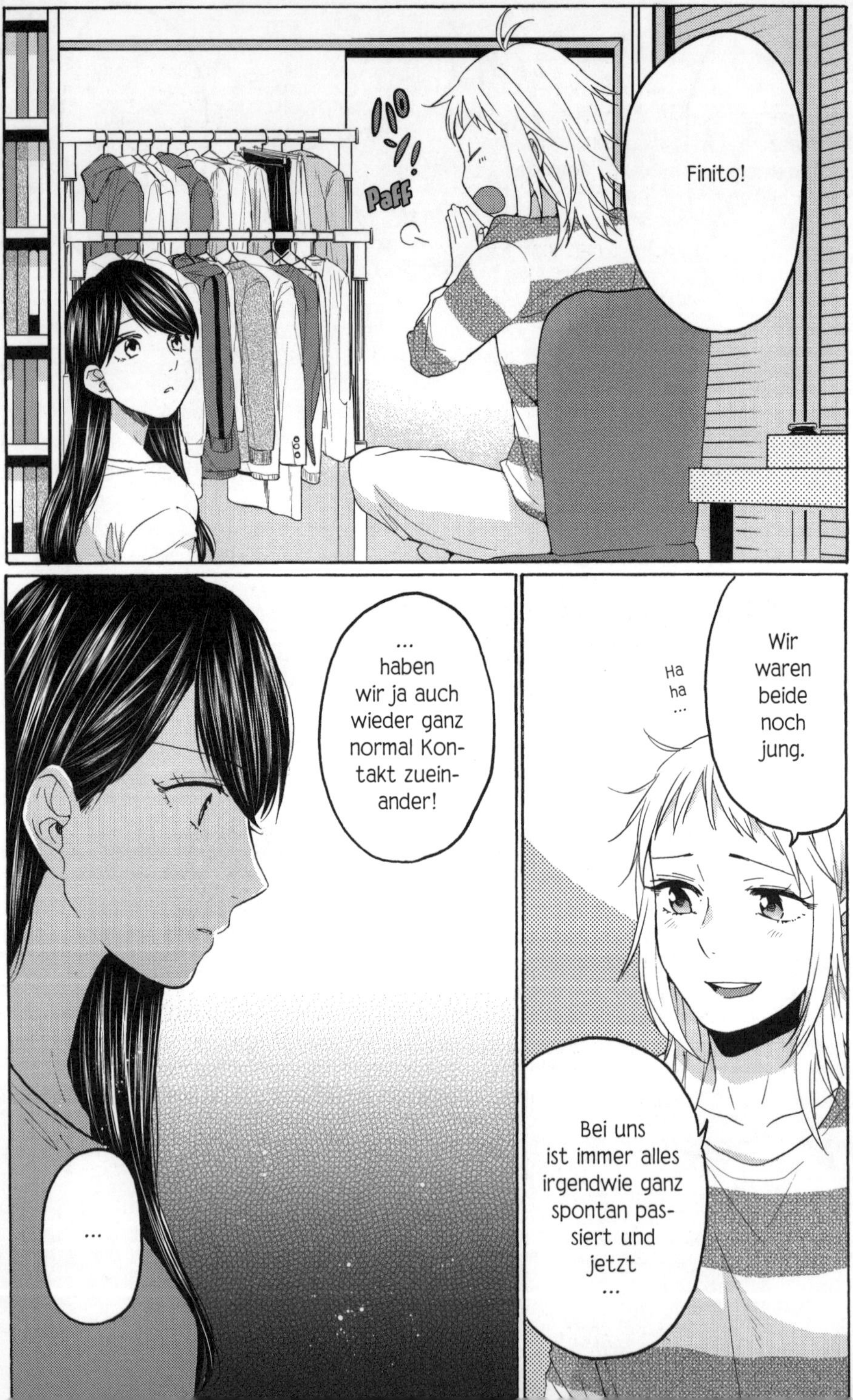

Finito!

Paff

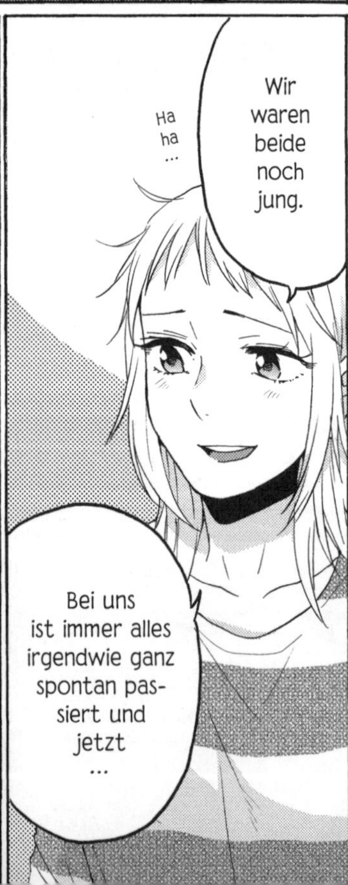
Wir waren beide noch jung.
Ha ha ...
Bei uns ist immer alles irgendwie ganz spontan passiert und jetzt ...

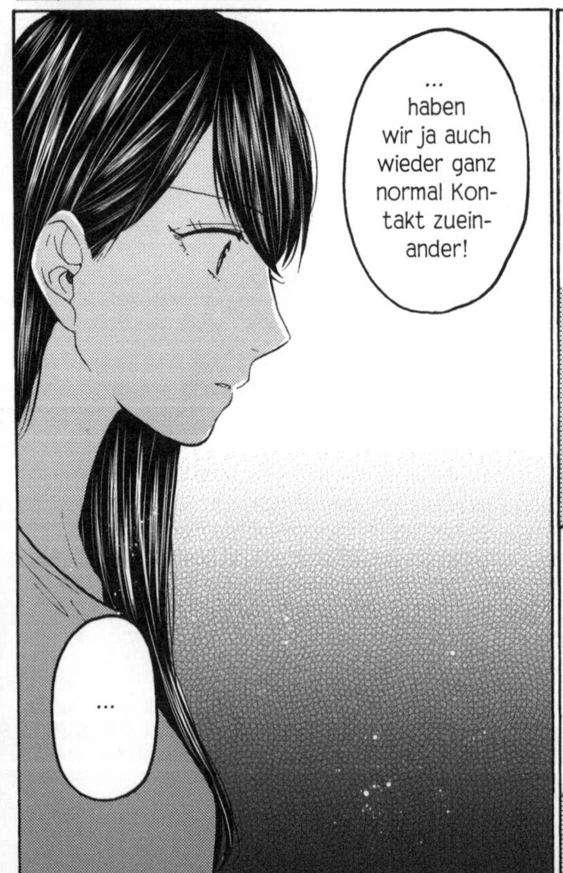
... haben wir ja auch wieder ganz normal Kontakt zueinander!
...

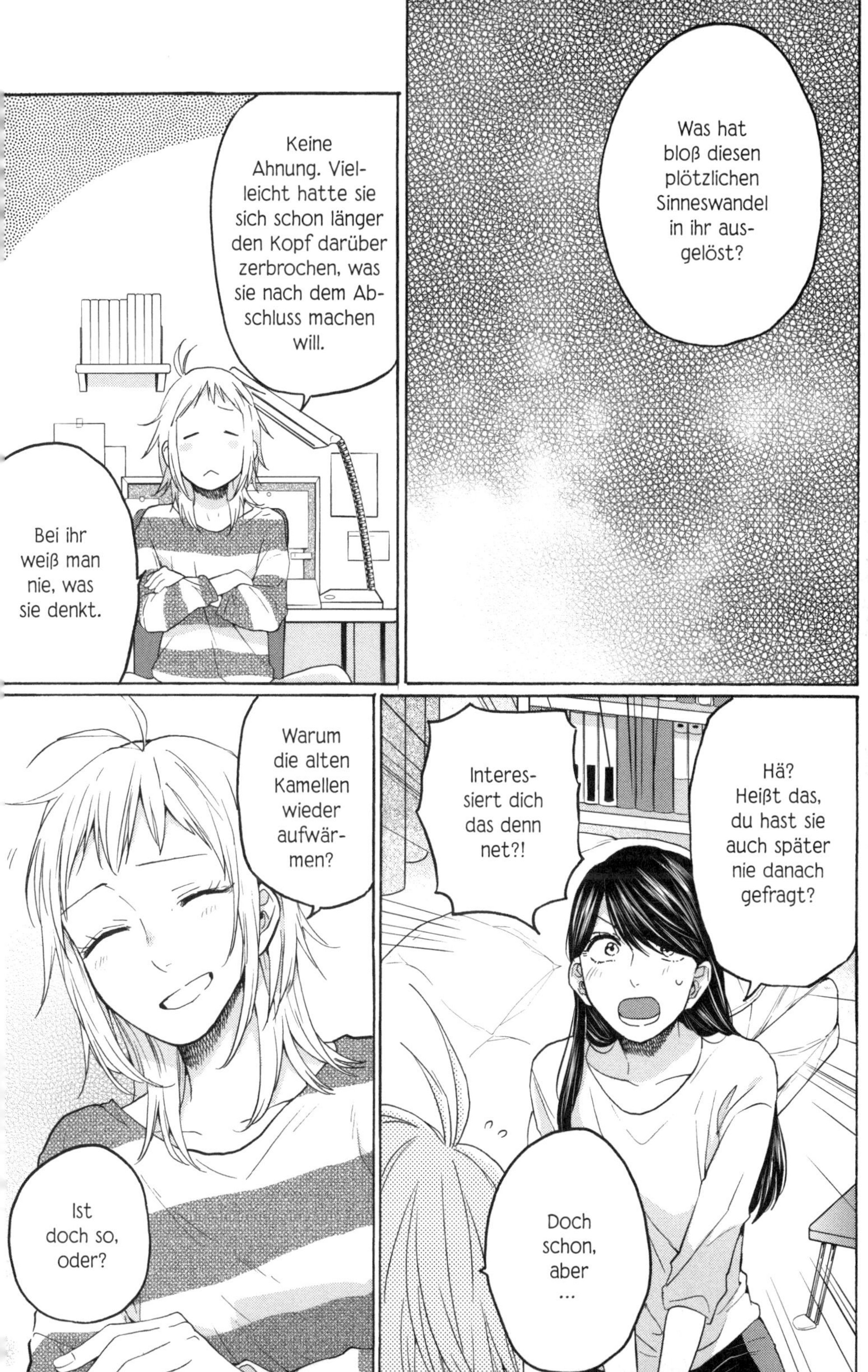
Was hat bloß diesen plötzlichen Sinneswandel in ihr ausgelöst?
Keine Ahnung. Vielleicht hatte sie sich schon länger den Kopf darüber zerbrochen, was sie nach dem Abschluss machen will.
Bei ihr weiß man nie, was sie denkt.
Hä? Heißt das, du hast sie auch später nie danach gefragt?
Interessiert dich das denn net?!
Warum die alten Kamellen wieder aufwärmen?
Ist doch so, oder?
Doch schon, aber …

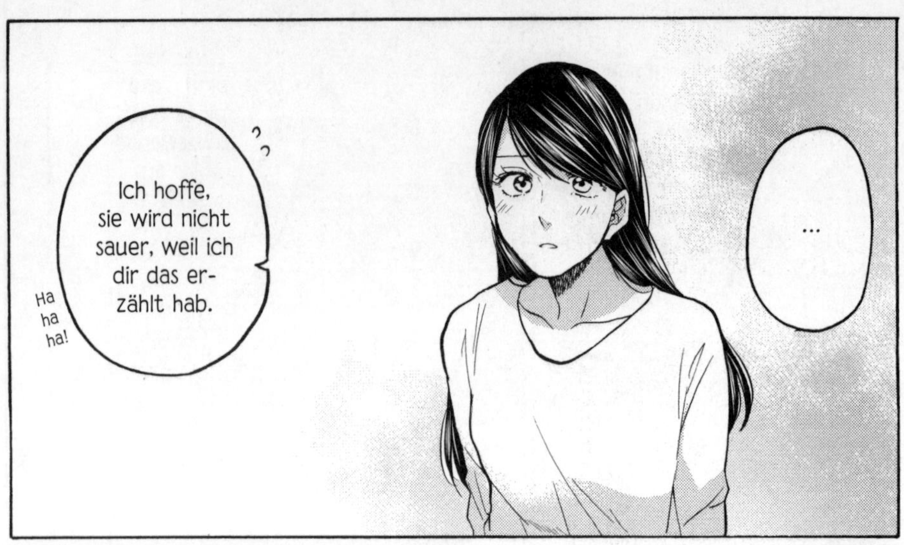

Ich kann mir beim besten Willen nicht vorstellen, dass Aoi einfach so eine Freundin im Stich lassen würde.

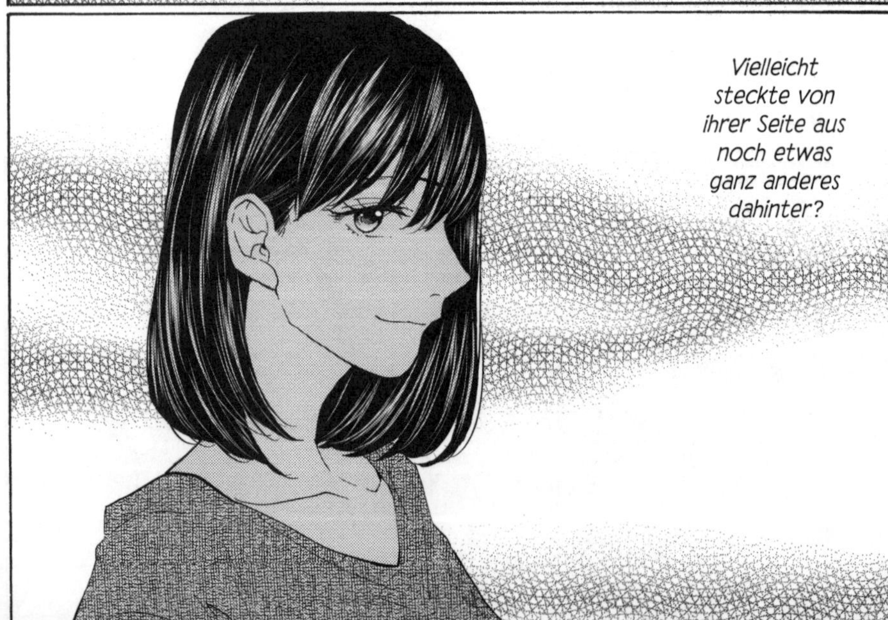

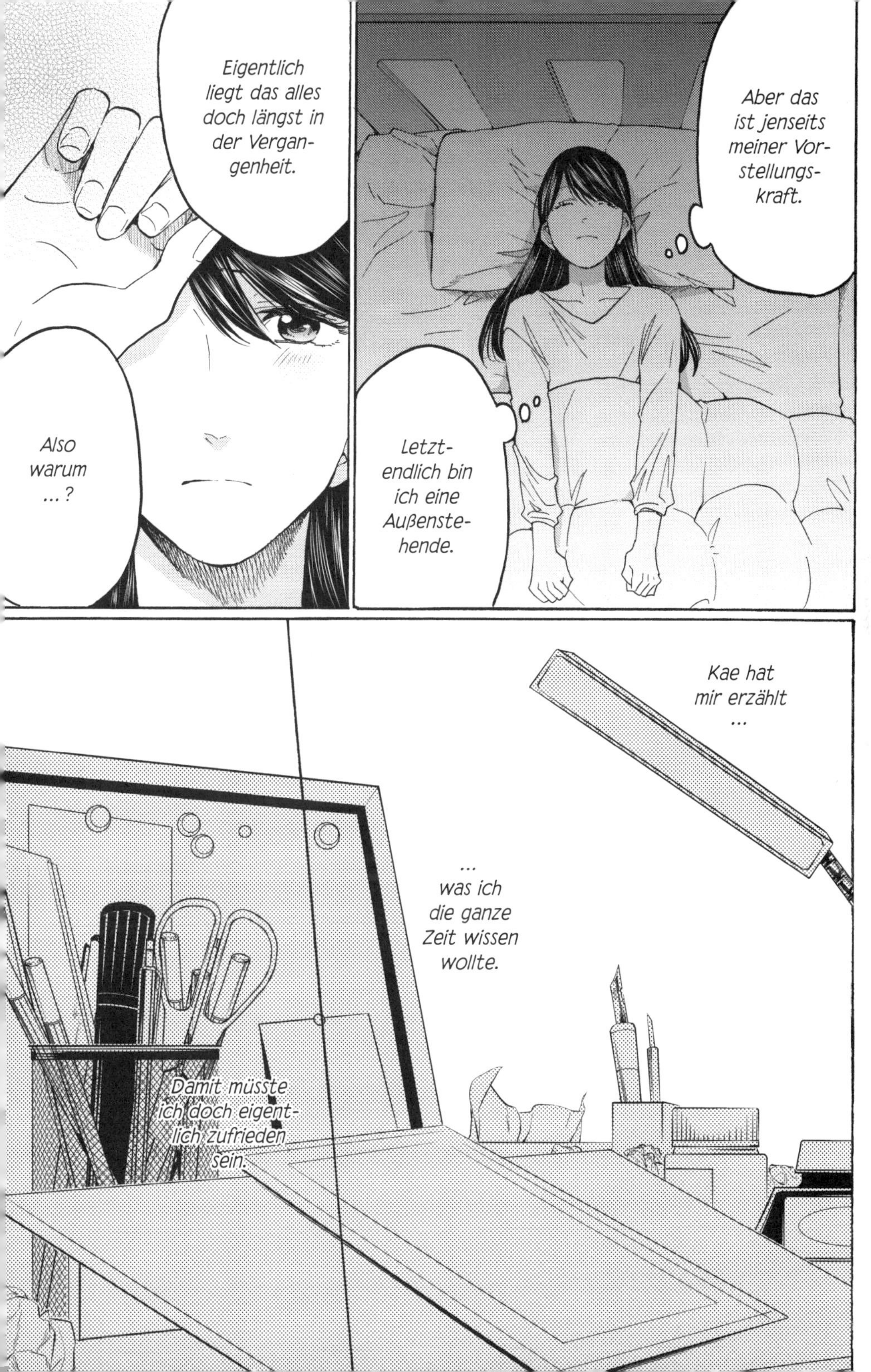
Aber das ist jenseits meiner Vorstellungskraft.
Eigentlich liegt das alles doch längst in der Vergangenheit.
Letztendlich bin ich eine Außenstehende.
Also warum ...?
Kae hat mir erzählt ...
... was ich die ganze Zeit wissen wollte.
Damit müsste ich doch eigentlich zufrieden sein.

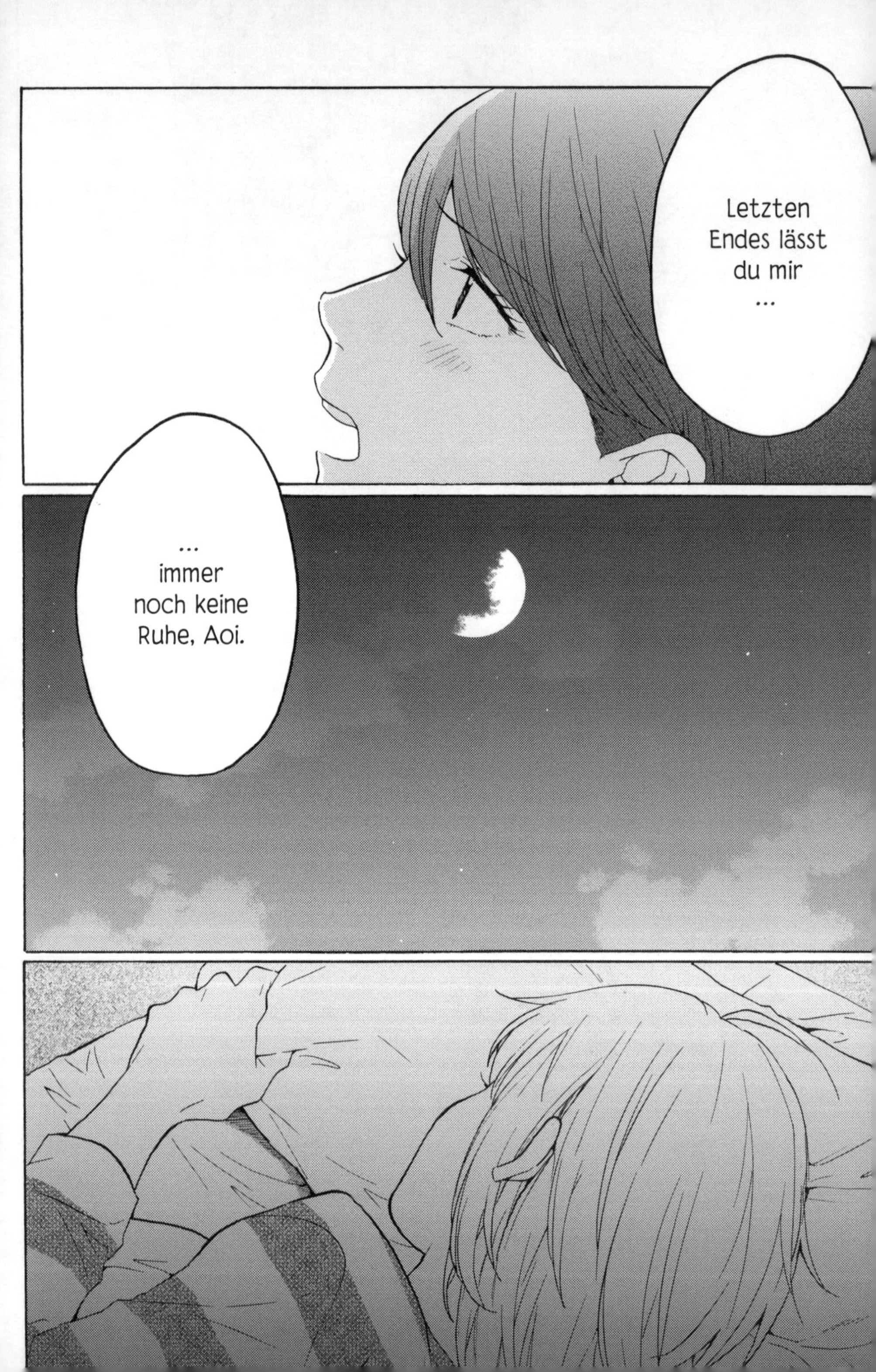
Letzten Endes lässt du mir ...
... immer noch keine Ruhe, Aoi.

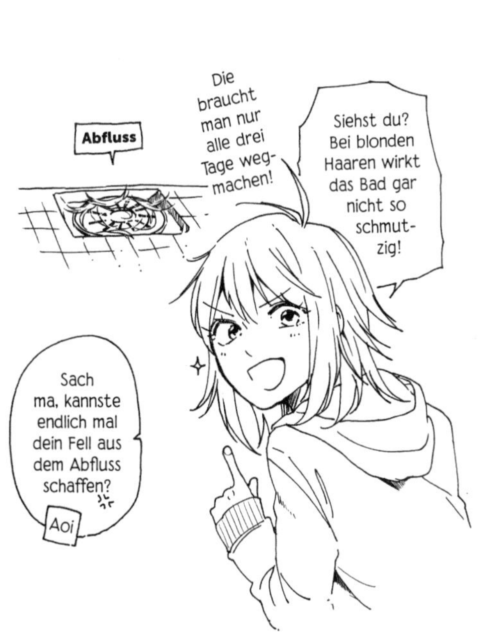
Siehst du? Bei blonden Haaren wirkt das Bad gar nicht so schmutzig!
Die braucht man nur alle drei Tage wegmachen!
Abfluss
Sach ma, kannste endlich mal dein Fell aus dem Abfluss schaffen?
Aoi

2ZKB, Feder & Wecker

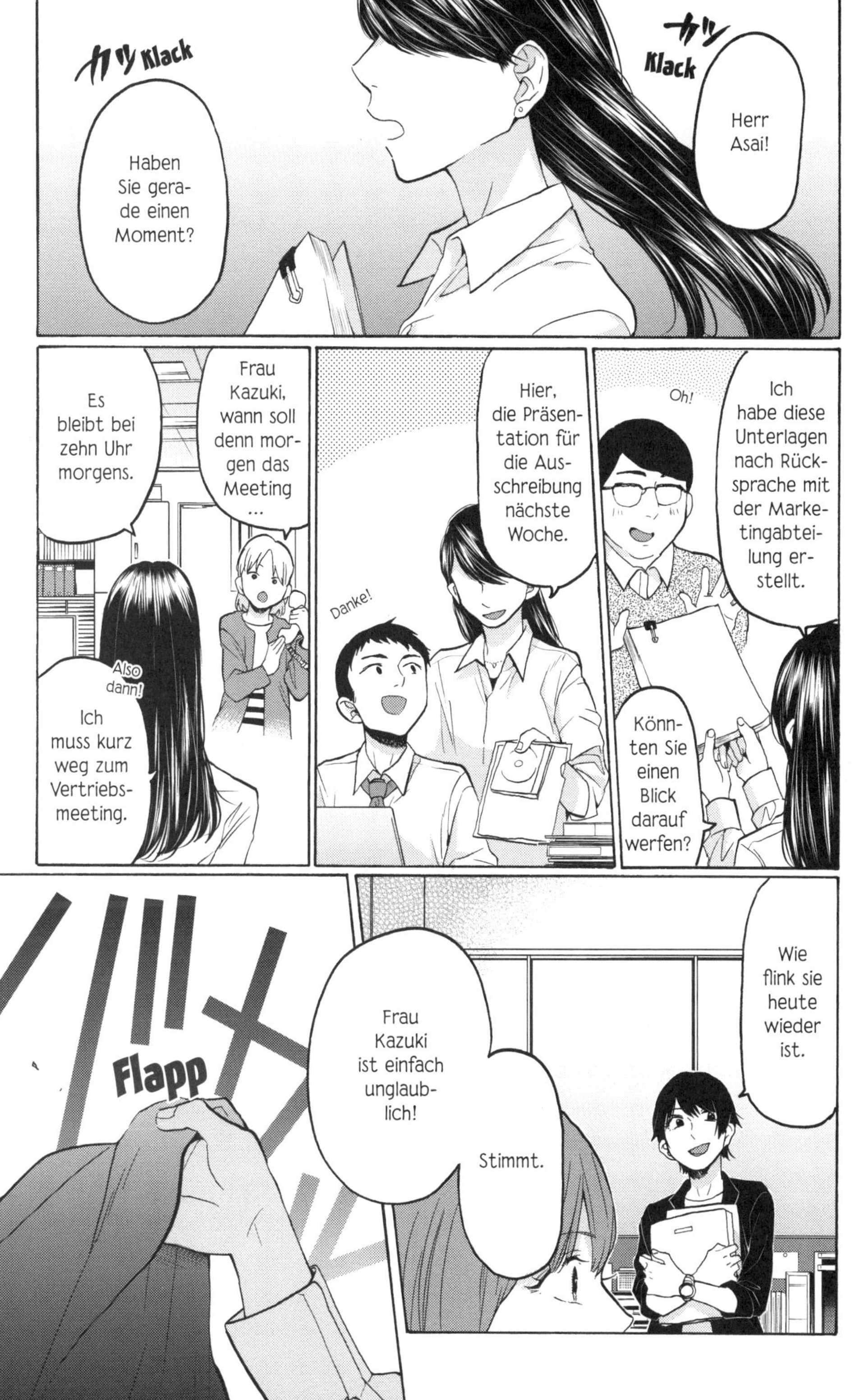
カツ Klack
Herr Asai!
カツ Klack
Haben Sie gerade einen Moment?
Ich habe diese Unterlagen nach Rücksprache mit der Marketingabteilung erstellt.
Oh!
Könnten Sie einen Blick darauf werfen?
Hier, die Präsentation für die Ausschreibung nächste Woche.
Danke!
Frau Kazuki, wann soll denn morgen das Meeting ...
Es bleibt bei zehn Uhr morgens.
Also dann!
Ich muss kurz weg zum Vertriebsmeeting.
Wie flink sie heute wieder ist.
Frau Kazuki ist einfach unglaublich!
Stimmt.
Flapp

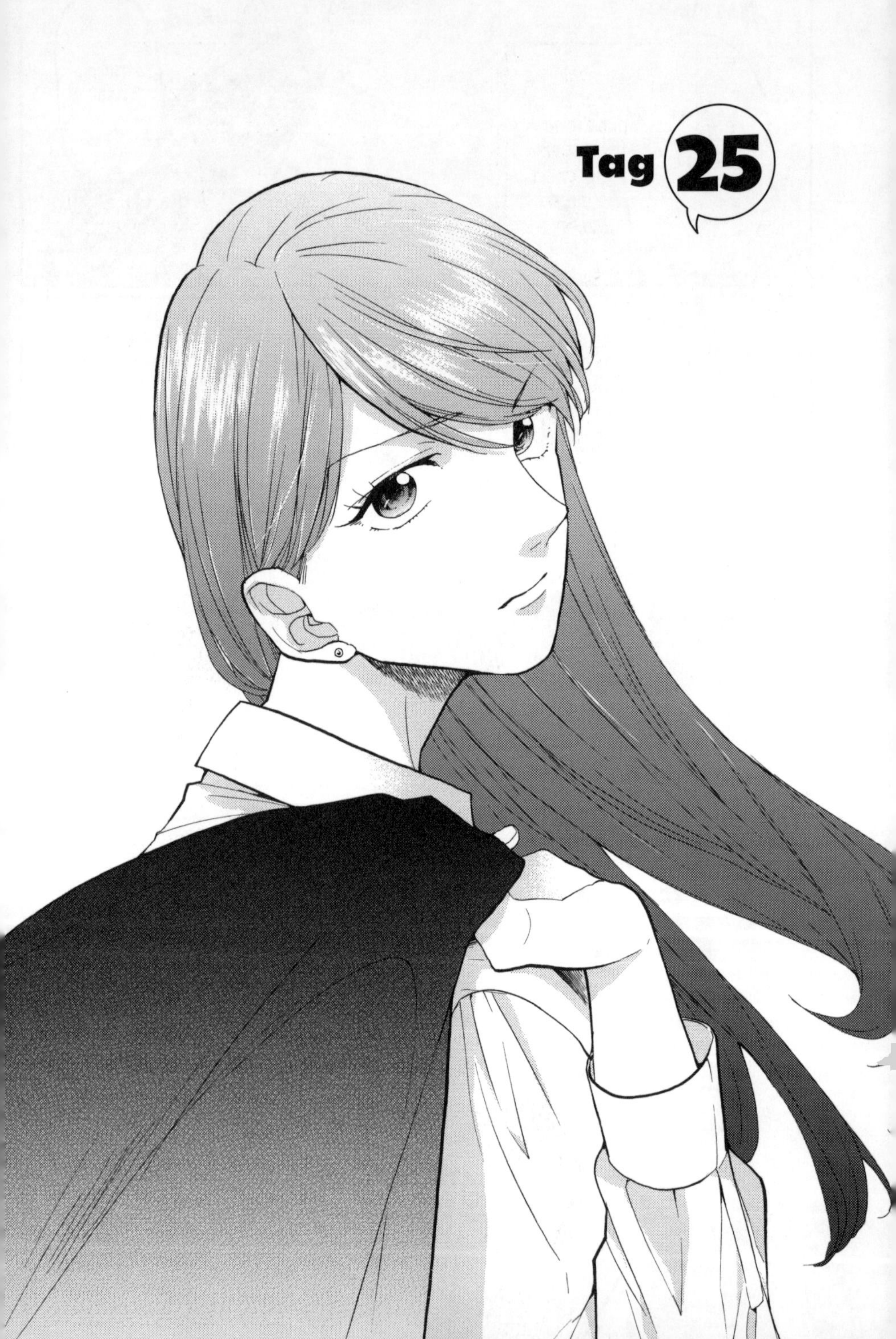
Tag 25

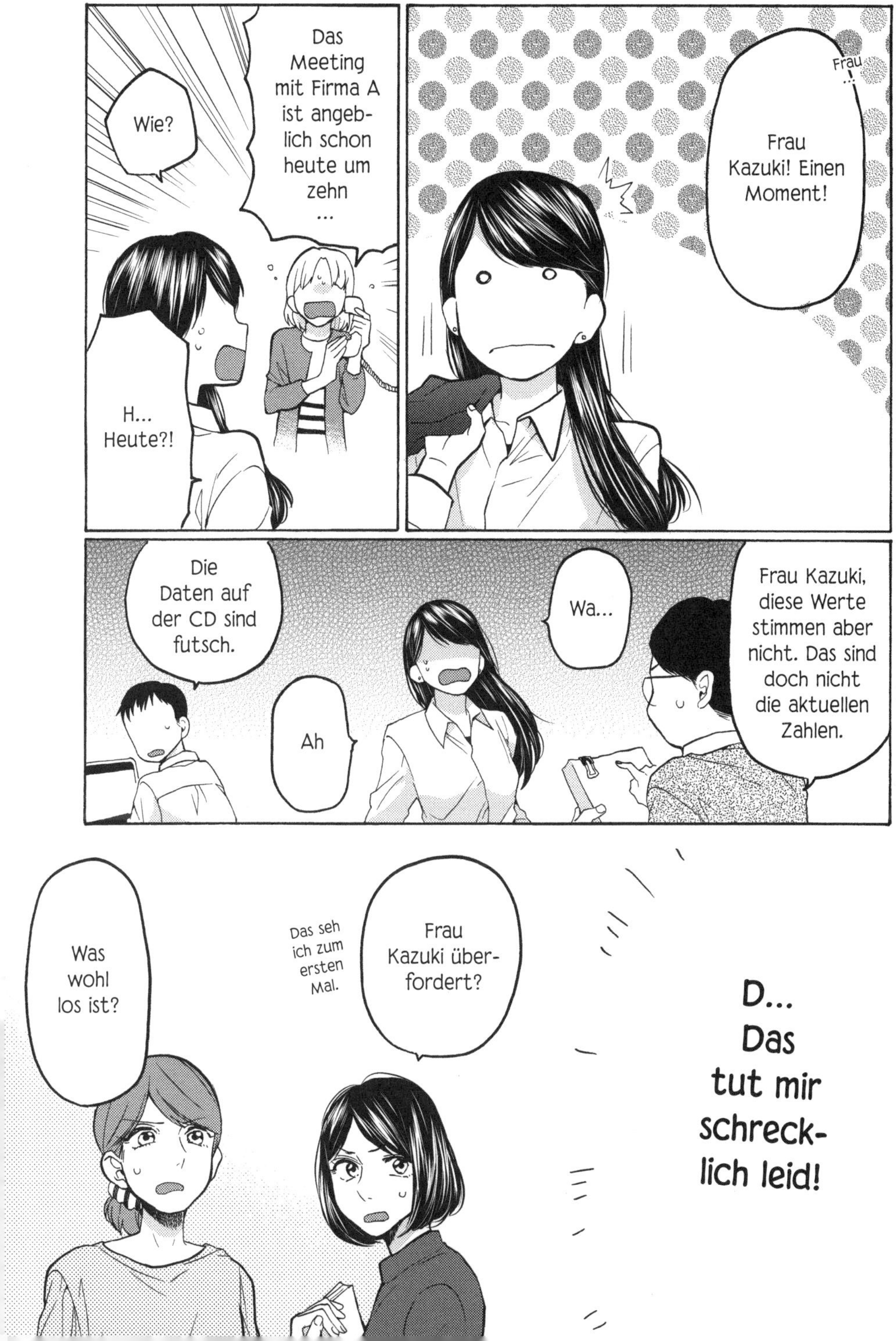

Frau Kazuki! Einen Moment!

Frau ...

Das Meeting mit Firma A ist angeblich schon heute um zehn ...

Wie?

H... Heute?!

Frau Kazuki, diese Werte stimmen aber nicht. Das sind doch nicht die aktuellen Zahlen.

Wa...

Ah

Die Daten auf der CD sind futsch.

D... Das tut mir schrecklich leid!

Frau Kazuki überfordert?

Das seh ich zum ersten Mal.

Was wohl los ist?

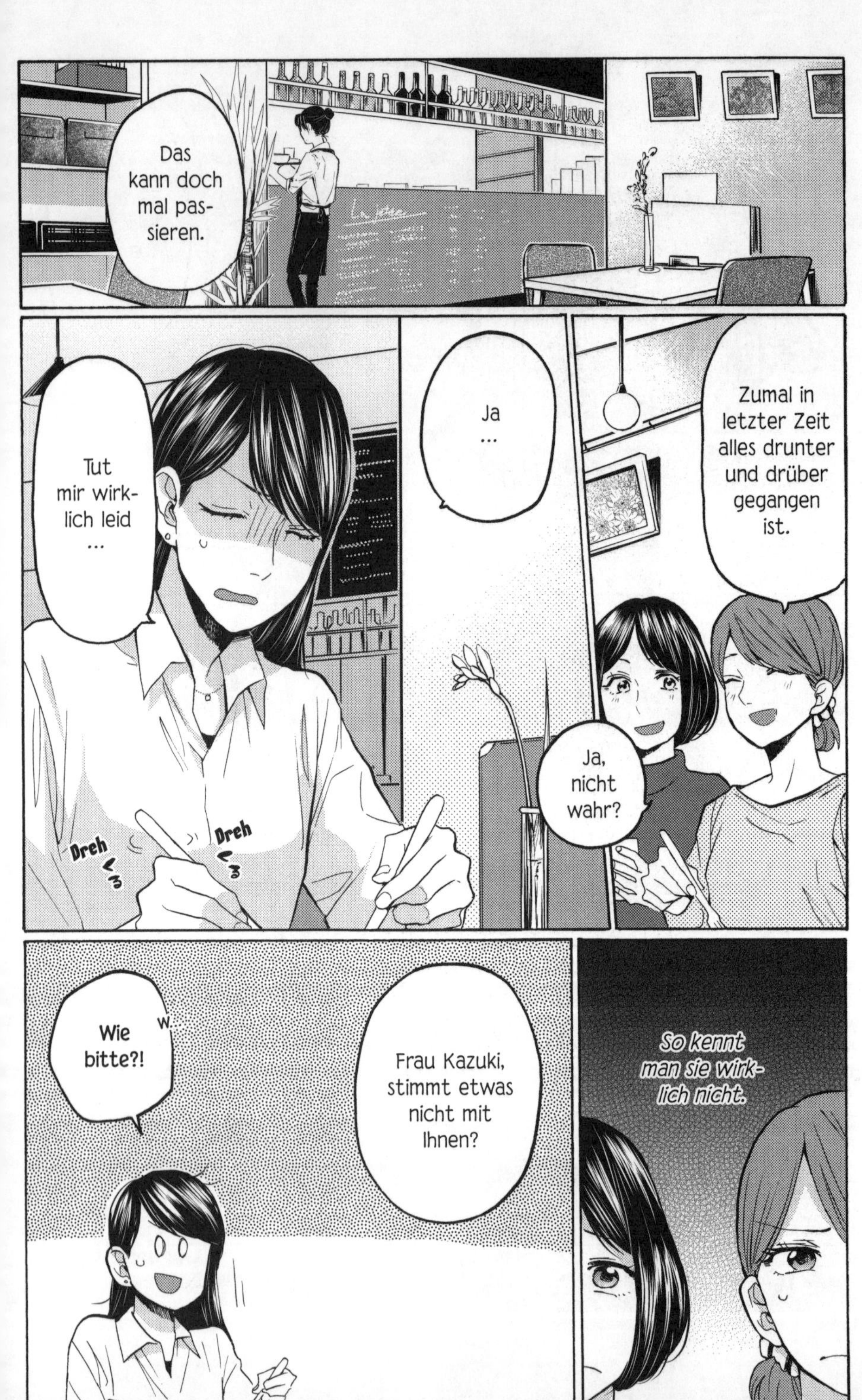
Das kann doch mal passieren.
Zumal in letzter Zeit alles drunter und drüber gegangen ist.
Ja, nicht wahr?
Ja ...
Tut mir wirklich leid ...
Dreh くる
Dreh くる
So kennt man sie wirklich nicht.
Frau Kazuki, stimmt etwas nicht mit Ihnen?
W...
Wie bitte?!

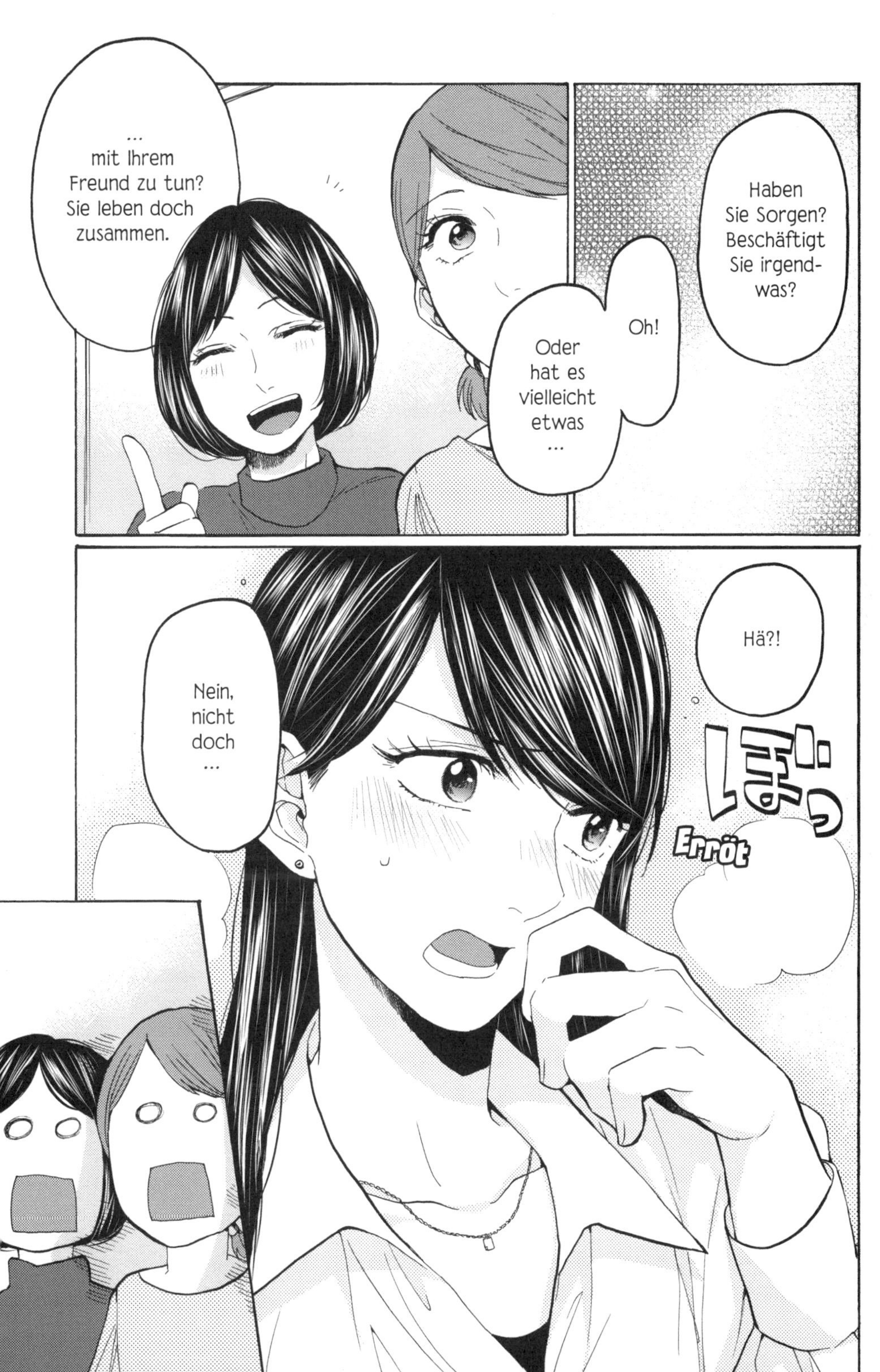
Haben Sie Sorgen? Beschäftigt Sie irgendwas?
Oh!
Oder hat es vielleicht etwas ...
... mit Ihrem Freund zu tun? Sie leben doch zusammen.
Hä?!
ぼっ
Erröt
Nein, nicht doch ...

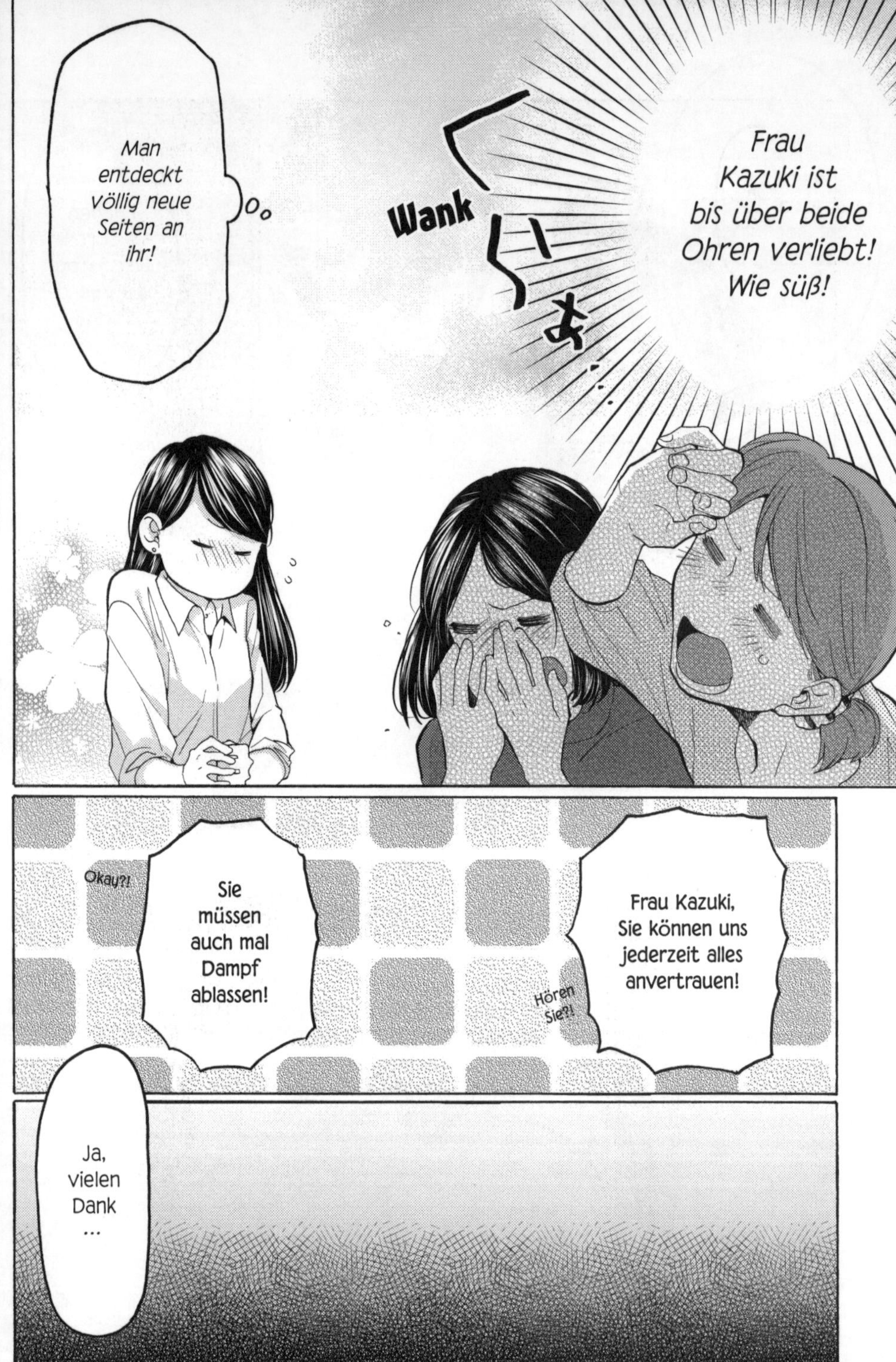
Frau Kazuki ist bis über beide Ohren verliebt! Wie süß!
Wank
Man entdeckt völlig neue Seiten an ihr!
Frau Kazuki, Sie können uns jederzeit alles anvertrauen!
Hören Sie?!
Sie müssen auch mal Dampf ablassen!
Okay?!
Ja, vielen Dank ...

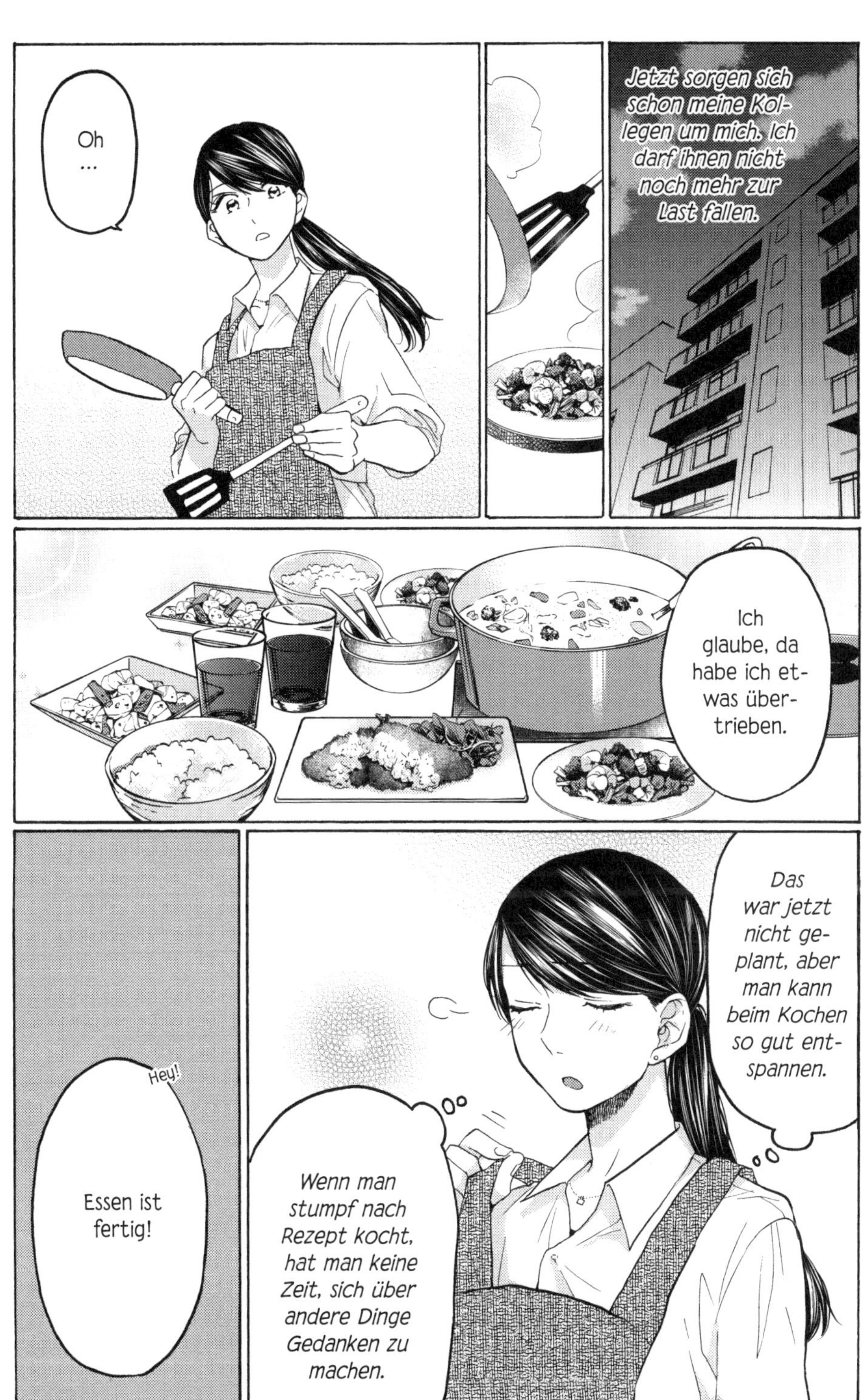
Jetzt sorgen sich schon meine Kollegen um mich. Ich darf ihnen nicht noch mehr zur Last fallen.
Oh …
Ich glaube, da habe ich etwas übertrieben.
Das war jetzt nicht geplant, aber man kann beim Kochen so gut entspannen.
Wenn man stumpf nach Rezept kocht, hat man keine Zeit, sich über andere Dinge Gedanken zu machen.
Hey!
Essen ist fertig!

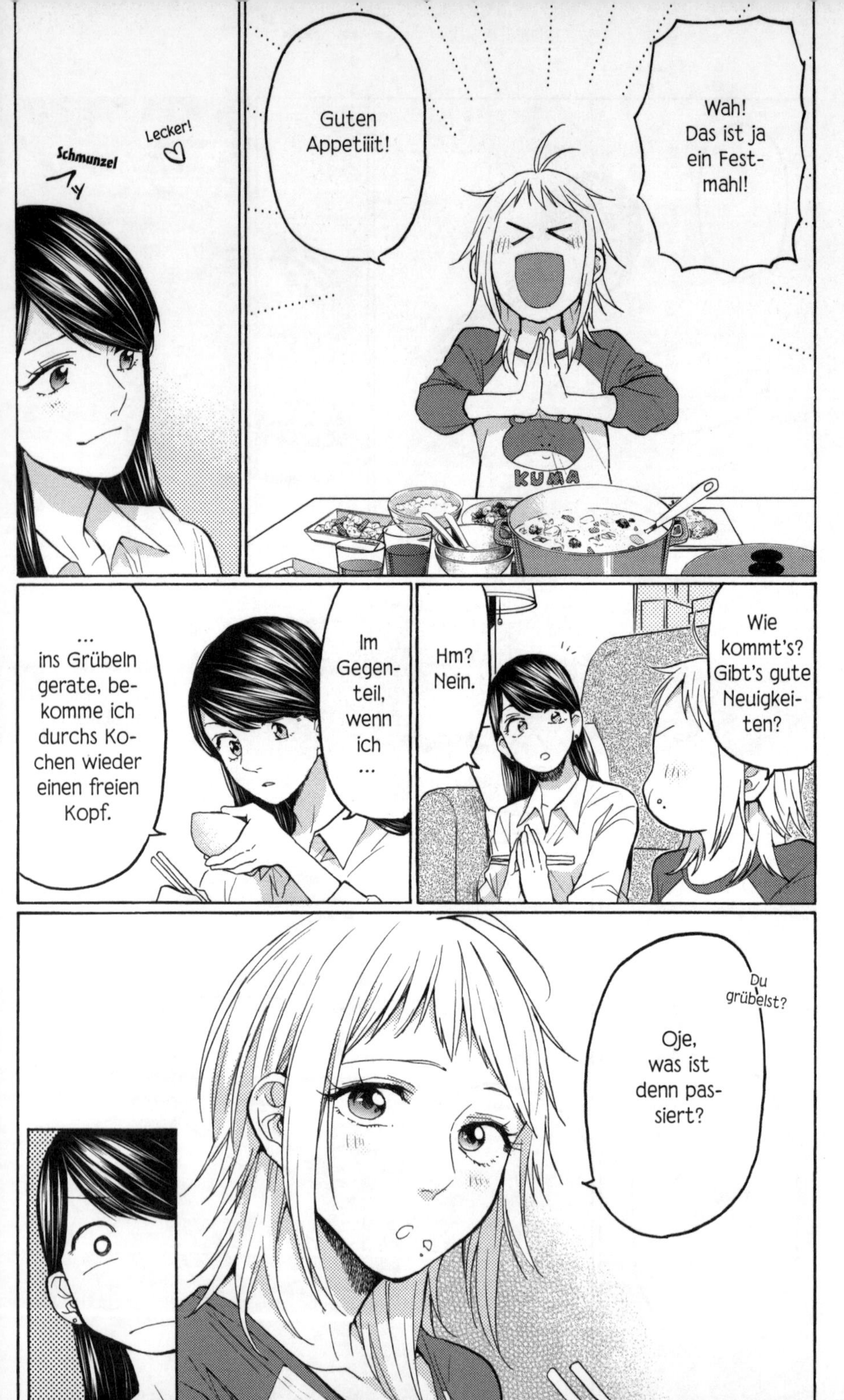

Wah! Das ist ja ein Fest-mahl!
Guten Appetiiit!
Lecker!
Schmunzel
Wie kommt's? Gibt's gute Neuigkei-ten?
Hm? Nein.
Im Gegen-teil, wenn ich ...
... ins Grübeln gerate, be-komme ich durchs Ko-chen wieder einen freien Kopf.
Du grübelst?
Oje, was ist denn pas-siert?

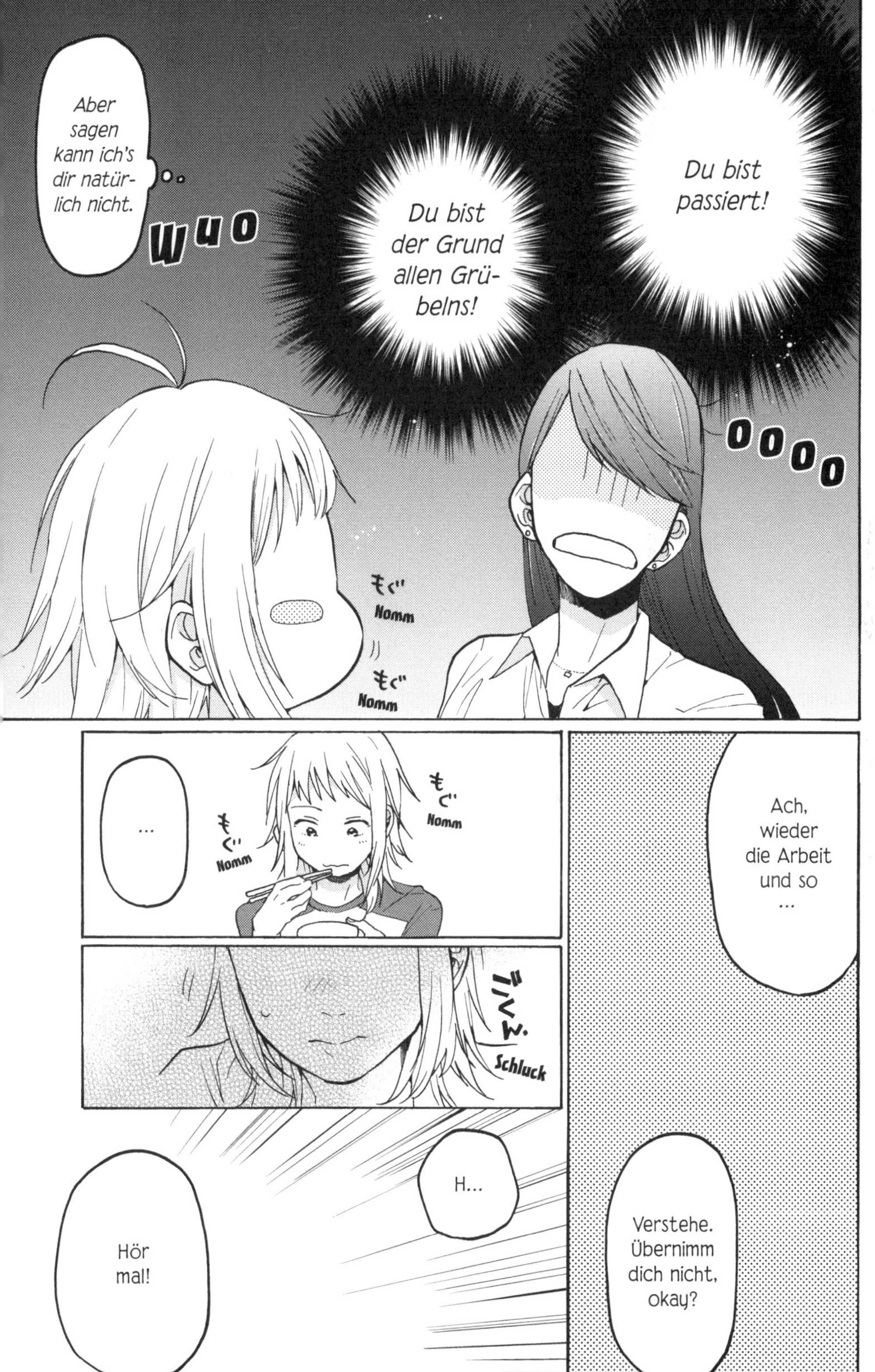

Du bist passiert!
Du bist der Grund allen Grübelns!
Aber sagen kann ich's dir natürlich nicht.
Wuo
oooo
Nomm
Nomm
Ach, wieder die Arbeit und so ...
...
Nomm
Nomm
Schluck
Verstehe. Übernimm dich nicht, okay?
H...
Hör mal!

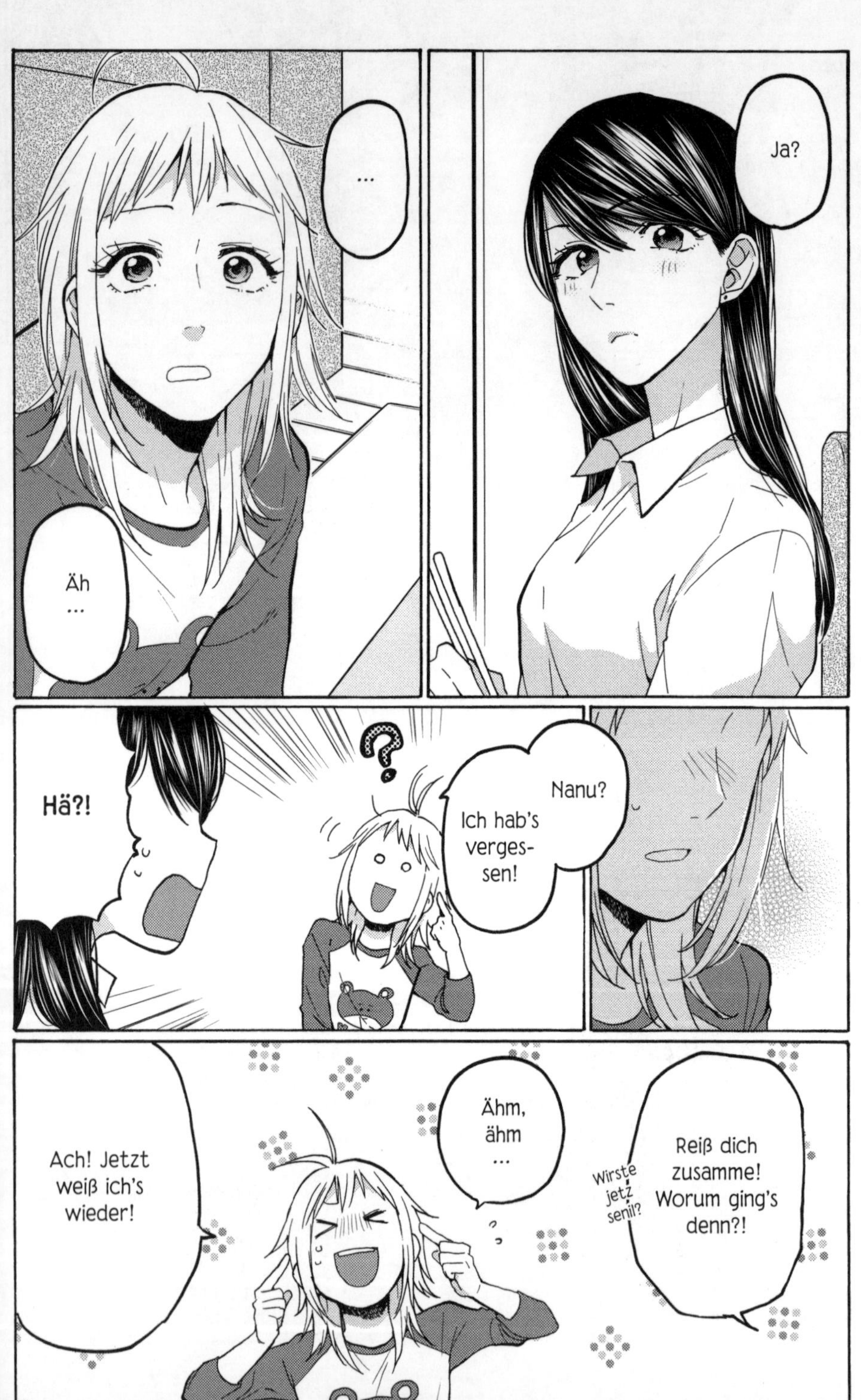
Ja?
...
Äh ...
Nanu?
Ich hab's verges-sen!
Hä?!
Reiß dich zusamme! Worum ging's denn?!
Wirste jetz senil?
Ähm, ähm ...
Ach! Jetzt weiß ich's wieder!

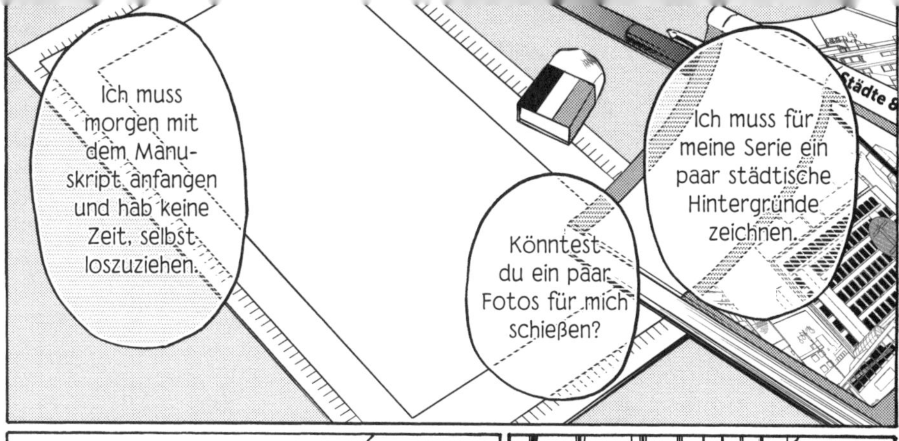
Städte 8
Ich muss für meine Serie ein paar städtische Hintergründe zeichnen.
Könntest du ein paar Fotos für mich schießen?
Ich muss morgen mit dem Manuskript anfangen und hab keine Zeit, selbst loszuziehen.

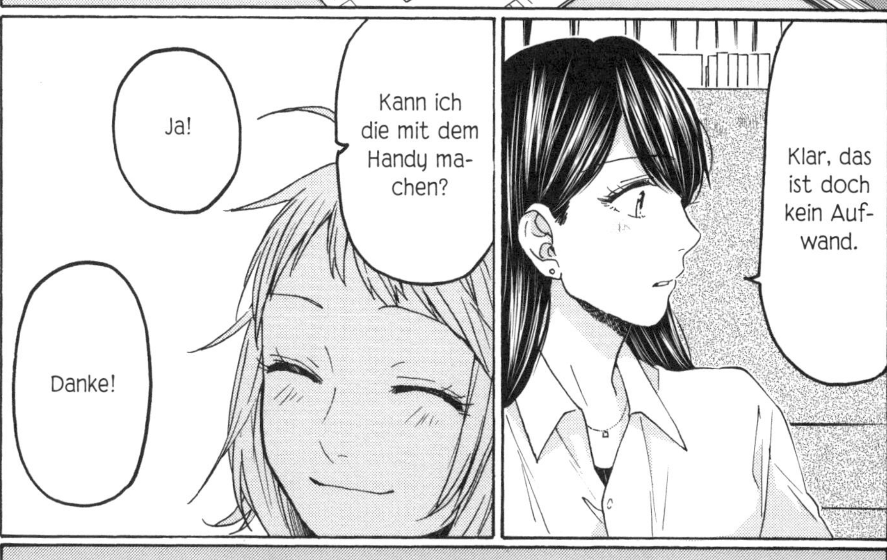
Klar, das ist doch kein Aufwand.
Kann ich die mit dem Handy machen?
Ja!
Danke!

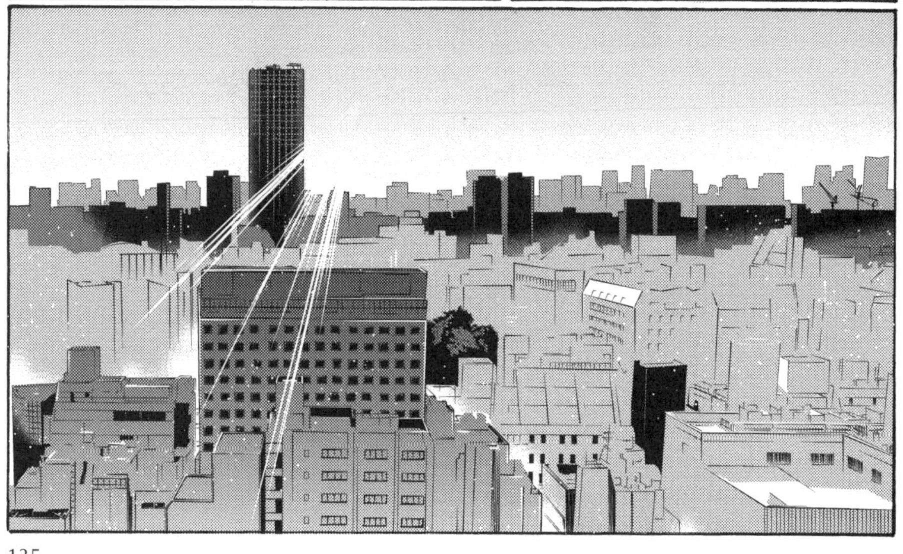

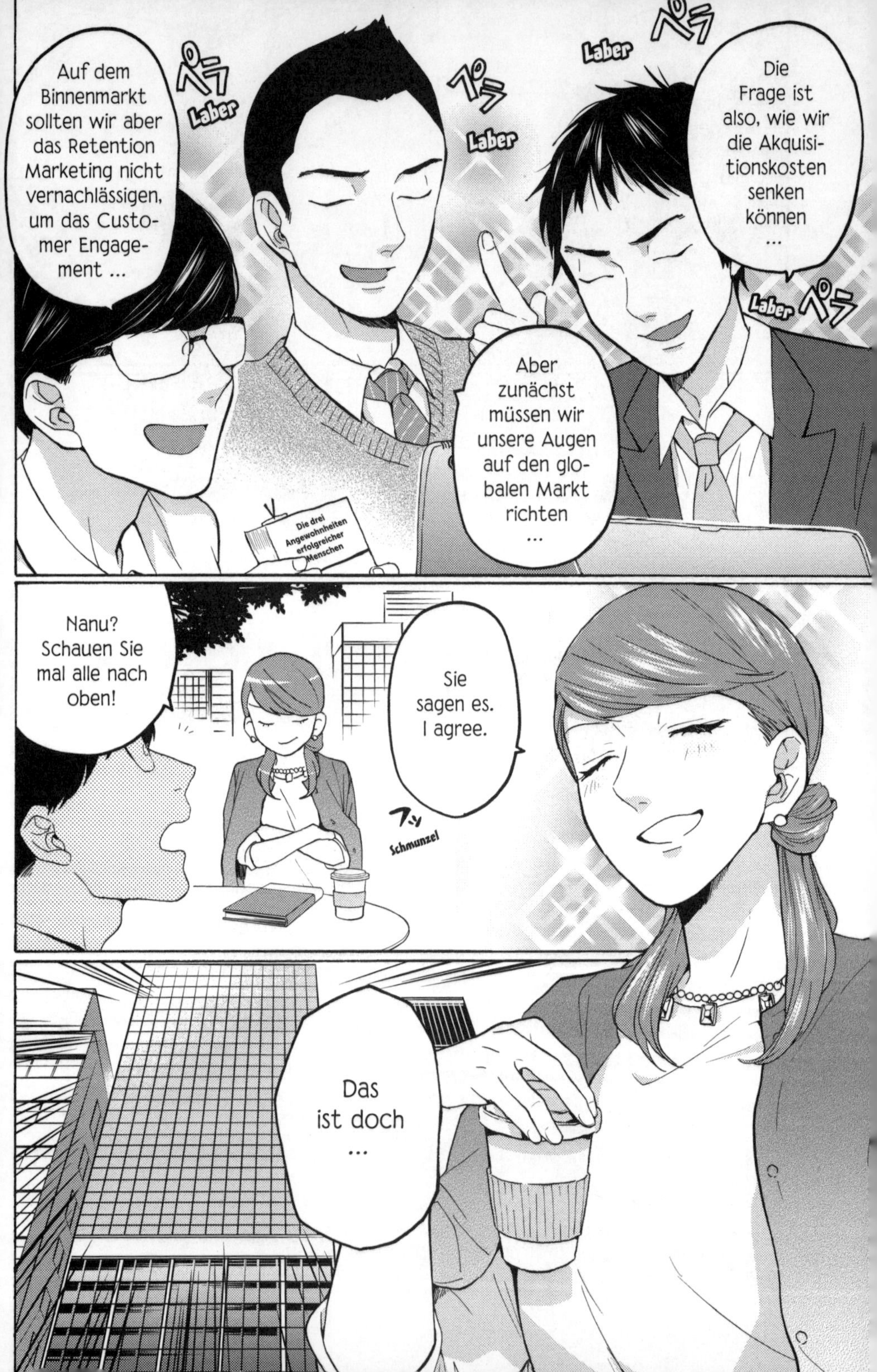
Laber
Die Frage ist also, wie wir die Akquisitionskosten senken können …
Laber
Laber
Aber zunächst müssen wir unsere Augen auf den globalen Markt richten …
Laber
Auf dem Binnenmarkt sollten wir aber das Retention Marketing nicht vernachlässigen, um das Customer Engagement …
Die drei Angewohnheiten erfolgreicher Menschen
Sie sagen es. I agree.
Schmunzel
Nanu? Schauen Sie mal alle nach oben!
Das ist doch …

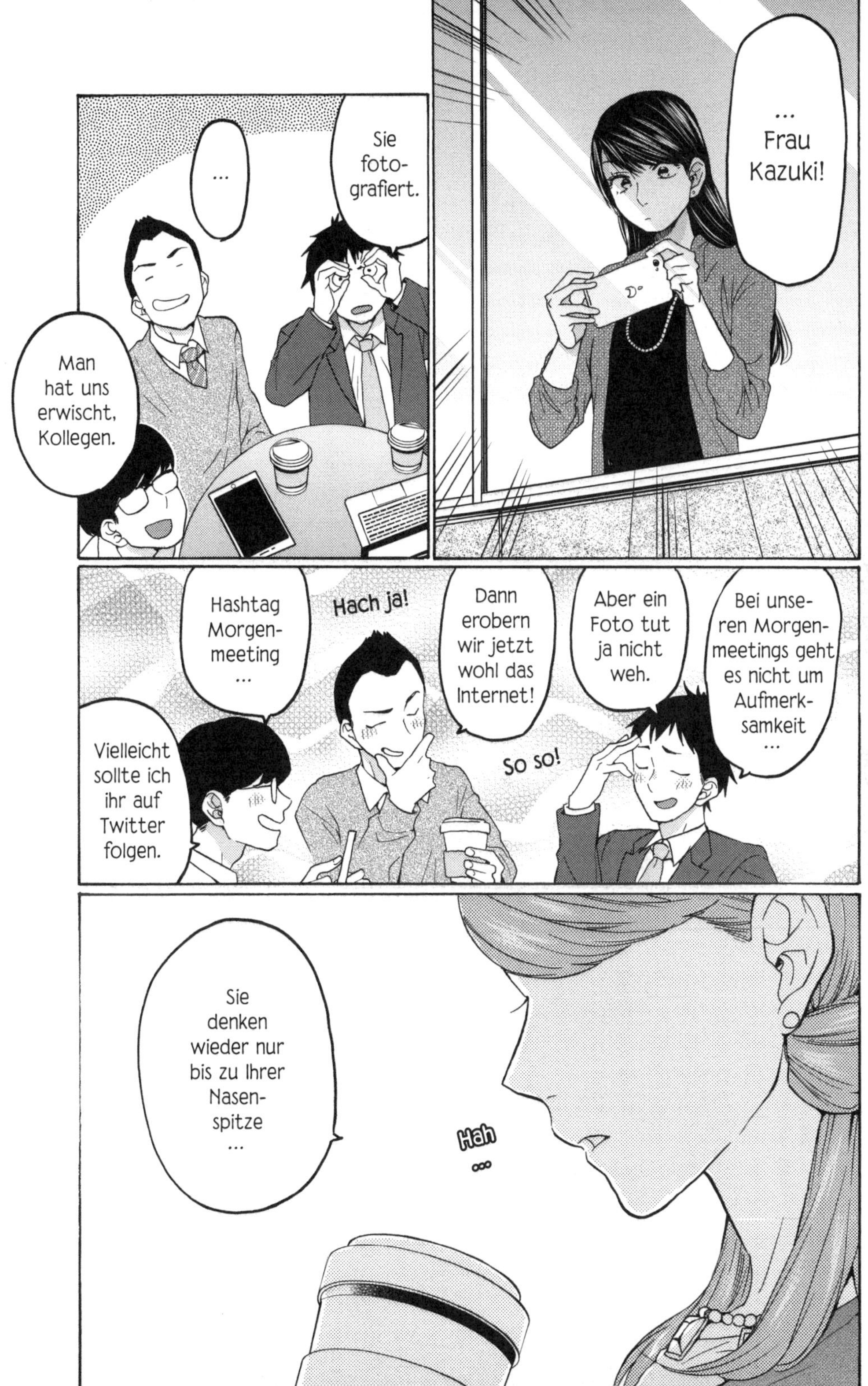
... Frau Kazuki!
Sie fotografiert.
...
Man hat uns erwischt, Kollegen.
Bei unseren Morgenmeetings geht es nicht um Aufmerksamkeit ...
Aber ein Foto tut ja nicht weh.
So so!
Dann erobern wir jetzt wohl das Internet!
Hach ja!
Hashtag Morgenmeeting ...
Vielleicht sollte ich ihr auf Twitter folgen.
Hah ...
Sie denken wieder nur bis zu Ihrer Nasenspitze ...

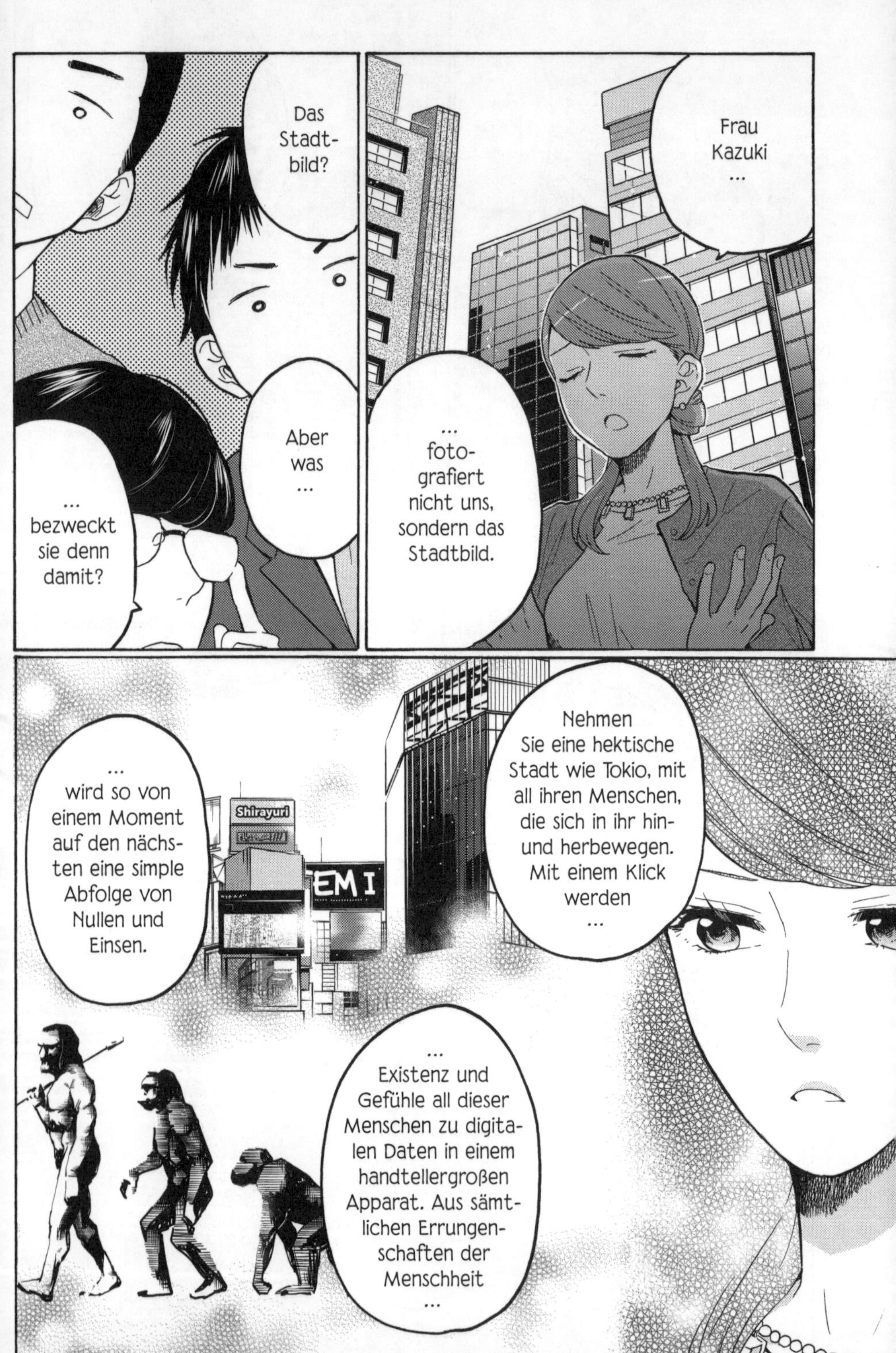

Frau Kazuki ...
... fotografiert nicht uns, sondern das Stadtbild.
Das Stadtbild?
Aber was ...
... bezweckt sie denn damit?
Nehmen Sie eine hektische Stadt wie Tokio, mit all ihren Menschen, die sich in ihr hin- und herbewegen. Mit einem Klick werden ...
... Existenz und Gefühle all dieser Menschen zu digitalen Daten in einem handtellergroßen Apparat. Aus sämtlichen Errungenschaften der Menschheit ...
... wird so von einem Moment auf den nächsten eine simple Abfolge von Nullen und Einsen.
Shirayuri
EM I

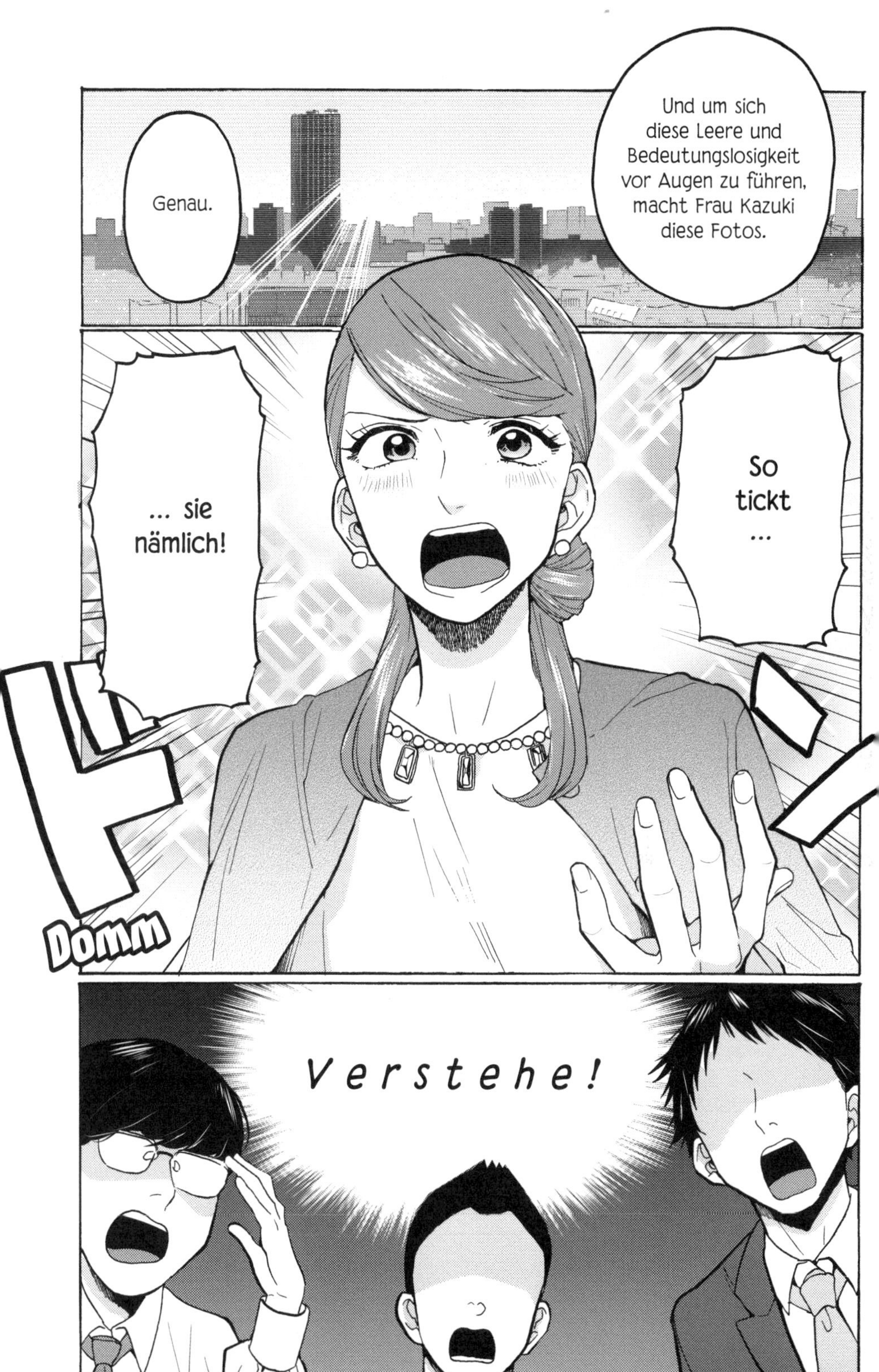
Und um sich diese Leere und Bedeutungslosigkeit vor Augen zu führen, macht Frau Kazuki diese Fotos.
Genau.
So tickt ...
... sie nämlich!
Domm
Verstehe!

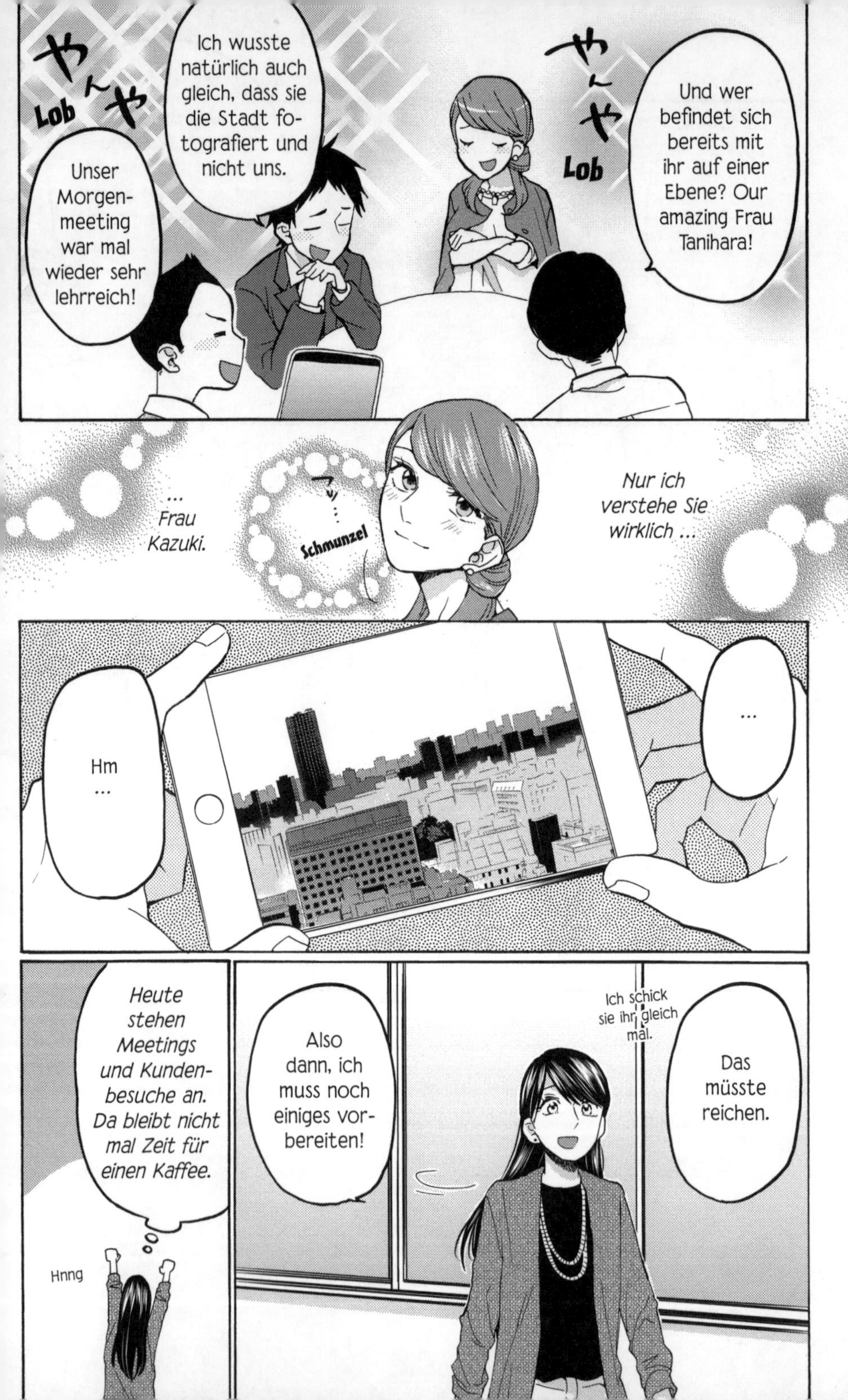
やんや
Lob
Und wer befindet sich bereits mit ihr auf einer Ebene? Our amazing Frau Tanihara!
Ich wusste natürlich auch gleich, dass sie die Stadt fotografiert und nicht uns.
やんや
Lob
Unser Morgen-meeting war mal wieder sehr lehrreich!
Nur ich verstehe Sie wirklich ...
フッ…
Schmunzel
... Frau Kazuki.
...
Hm ...
Ich schick sie ihr gleich mal.
Das müsste reichen.
Also dann, ich muss noch einiges vorbereiten!
Heute stehen Meetings und Kunden-besuche an. Da bleibt nicht mal Zeit für einen Kaffee.
Hnng

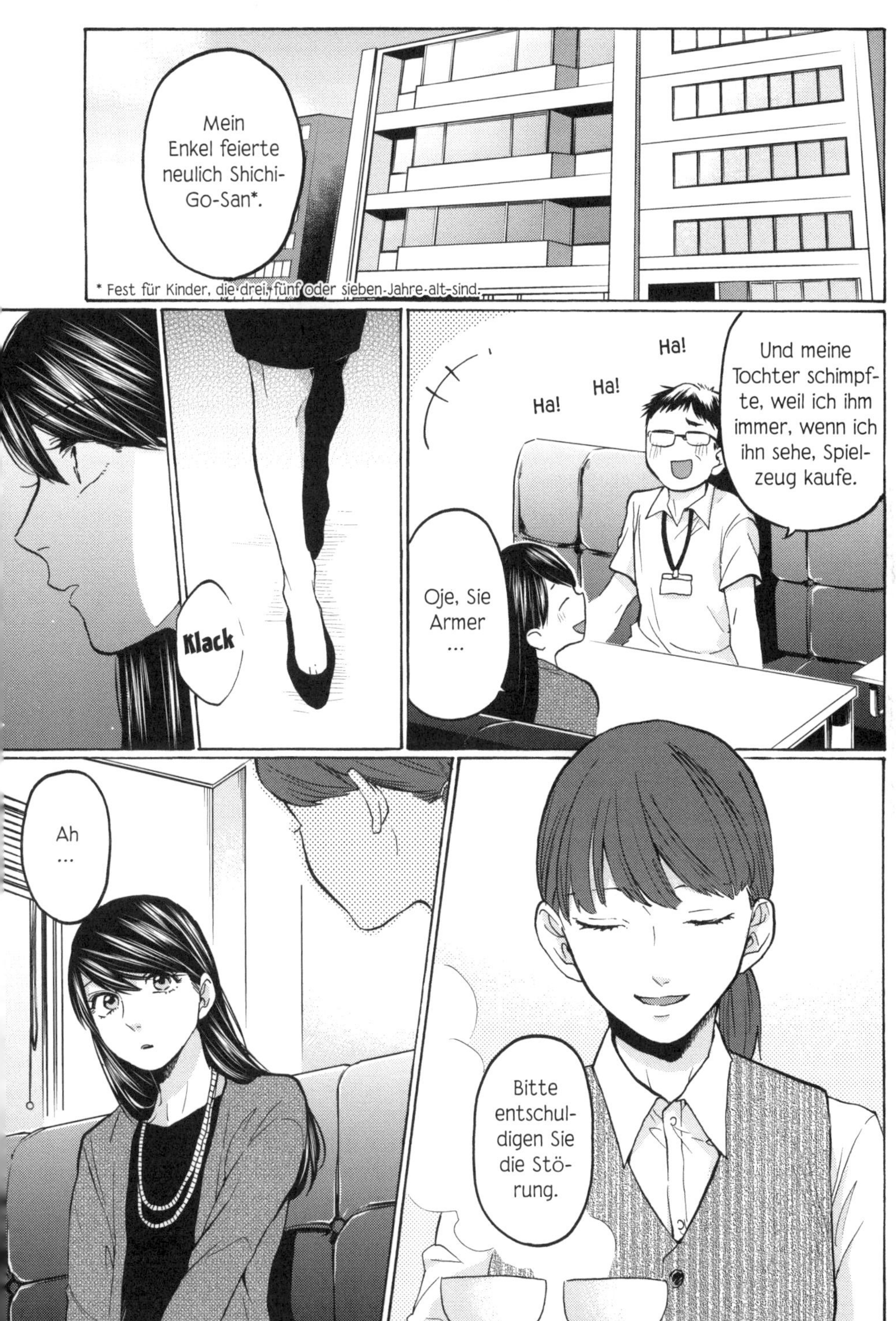
Mein Enkel feierte neulich Shichi-Go-San*.
* Fest für Kinder, die drei, fünf oder sieben Jahre alt sind.
Und meine Tochter schimpfte, weil ich ihm immer, wenn ich ihn sehe, Spielzeug kaufe.
Ha! Ha! Ha!
Oje, Sie Armer ...
Klack
Bitte entschuldigen Sie die Störung.
Ah ...

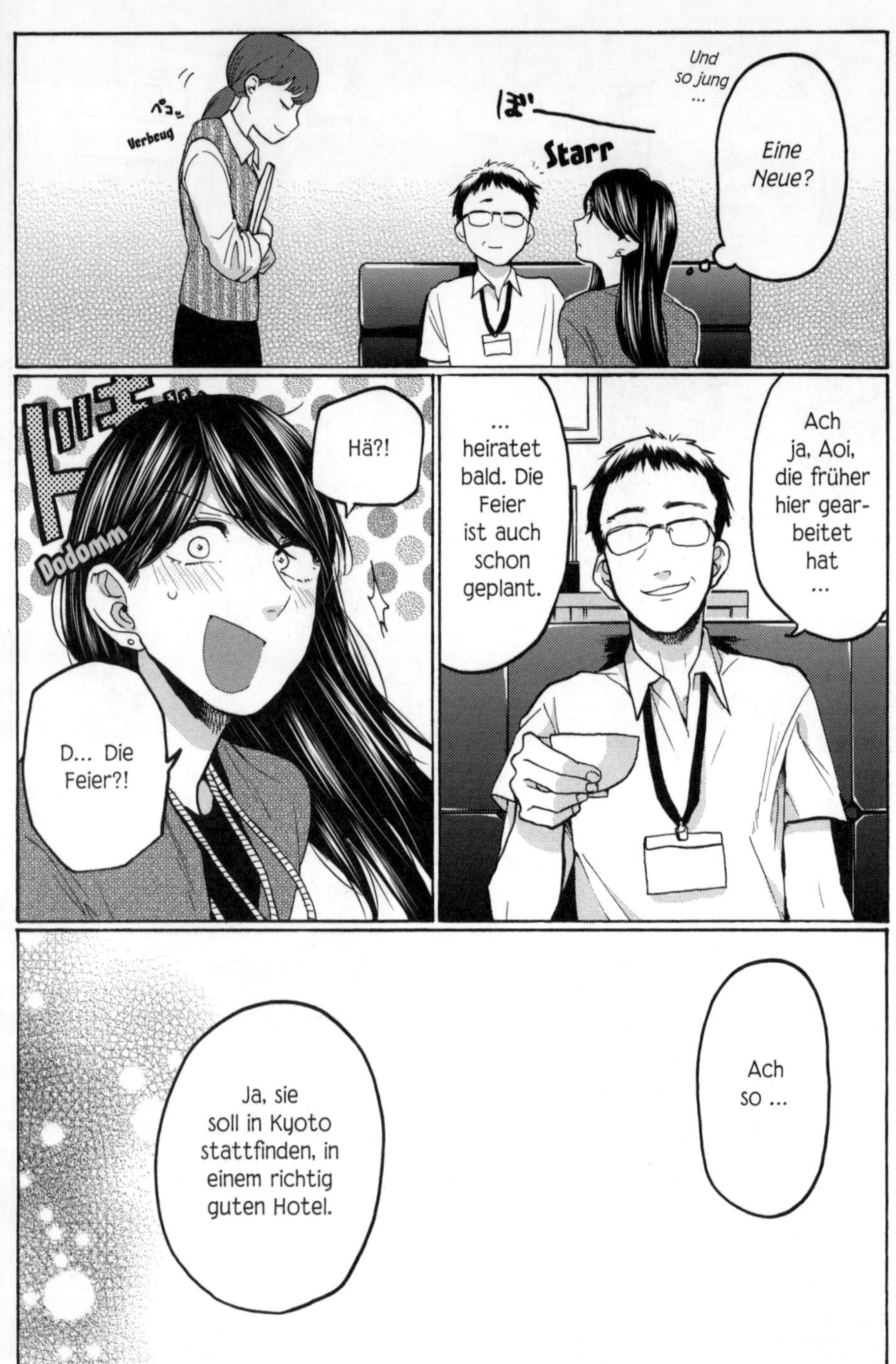
Eine Neue?
Und so jung …
Starr
Verbeug
Ach ja, Aoi, die früher hier gearbeitet hat …
… heiratet bald. Die Feier ist auch schon geplant.
Hä?!
Dodomm
D… Die Feier?!
Ach so …
Ja, sie soll in Kyoto stattfinden, in einem richtig guten Hotel.

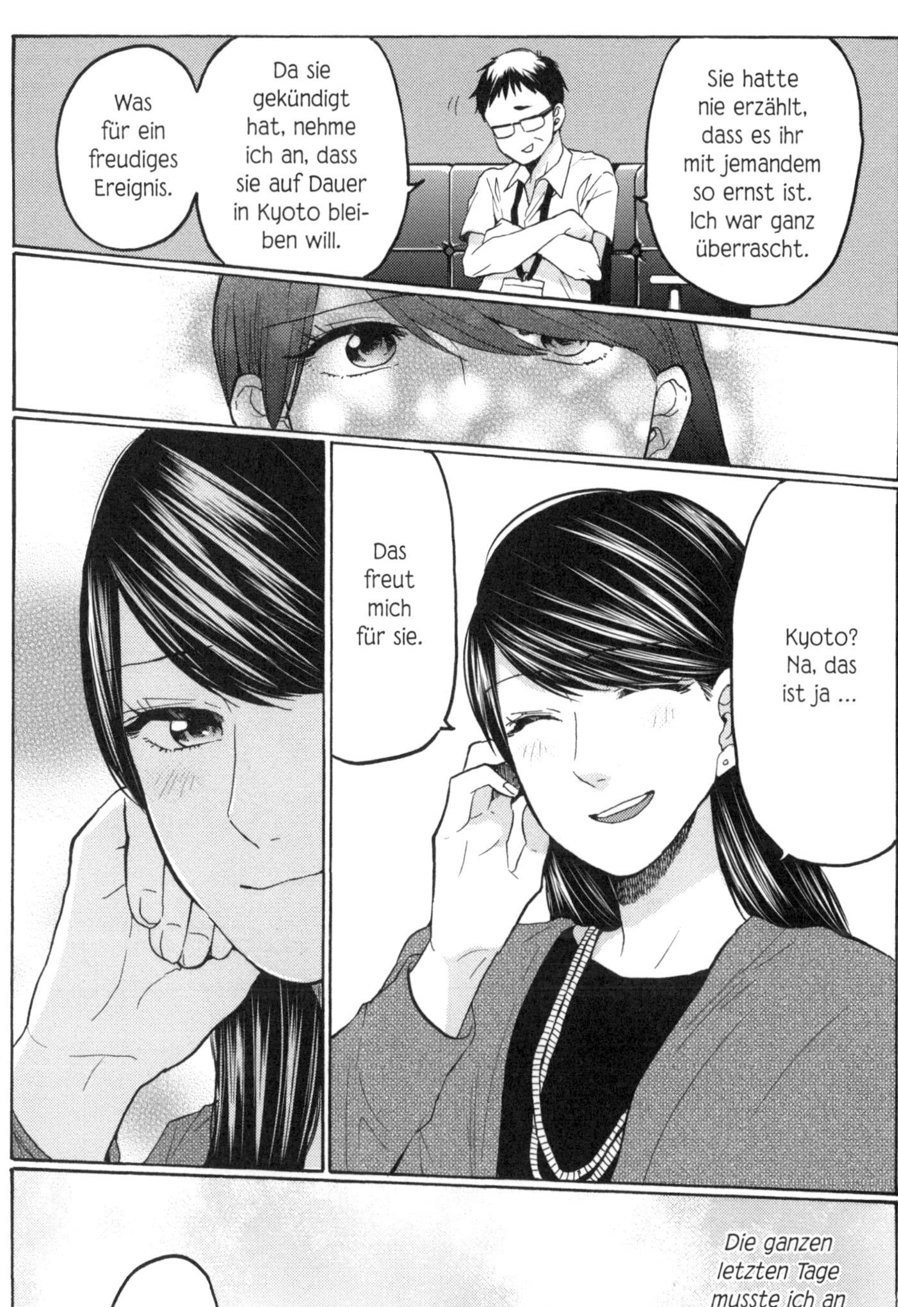
Sie hatte nie erzählt, dass es ihr mit jemandem so ernst ist. Ich war ganz überrascht.
Da sie gekündigt hat, nehme ich an, dass sie auf Dauer in Kyoto bleiben will.
Was für ein freudiges Ereignis.
Kyoto? Na, das ist ja ...
Das freut mich für sie.
Die ganzen letzten Tage musste ich an dich denken.
Dein Timing ist wirklich beeindruckend.
Hmm ...

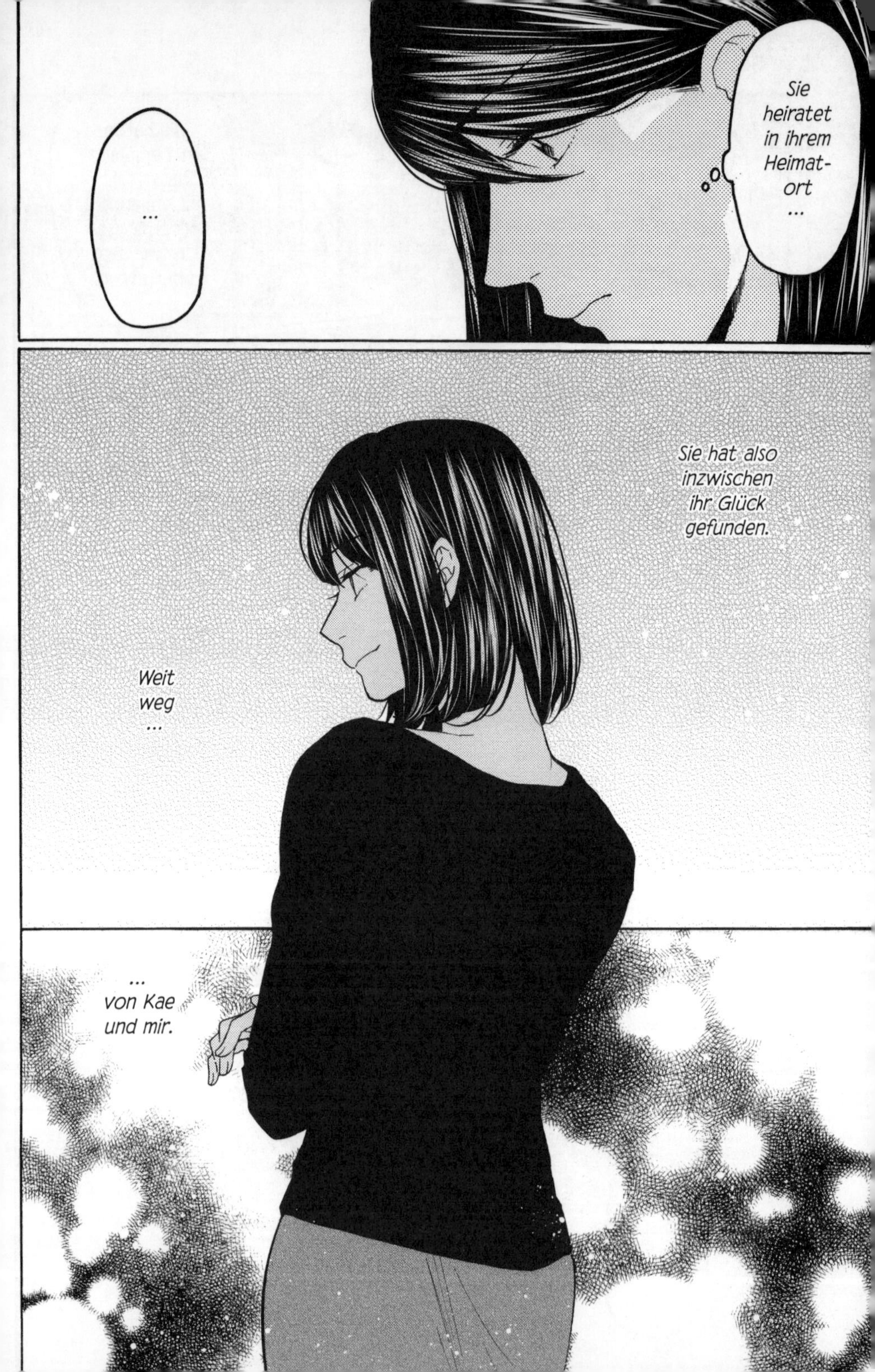
Sie heiratet in ihrem Heimat-ort ...
...
Sie hat also inzwischen ihr Glück gefunden.
Weit weg ...
... von Kae und mir.

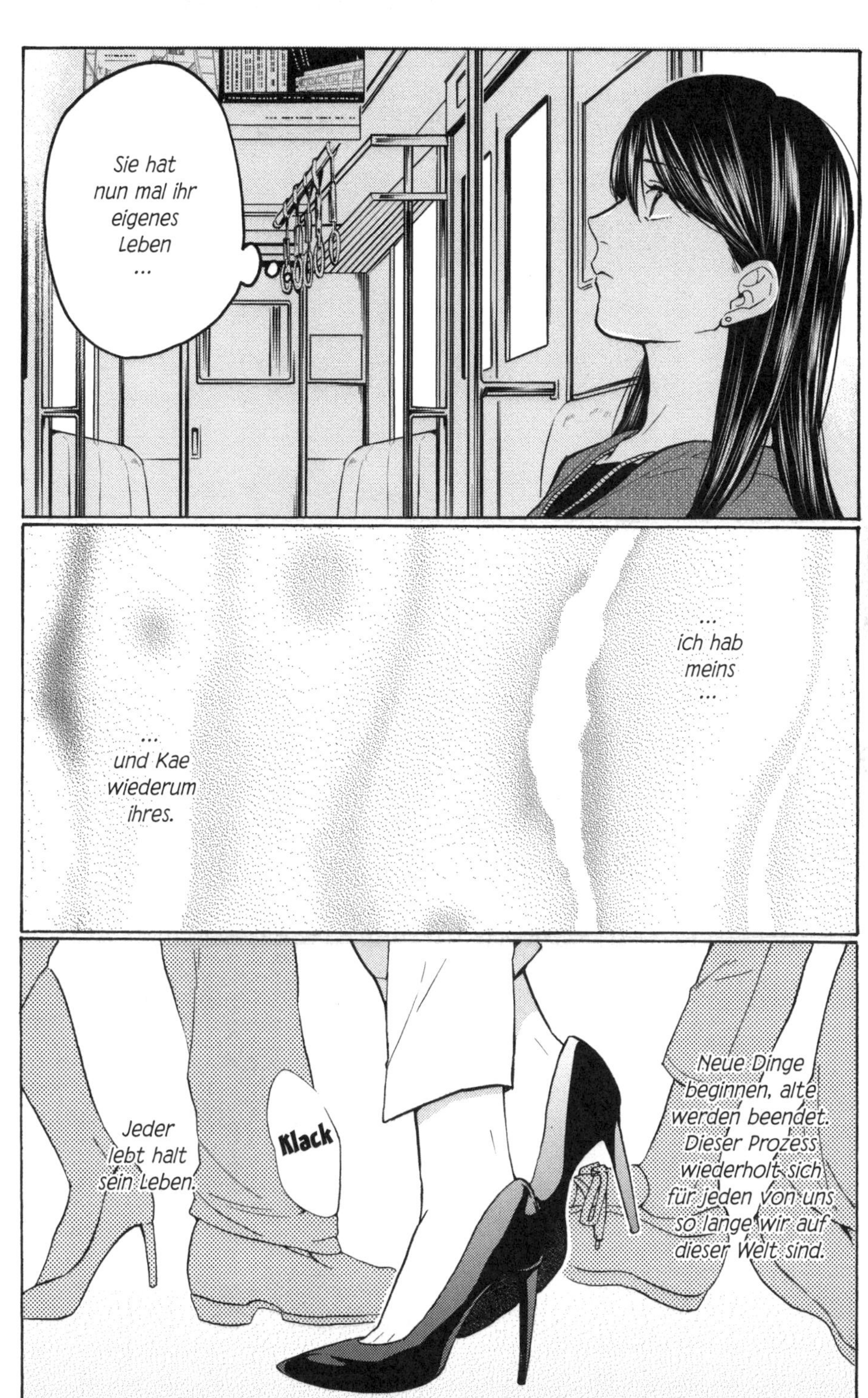
Sie hat nun mal ihr eigenes Leben ...
... ich hab meins ...
... und Kae wiederum ihres.
Neue Dinge beginnen, alte werden beendet. Dieser Prozess wiederholt sich für jeden von uns so lange wir auf dieser Welt sind.
Klack
Jeder lebt halt sein Leben.

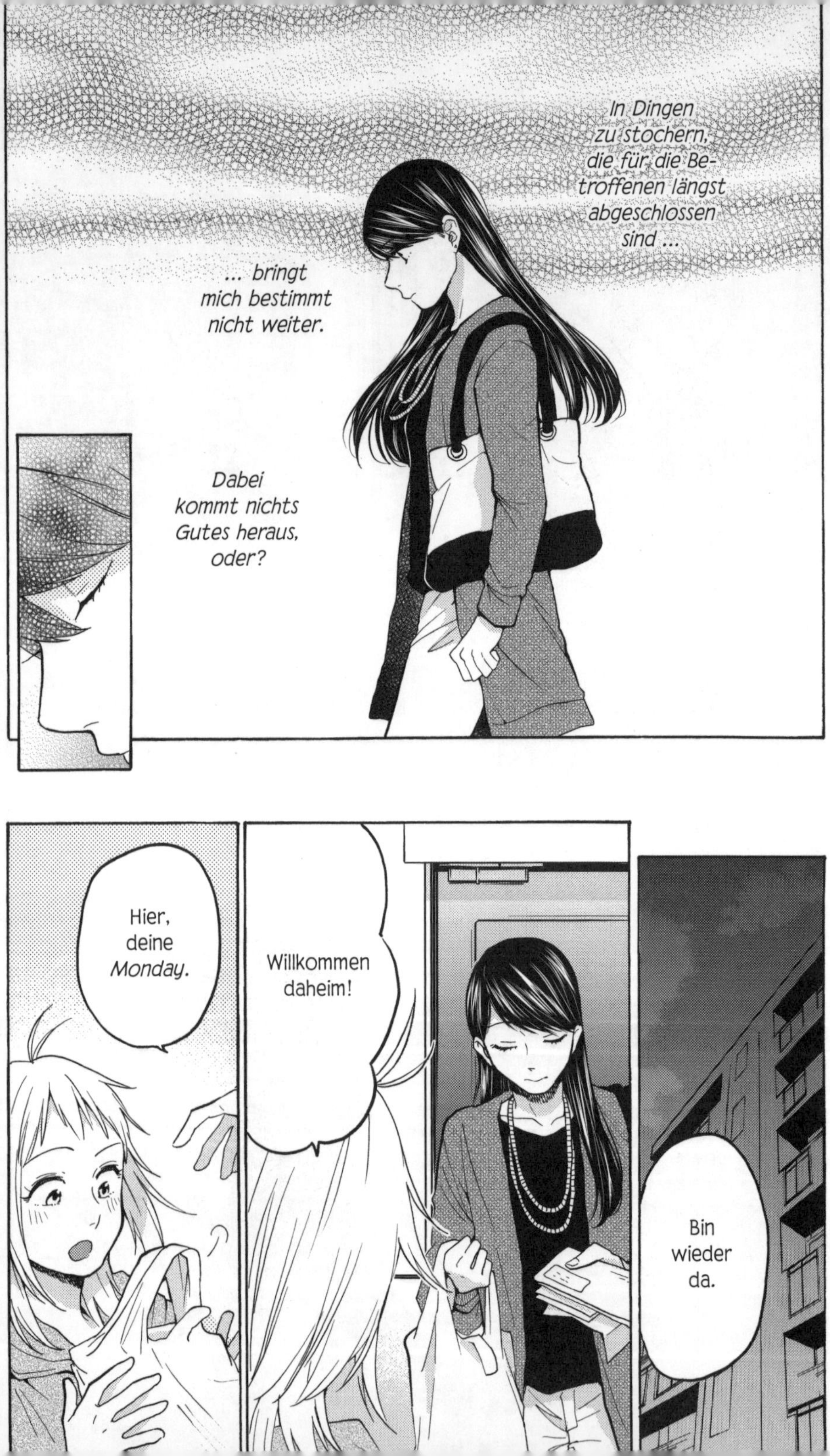

In Dingen zu stochern, die für die Betroffenen längst abgeschlossen sind ...

... bringt mich bestimmt nicht weiter.

Dabei kommt nichts Gutes heraus, oder?

Bin wieder da.

Willkommen daheim!

Hier, deine *Monday*.

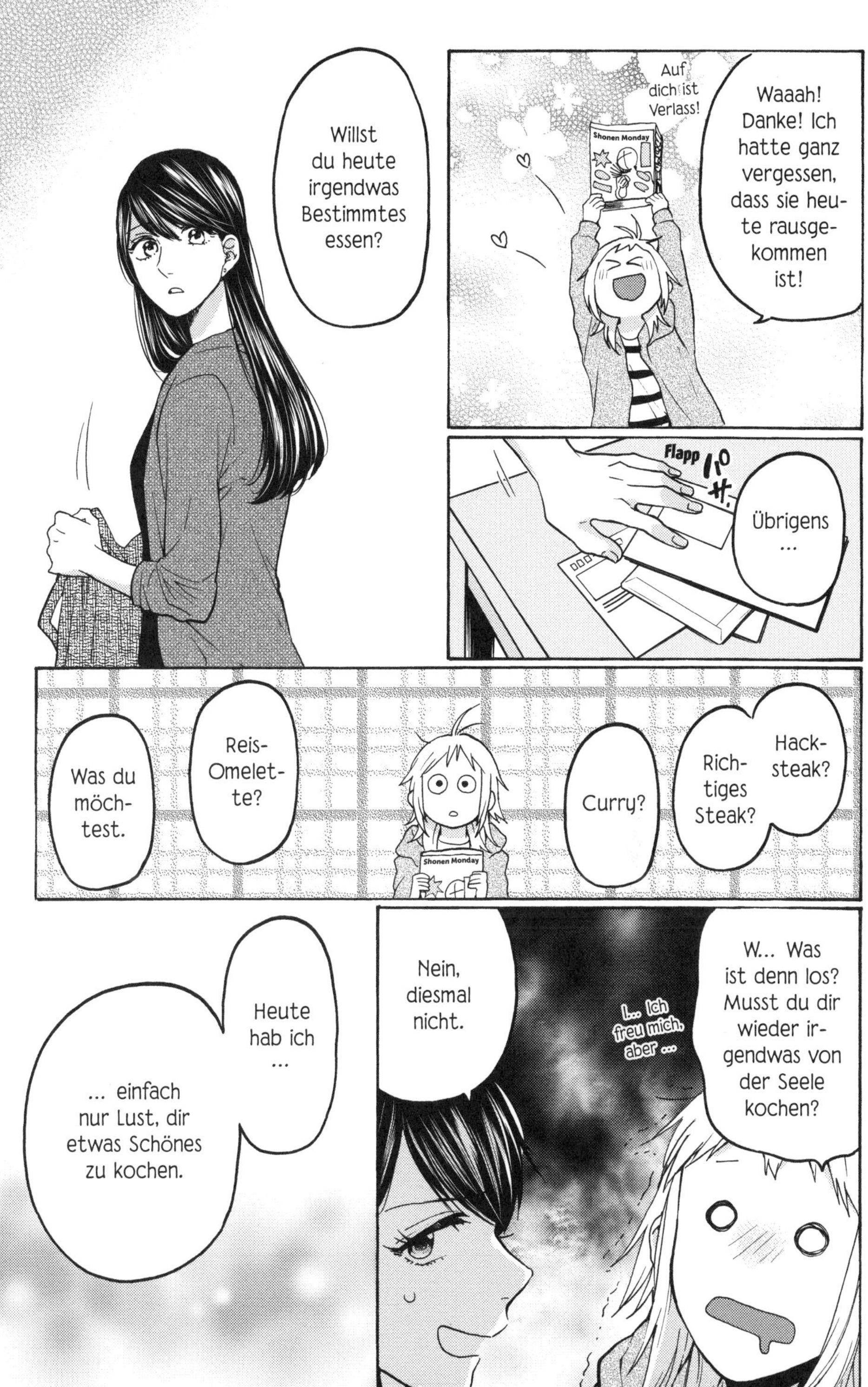
Waaah! Danke! Ich hatte ganz vergessen, dass sie heute rausgekommen ist!
Auf dich ist Verlass!
Shonen Monday
Flapp
Übrigens ...
Willst du heute irgendwas Bestimmtes essen?
Hacksteak?
Richtiges Steak?
Curry?
Reis-Omelette?
Was du möchtest.
Shonen Monday
W... Was ist denn los? Musst du dir wieder irgendwas von der Seele kochen?
I... Ich freu mich, aber ...
Nein, diesmal nicht.
Heute hab ich ...
... einfach nur Lust, dir etwas Schönes zu kochen.

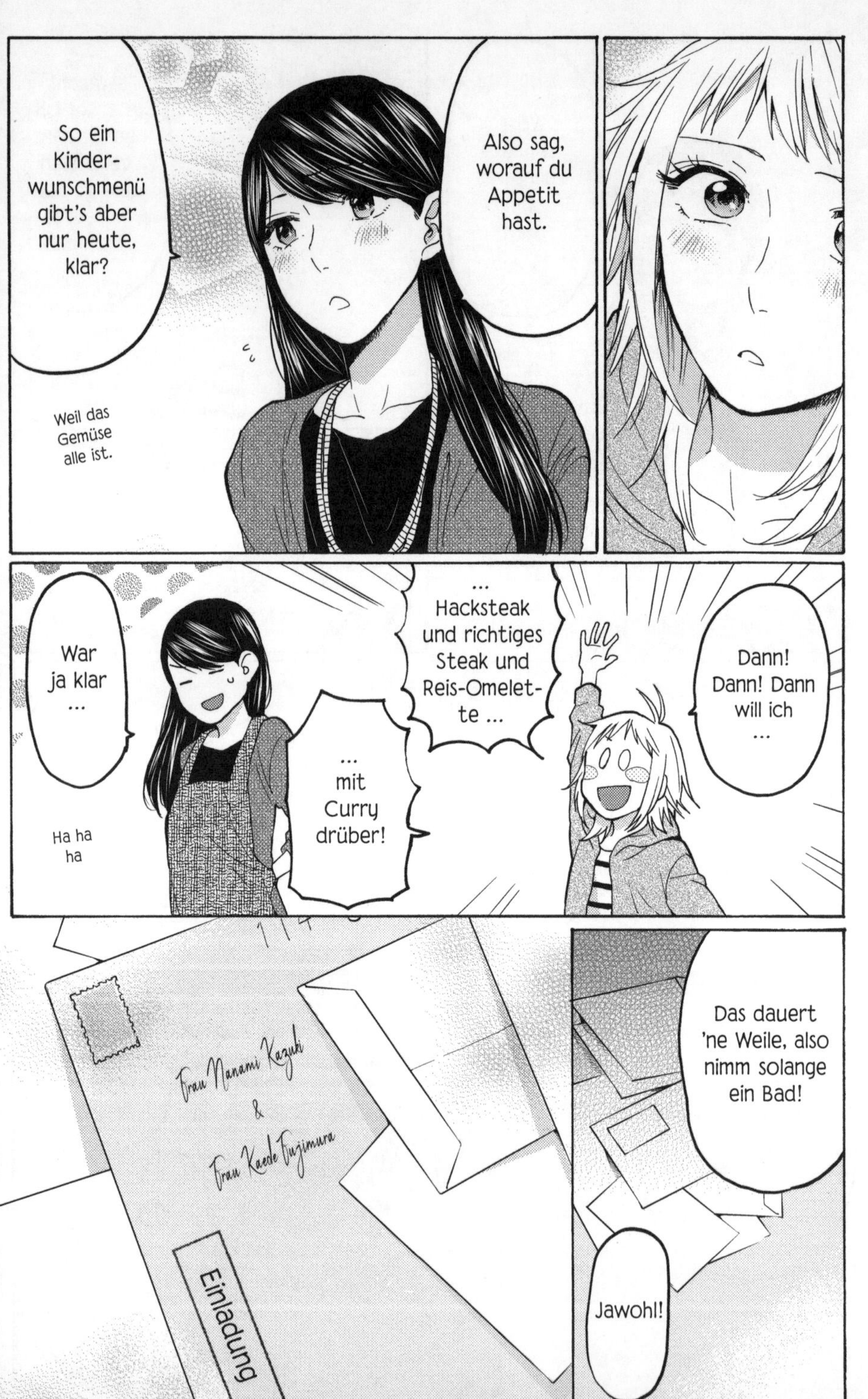
Also sag, worauf du Appetit hast.
So ein Kinder-wunschmenü gibt's aber nur heute, klar?
Weil das Gemüse alle ist.
Dann! Dann! Dann will ich ...
... Hacksteak und richtiges Steak und Reis-Omelet-te ...
... mit Curry drüber!
War ja klar ...
Ha ha ha
Das dauert 'ne Weile, also nimm solange ein Bad!
Jawohl!
Frau Nanami Kazuki & Frau Kaede Fujimura
Einladung

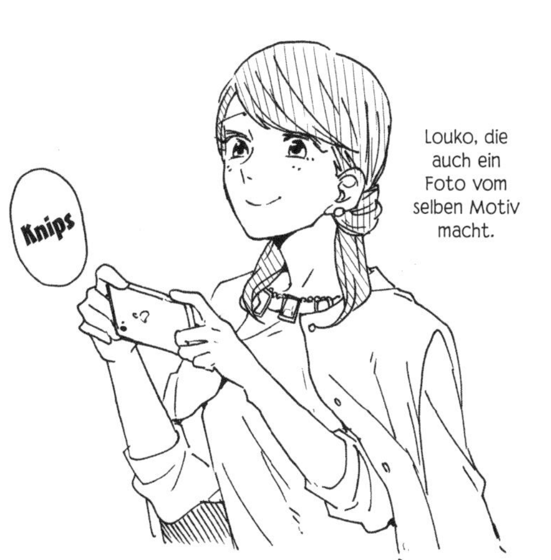
Louko, die auch ein Foto vom selben Motiv macht.
Knips

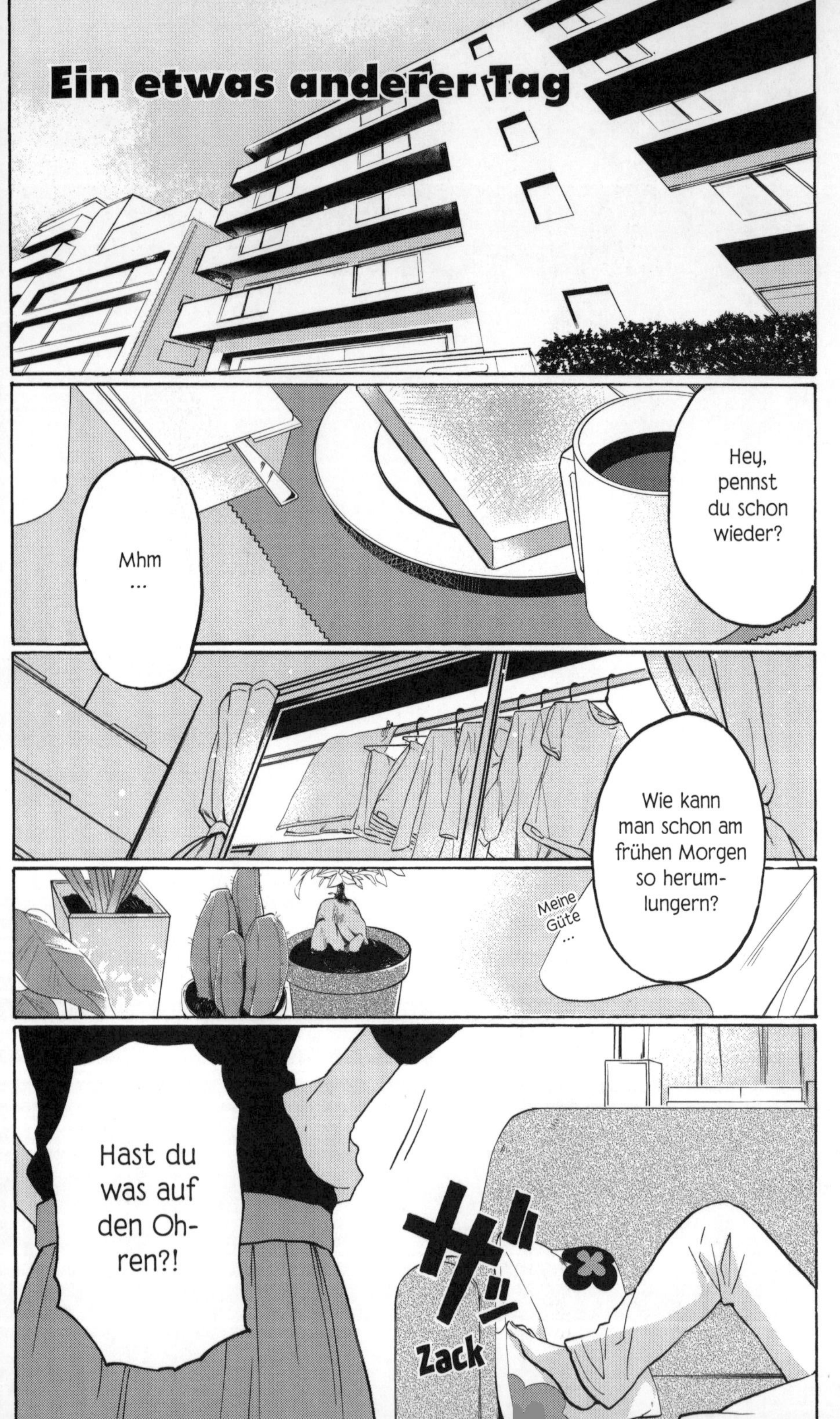
Ein etwas anderer Tag
Hey, pennst du schon wieder?
Mhm …
Wie kann man schon am frühen Morgen so herumlungern?
Meine Güte …
Hast du was auf den Ohren?!
Zack

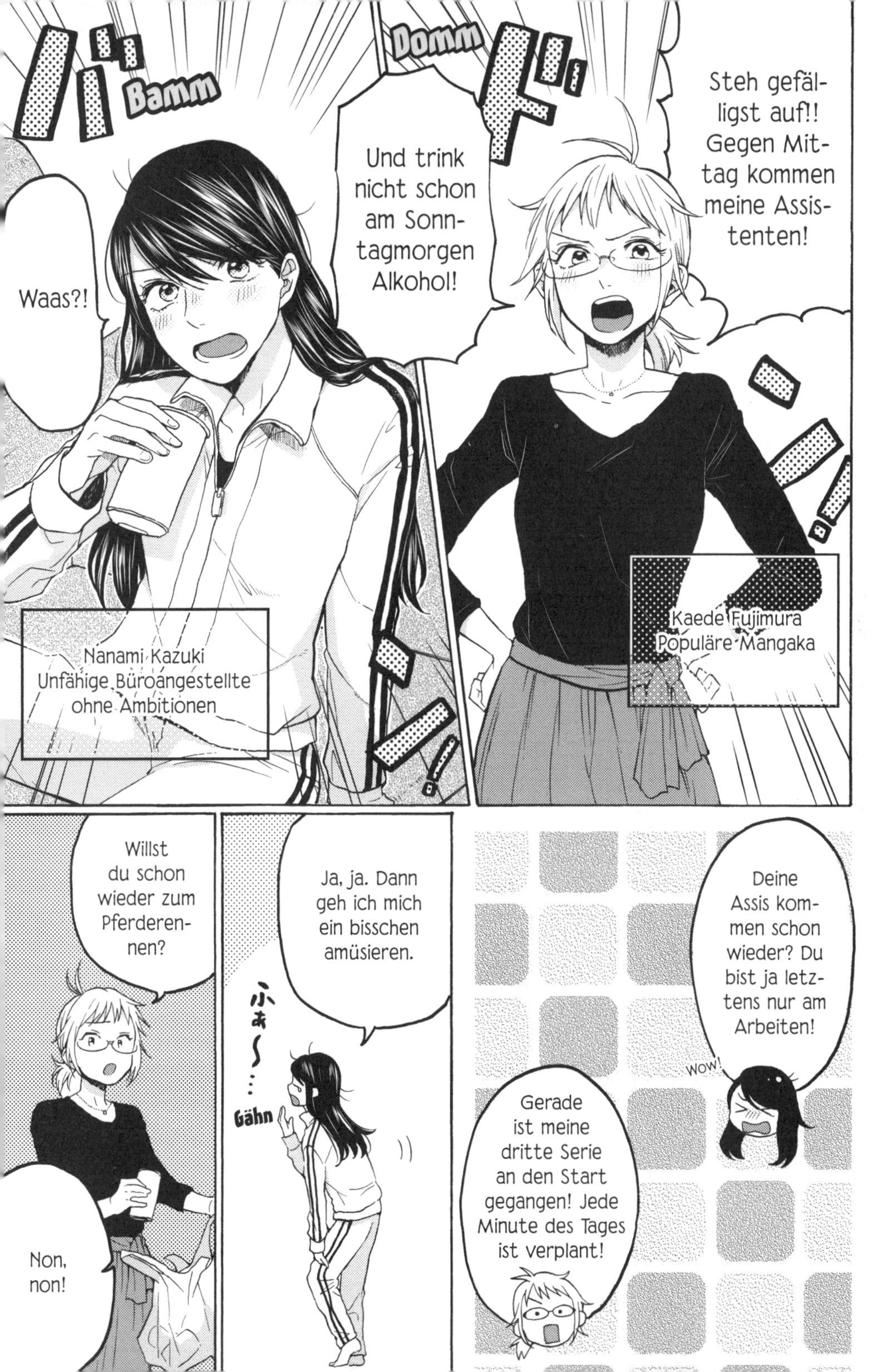
Domm
Steh gefälligst auf!! Gegen Mittag kommen meine Assistenten!
Kaede Fujimura Populäre Mangaka
Und trink nicht schon am Sonntagmorgen Alkohol!
Bamm
Waas?!
Nanami Kazuki Unfähige Büroangestellte ohne Ambitionen
Deine Assis kommen schon wieder? Du bist ja letztens nur am Arbeiten!
WOW!
Gerade ist meine dritte Serie an den Start gegangen! Jede Minute des Tages ist verplant!
Ja, ja. Dann geh ich mich ein bisschen amüsieren.
ふぁ〜…
Gähn
Willst du schon wieder zum Pferderennen?
Non, non!

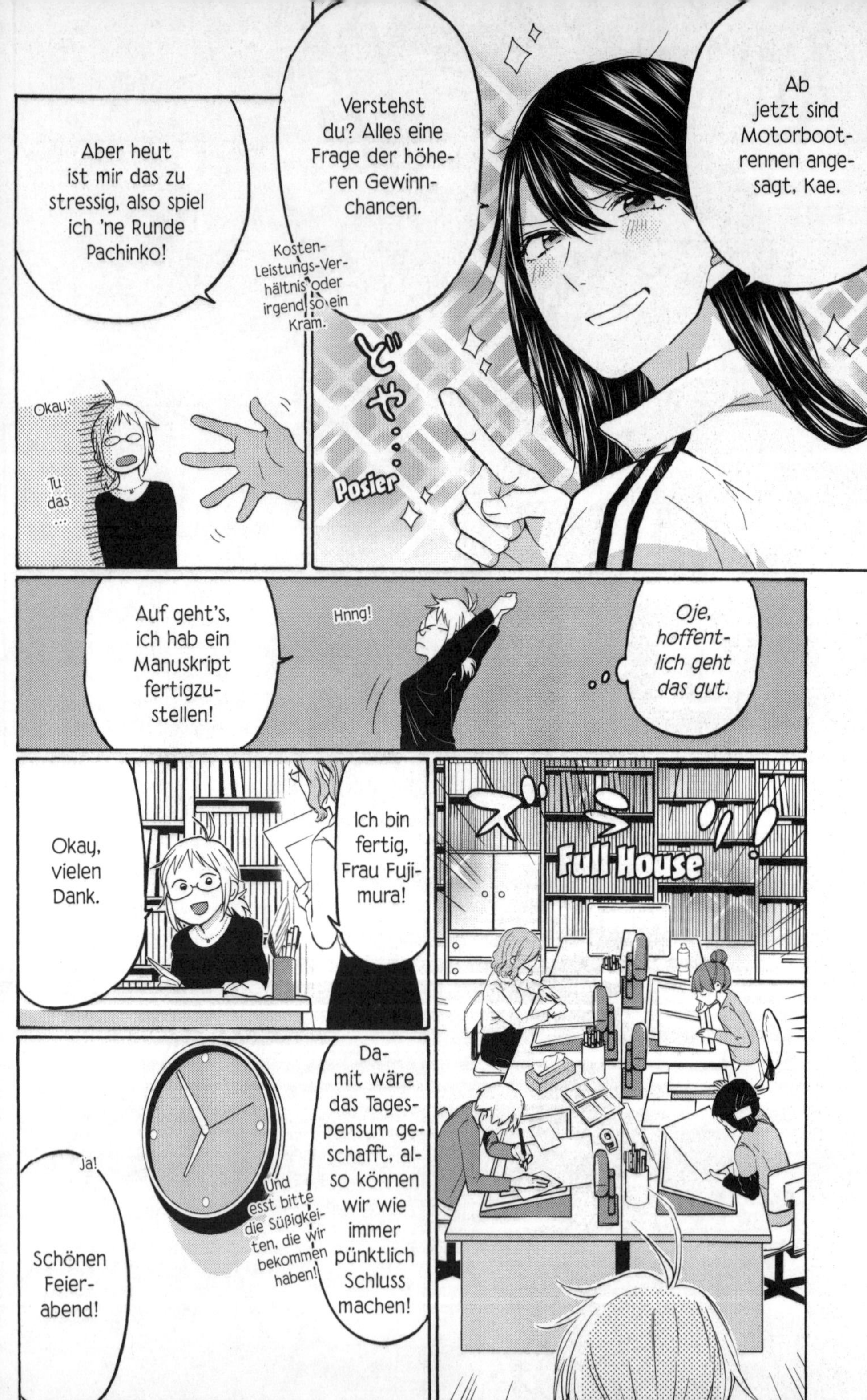
Ab jetzt sind Motorbootrennen angesagt, Kae.
Verstehst du? Alles eine Frage der höheren Gewinnchancen.
Kosten-Leistungs-Verhältnis oder irgend so ein Kram.
どや…
Posier
Aber heut ist mir das zu stressig, also spiel ich 'ne Runde Pachinko!
Okay.
Tu das …
Oje, hoffentlich geht das gut.
Hnng!
Auf geht's, ich hab ein Manuskript fertigzustellen!
ズラッ!!
Full House
Ich bin fertig, Frau Fujimura!
Okay, vielen Dank.
Damit wäre das Tagespensum geschafft, also können wir wie immer pünktlich Schluss machen!
Und esst bitte die Süßigkeiten, die wir bekommen haben!
Ja!
Schönen Feierabend!

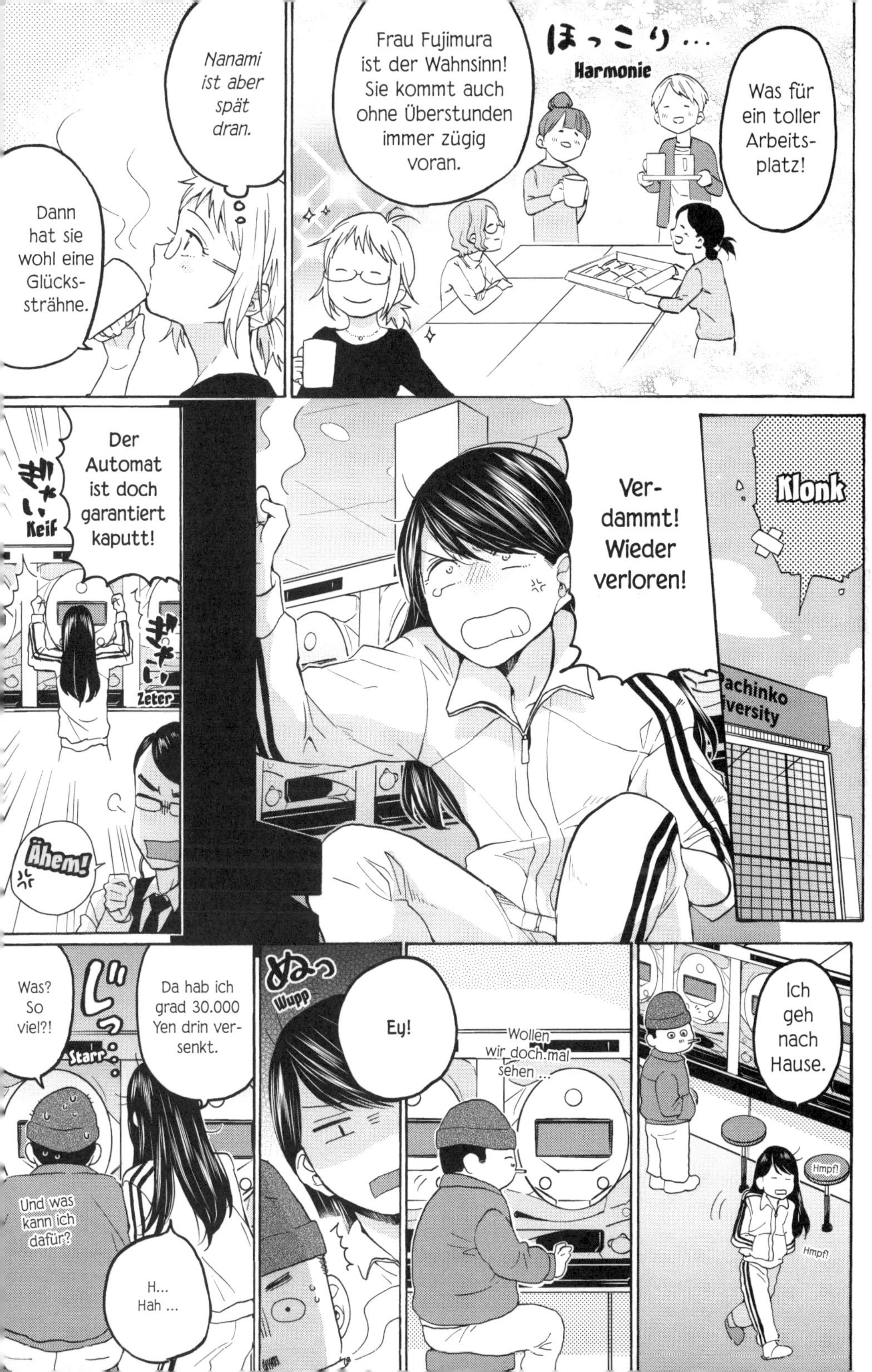
ほっこり…
Harmonie
Was für ein toller Arbeitsplatz!
Frau Fujimura ist der Wahnsinn! Sie kommt auch ohne Überstunden immer zügig voran.
Nanami ist aber spät dran.
Dann hat sie wohl eine Glückssträhne.
Klonk
Pachinko
Verdammt! Wieder verloren!
Der Automat ist doch garantiert kaputt!
Keif
Zeter
Ähem!
Ich geh nach Hause.
Hmpf!
Hmpf!
Wollen wir doch mal sehen ...
ぬっ
Wupp
Ey!
Da hab ich grad 30.000 Yen drin versenkt.
Was? So viel?!
Starr
Und was kann ich dafür?
H... Hah ...

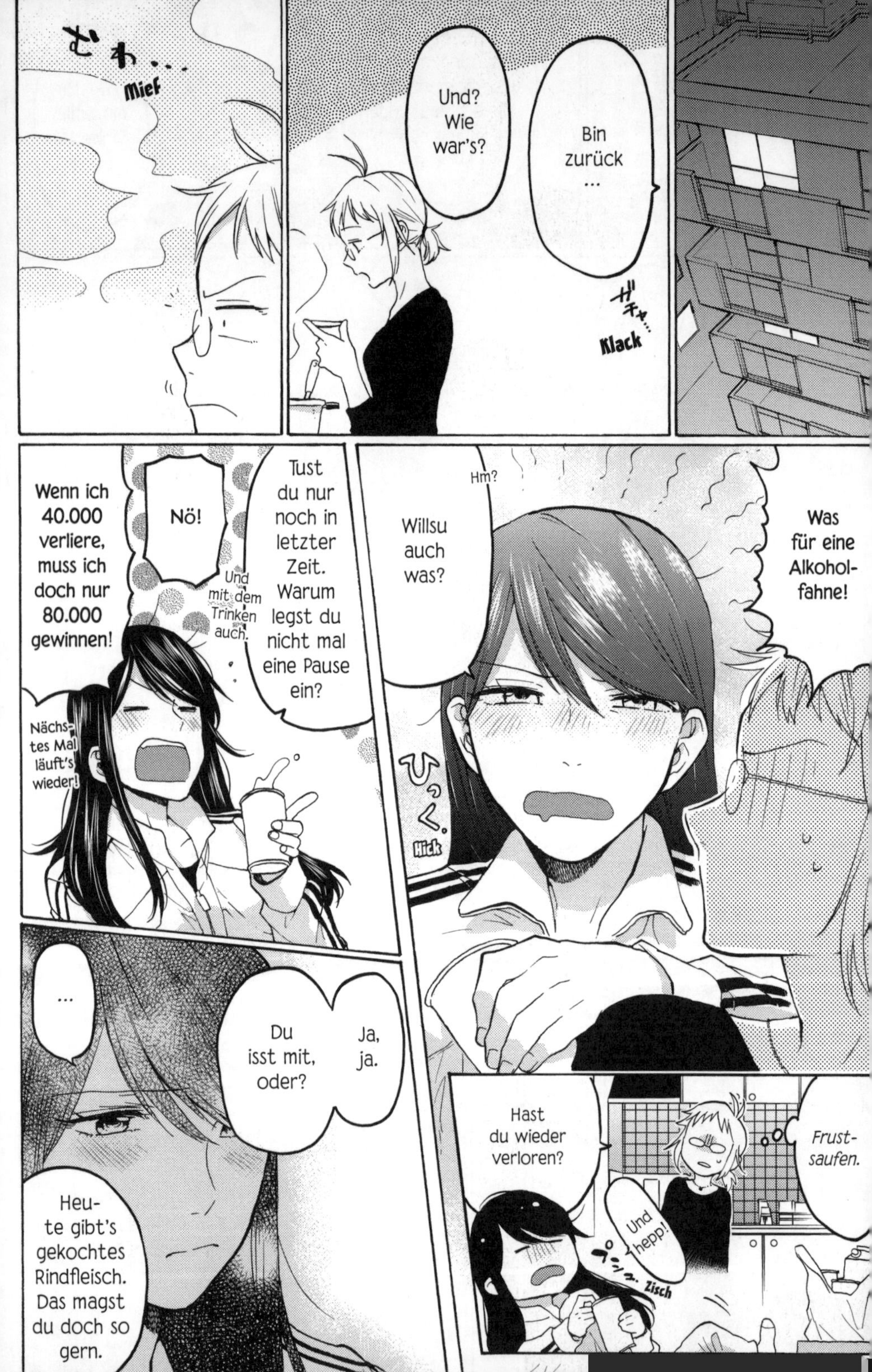
Bin zurück ...
ガチャ...
Klack
Und? Wie war's?
むわ...
Mief
Was für eine Alkoholfahne!
Hm?
Willsu auch was?
ひっく。
Hick
Frust-saufen.
Hast du wieder verloren?
Und hepp!
プシュ。
Zisch
Tust du nur noch in letzter Zeit. Warum legst du nicht mal eine Pause ein?
Und mit dem Trinken auch.
Nö!
Wenn ich 40.000 verliere, muss ich doch nur 80.000 gewinnen!
Nächstes Mal läuft's wieder!
Ja, ja.
Du isst mit, oder?
...
Heute gibt's gekochtes Rindfleisch. Das magst du doch so gern.

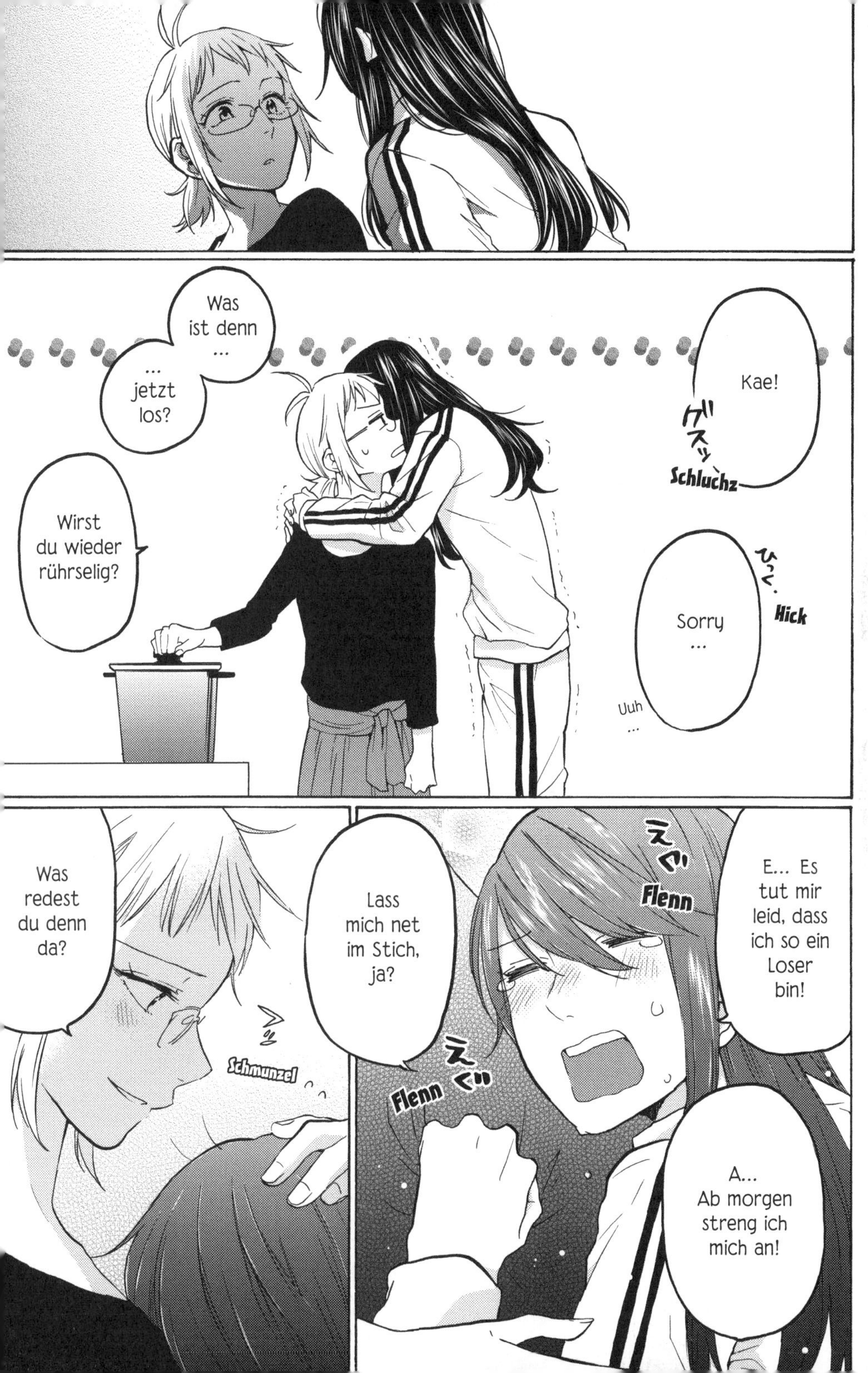

Kae!
グズッ
Schluchz
Sorry ...
ひっく
Hick
Uuh ...
Was ist denn ...
... jetzt los?
Wirst du wieder rührselig?
E... Es tut mir leid, dass ich so ein Loser bin!
えぐ
Flenn
A... Ab morgen streng ich mich an!
えぐ
Flenn
Lass mich net im Stich, ja?
Was redest du denn da?
Schmunzel

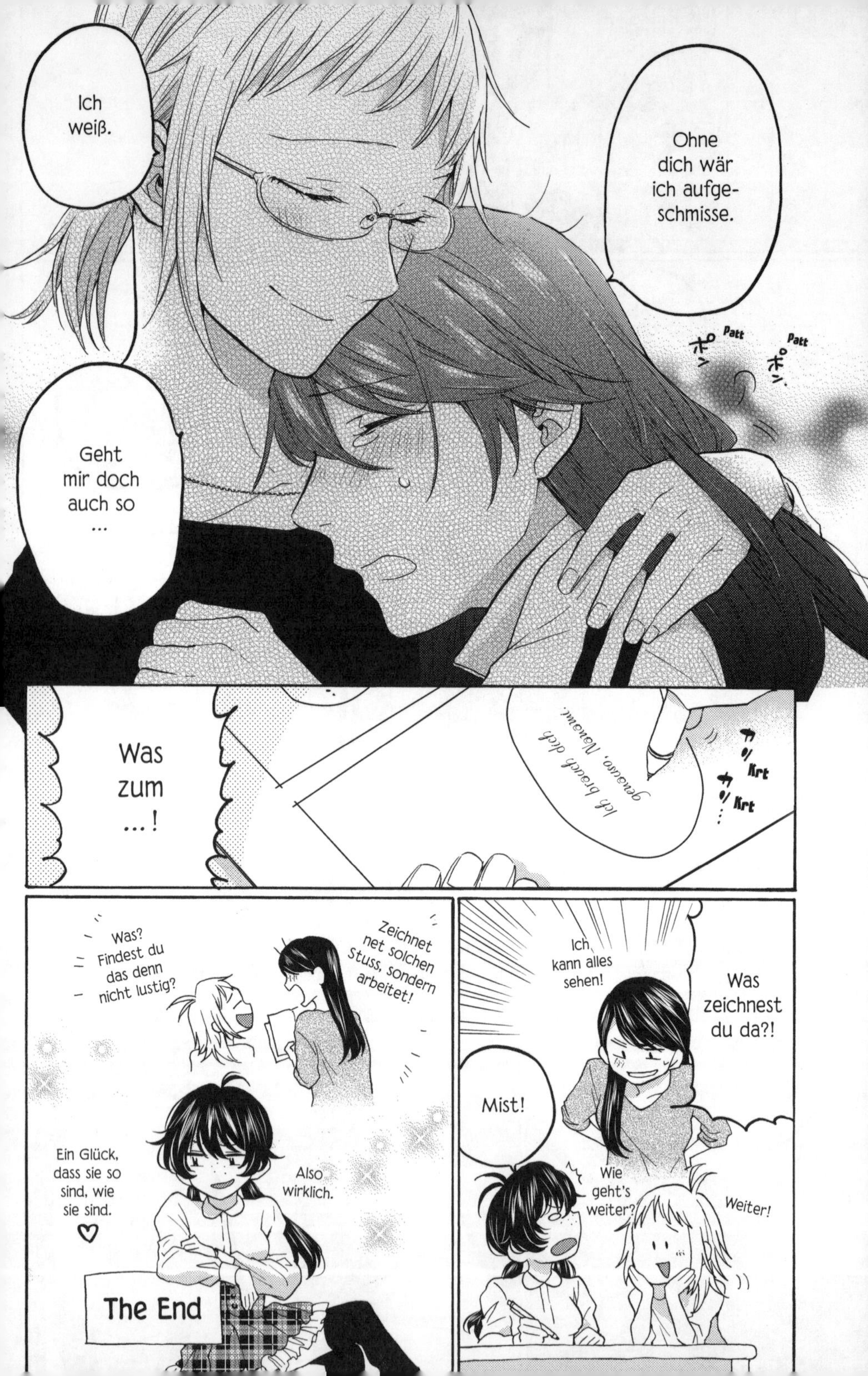
Ohne dich wär ich aufgeschmisse.
Ich weiß.
Patt
Patt
Geht mir doch auch so ...
Ich brauch dich genauso, Nanami.
Krt
Krt
Was zum ...!
Ich kann alles sehen!
Was zeichnest du da?!
Mist!
Wie geht's weiter?
Weiter!
Zeichnet net solchen Stuss, sondern arbeitet!
Was? Findest du das denn nicht lustig?
Also wirklich.
Ein Glück, dass sie so sind, wie sie sind. ♡
The End

2ZKB, Feder & Wecker

Postskriptum

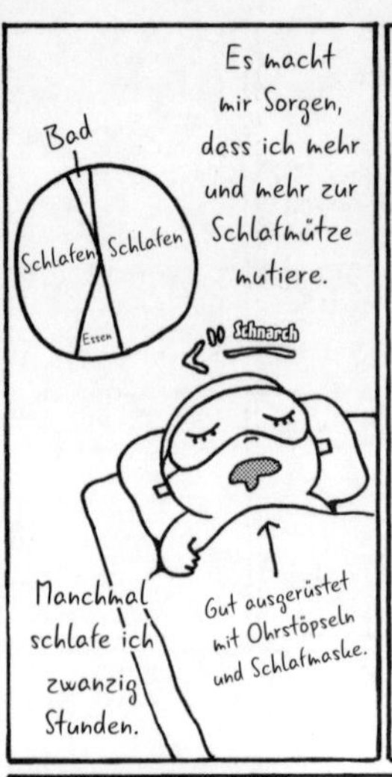

Wenn ihr wissen wollt, was bei mir letztens so los war, muss ich euch leider von meinen Gebrechen berichten.

Ein Trauerspiel ...

Nachwort Nr. 6!

Hallo an alle neuen und alten Leser! Ich bin's, Yayoi Ohsawa!

Vielen Dank, dass ihr 2ZKB, Feder & Wecker Band 6 gelesen habt!

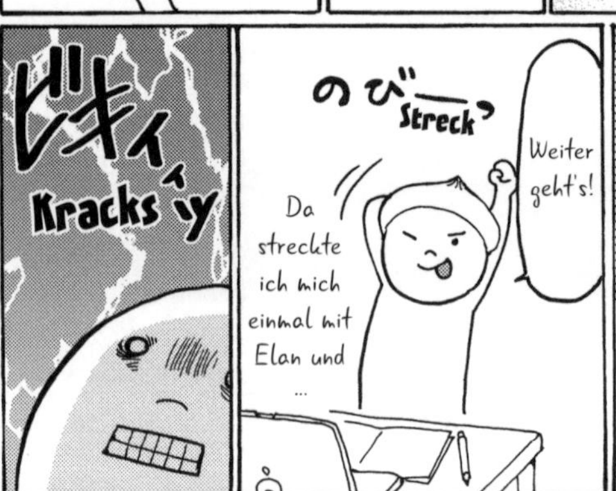

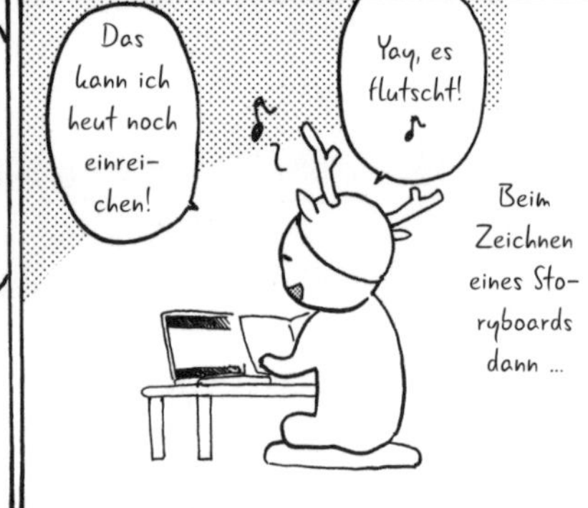

Jede Bewegung brauchte dreißig Minuten Zeit.

30 min

30 min

Evolution

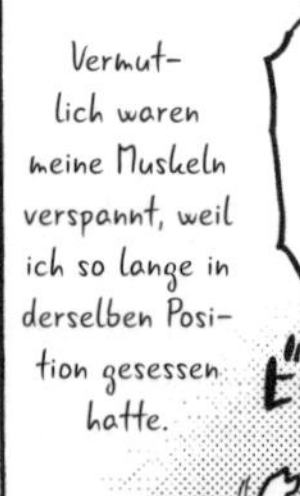

Auf einmal gab's ein Stechen im Rücken und ich verharrte eine Stunde in derselben Position.

Vermut-lich waren meine Muskeln verspannt, weil ich so lange in derselben Posi-tion gesessen hatte.

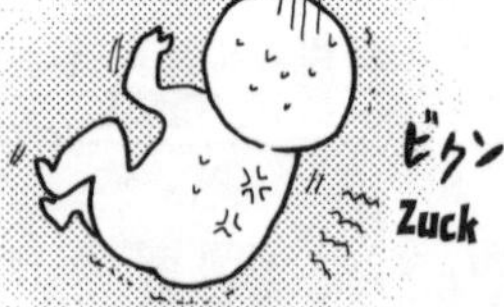

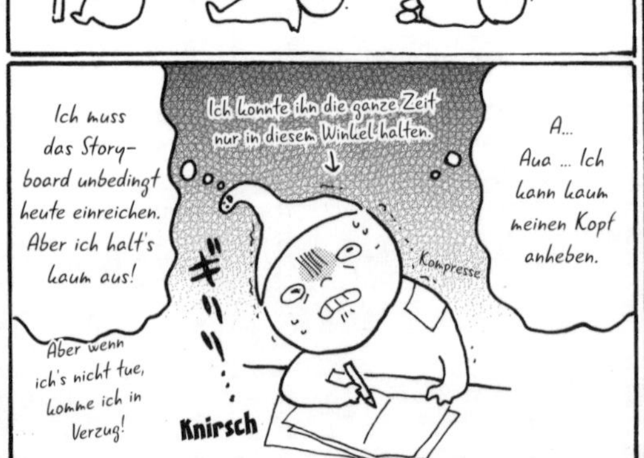

Danach habe ich meinen Rücken drei Abende in Folge gekühlt und nur geschlafen, aber es tat trotzdem die ganze Zeit weh.

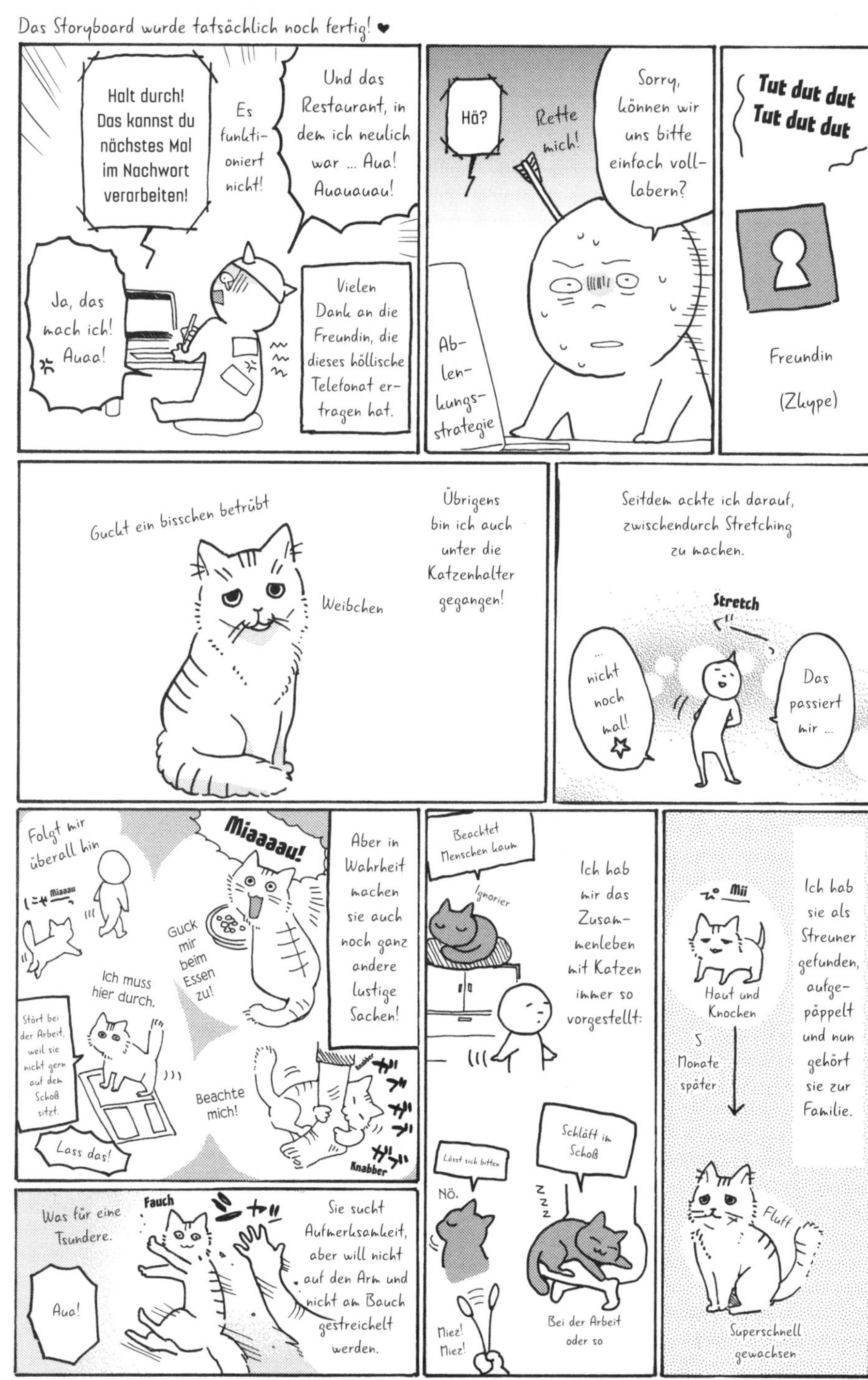

Das Storyboard wurde tatsächlich noch fertig!
Halt durch! Das kannst du nächstes Mal im Nachwort verarbeiten!
Es funktioniert nicht!
Und das Restaurant, in dem ich neulich war … Aua! Auauauau!
Ja, das mach ich! Auaa!
Vielen Dank an die Freundin, die dieses höllische Telefonat ertragen hat.
Hä?
Rette mich!
Sorry, können wir uns bitte einfach voll-labern?
Ablenkungsstrategie
Tut dut dut
Tut dut dut
Freundin
(Zkype)
Guckt ein bisschen betrübt
Weibchen
Übrigens bin ich auch unter die Katzenhalter gegangen!
Seitdem achte ich darauf, zwischendurch Stretching zu machen.
Stretch
… nicht noch mal!
Das passiert mir …
Folgt mir überall hin
Miaaau
Miaaaau!
Guck mir beim Essen zu!
Ich muss hier durch.
Stört bei der Arbeit, weil sie nicht gern auf dem Schoß sitzt.
Lass das!
Beachte mich!
Knabber
Knabber
Aber in Wahrheit machen sie auch noch ganz andere lustige Sachen!
Was für eine Tsundere.
Fauch
Aua!
Sie sucht Aufmerksamkeit, aber will nicht auf den Arm und nicht am Bauch gestreichelt werden.
Beachtet Menschen kaum
Ignorier
Ich hab mir das Zusammenleben mit Katzen immer so vorgestellt:
Lässt sich bitten
Nö.
Miez! Miez!
Schläft im Schoß
Bei der Arbeit oder so
Mii
Haut und Knochen
5 Monate später
Ich hab sie als Streuner gefunden, aufgepäppelt und nun gehört sie zur Familie.
Fluff
Superschnell gewachsen

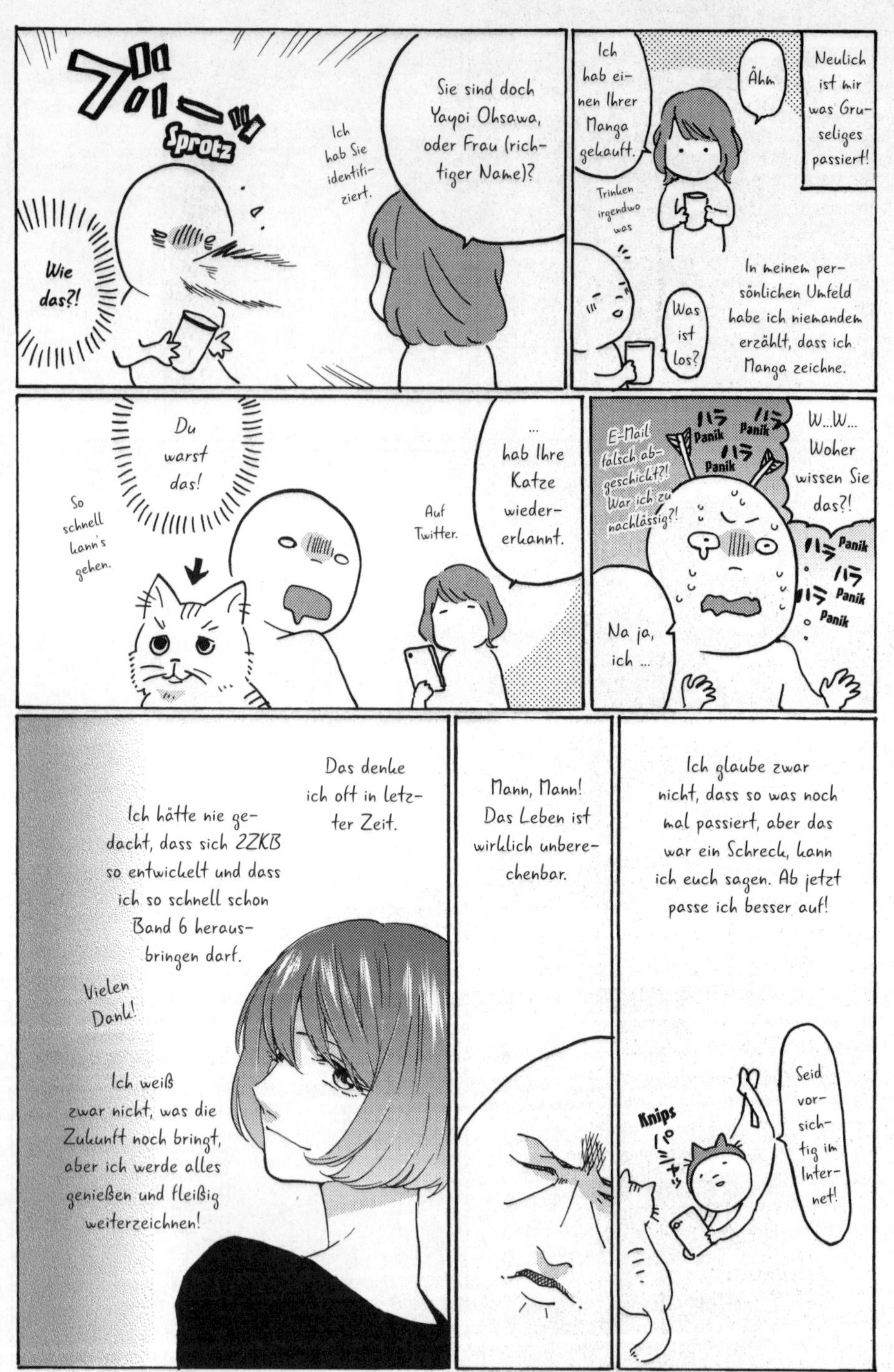
Neulich ist mir was Gruseliges passiert!
Ähm
Ich hab einen Ihrer Manga gekauft.
Trinken irgendwo was
Was ist los?
In meinem persönlichen Umfeld habe ich niemandem erzählt, dass ich Manga zeichne.
Sie sind doch Yayoi Ohsawa, oder Frau (richtiger Name)?
Ich hab Sie identifiziert.
Sprotz
Wie das?!
W...W... Woher wissen Sie das?!
E-Mail falsch abgeschickt?! War ich zu nachlässig?!
Panik
Panik
Panik
Panik
Panik
Panik
Na ja, ich ...
... hab Ihre Katze wiedererkannt.
Auf Twitter.
Du warst das!
So schnell kann's gehen.
Ich glaube zwar nicht, dass so was noch mal passiert, aber das war ein Schreck, kann ich euch sagen. Ab jetzt passe ich besser auf!
Seid vorsichtig im Internet!
Knips
Mann, Mann! Das Leben ist wirklich unberechenbar.
Das denke ich oft in letzter Zeit.
Ich hätte nie gedacht, dass sich 2ZKB so entwickelt und dass ich so schnell schon Band 6 herausbringen darf.
Vielen Dank!
Ich weiß zwar nicht, was die Zukunft noch bringt, aber ich werde alles genießen und fleißig weiterzeichnen!

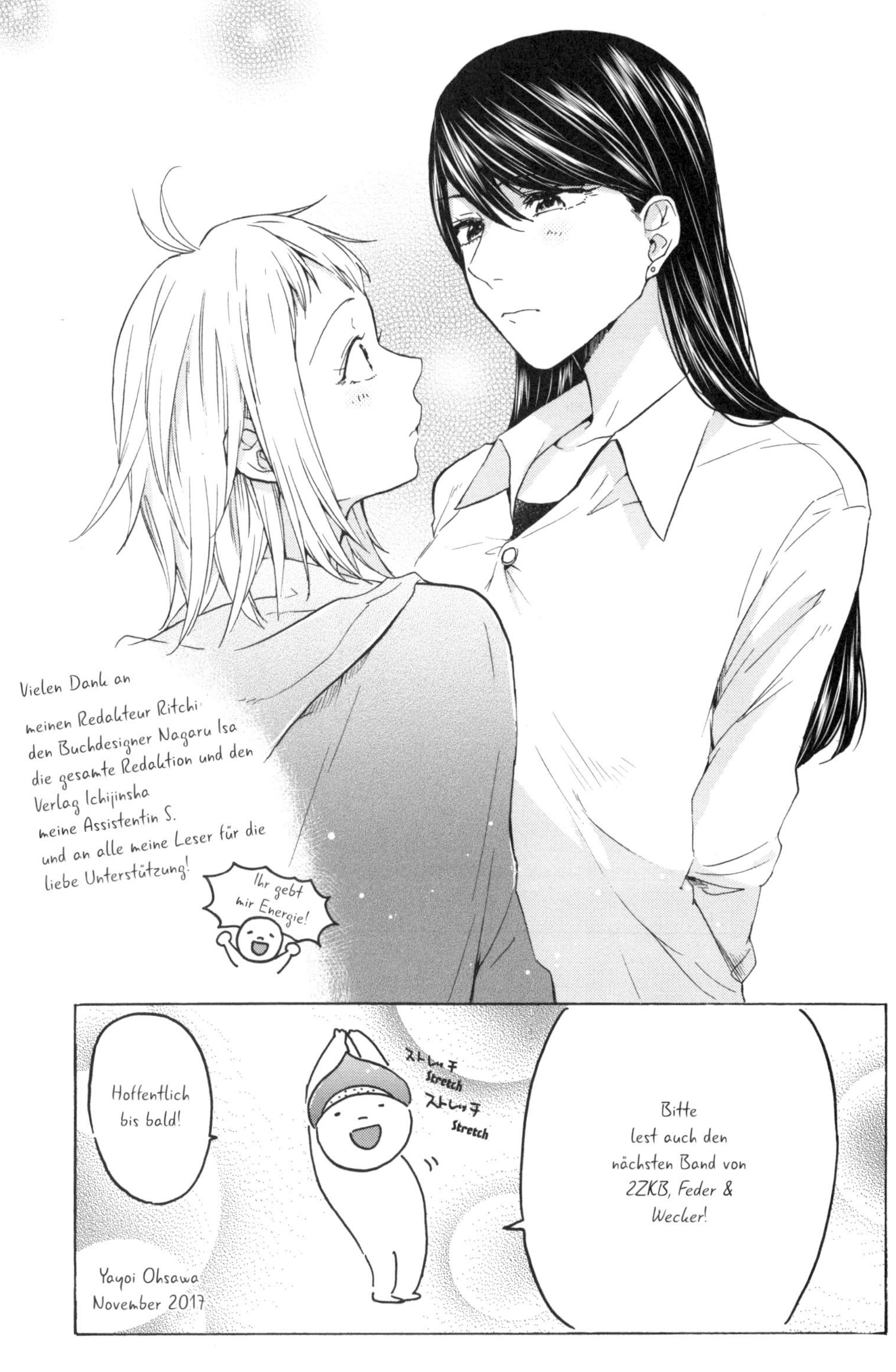
Vielen Dank an
meinen Redakteur Ritchi
den Buchdesigner Nagaru Isa
die gesamte Redaktion und den
Verlag Ichijinsha
meine Assistentin S.
und an alle meine Leser für die
liebe Unterstützung!
Ihr gebt mir Energie!
Bitte lest auch den nächsten Band von 2ZKB, Feder & Wecker!
ストレッチ
Stretch
ストレッチ
Stretch
Hoffentlich bis bald!
Yayoi Ohsawa
November 2017

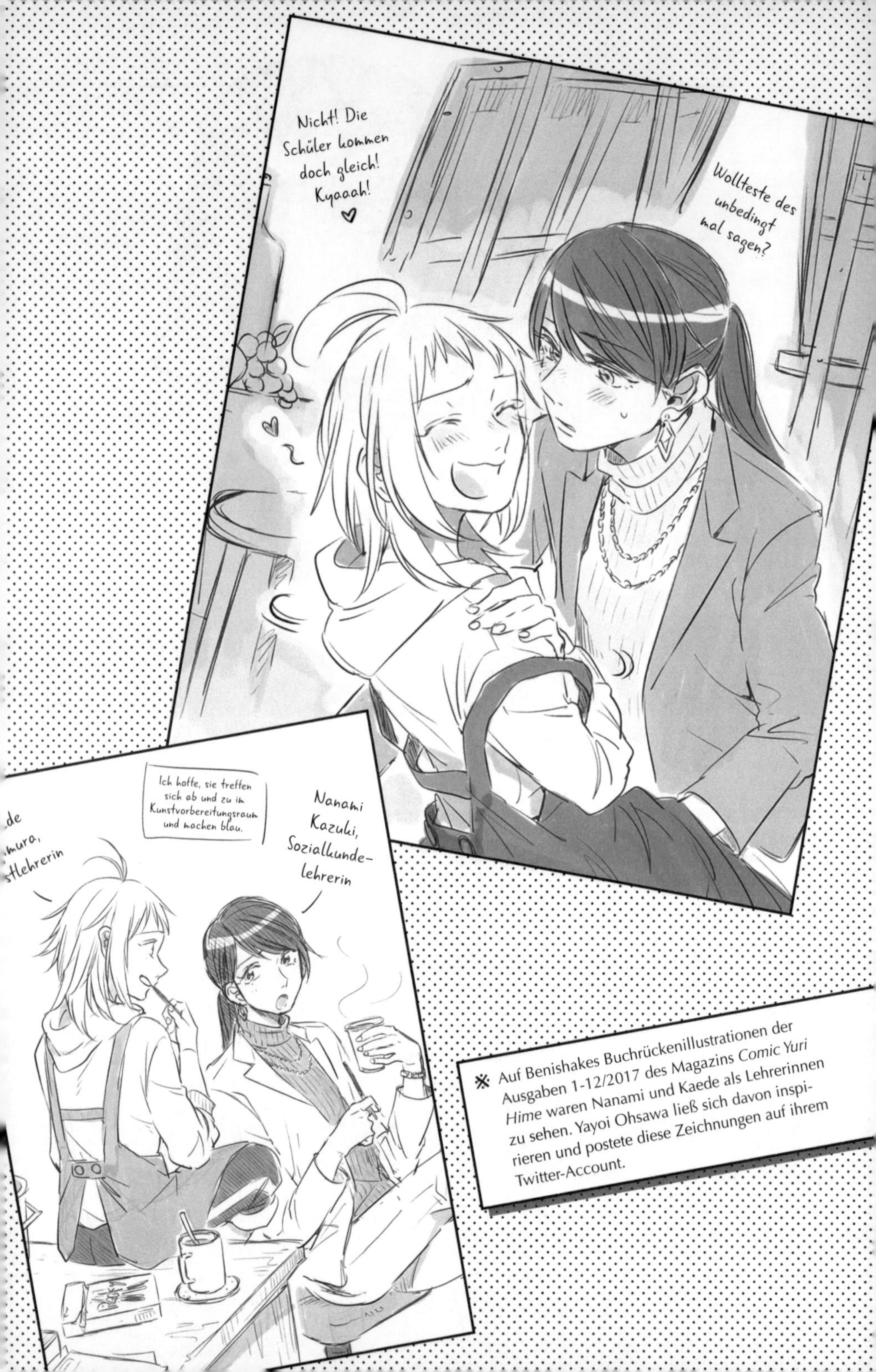

※ Auf Benishakes Buchrückenillustrationen der Ausgaben 1-12/2017 des Magazins *Comic Yuri Hime* waren Nanami und Kaede als Lehrerinnen zu sehen. Yayoi Ohsawa ließ sich davon inspirieren und postete diese Zeichnungen auf ihrem Twitter-Account.

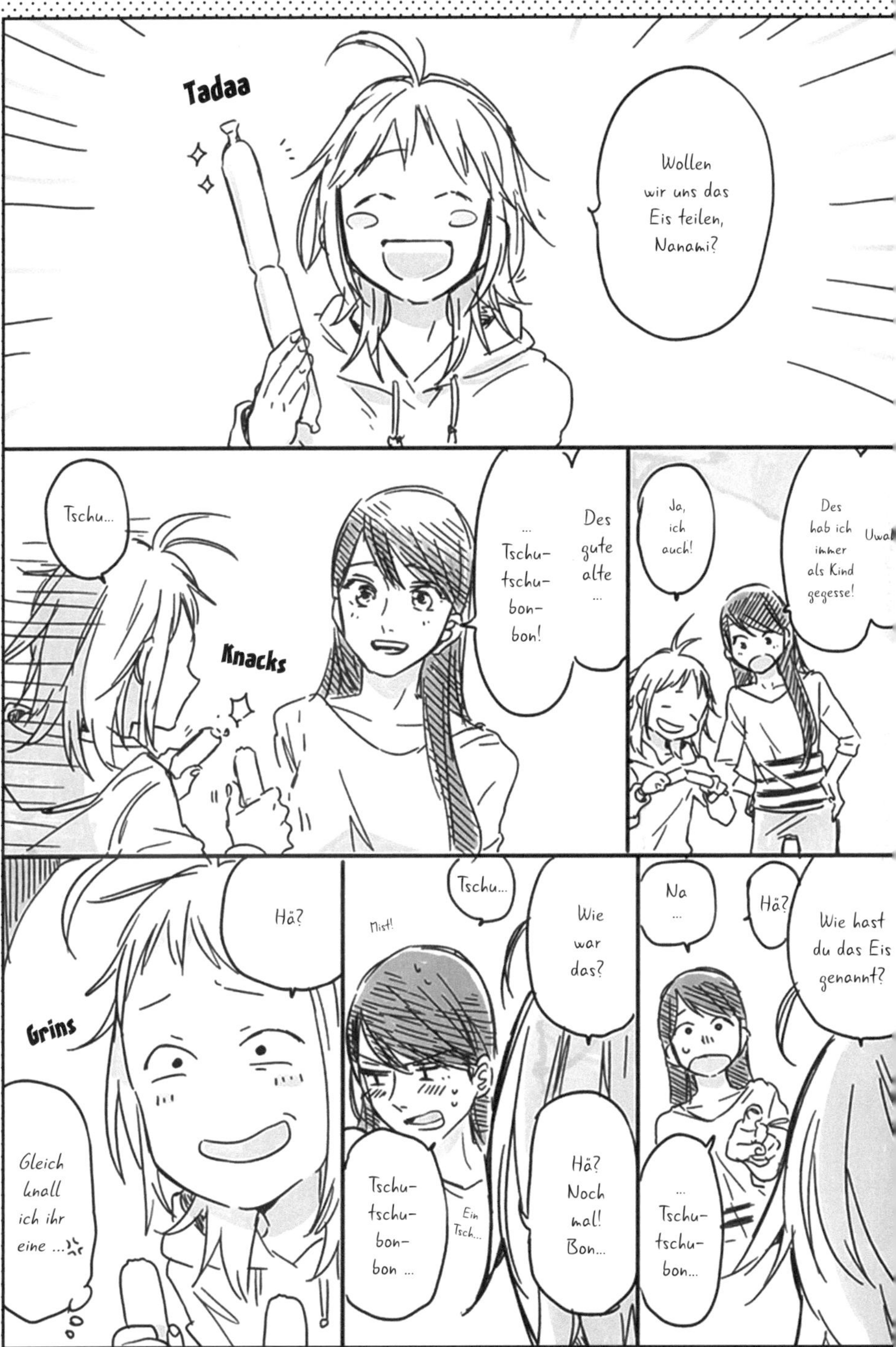
Tadaa
Wollen wir uns das Eis teilen, Nanami?
Des gute alte ...
... Tschu-tschu-bon-bon!
Tschu...
Knacks
Uwa
Des hab ich immer als Kind gegesse!
Ja, ich auch!
Wie hast du das Eis genannt?
Hä?
Na ...
... Tschu-tschu-bon...
Wie war das?
Tschu...
Hä? Noch mal! Bon...
Mist!
Tschu-tschu-bon-bon ...
Ein Tsch...
Hä?
Grins
Gleich knall ich ihr eine ...

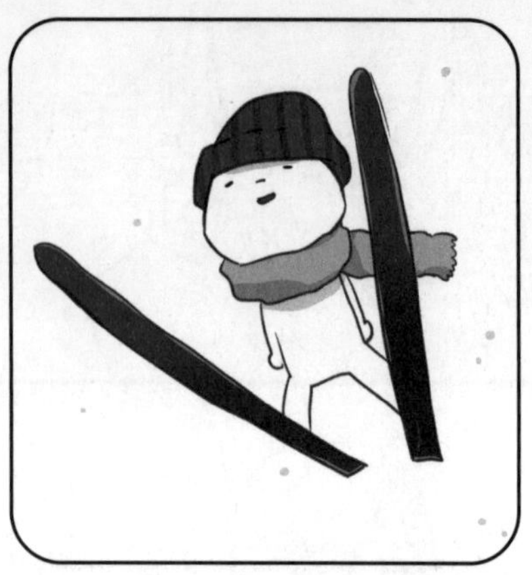

Yayoi Ohsawa

Skilaufen ist die einzige Sportart, die ich beherrsche. Vor Kurzem ist mir klar geworden, dass ich mich weniger aufs Skifahren selbst als vielmehr auf das anschließende obligatorische Bad in der heißen Quelle freue! Also dann, ich bin mal kurz im öffentlichen Badehaus!

Girls Love 15 +

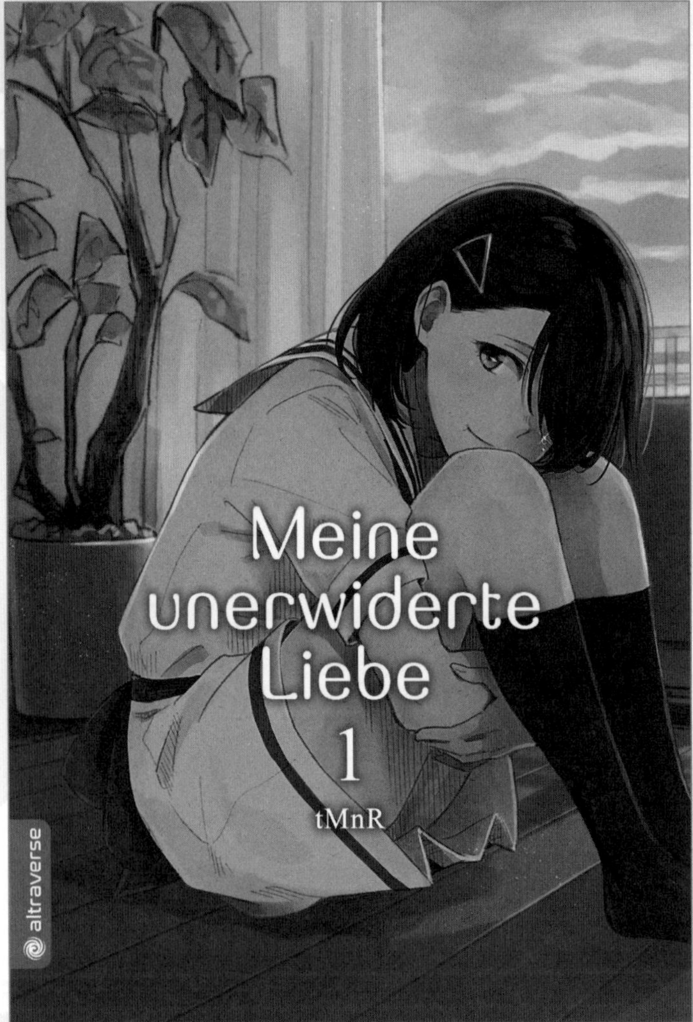

Meine unerwiderte Liebe

tMnR

Uta Naruse trägt ein erdrückendes Geheimnis mit sich herum: Sie ist unsterblich in die Frau ihres Bruders verliebt. Sie weiß, dass ihre Liebe sich nie erfüllen wird. Dennoch genießt sie die gemeinsame Zeit mit Kaoru – auch wenn der Anblick des glücklichen Ehepaars ihr immer wieder einen Stich ins Herz versetzt …

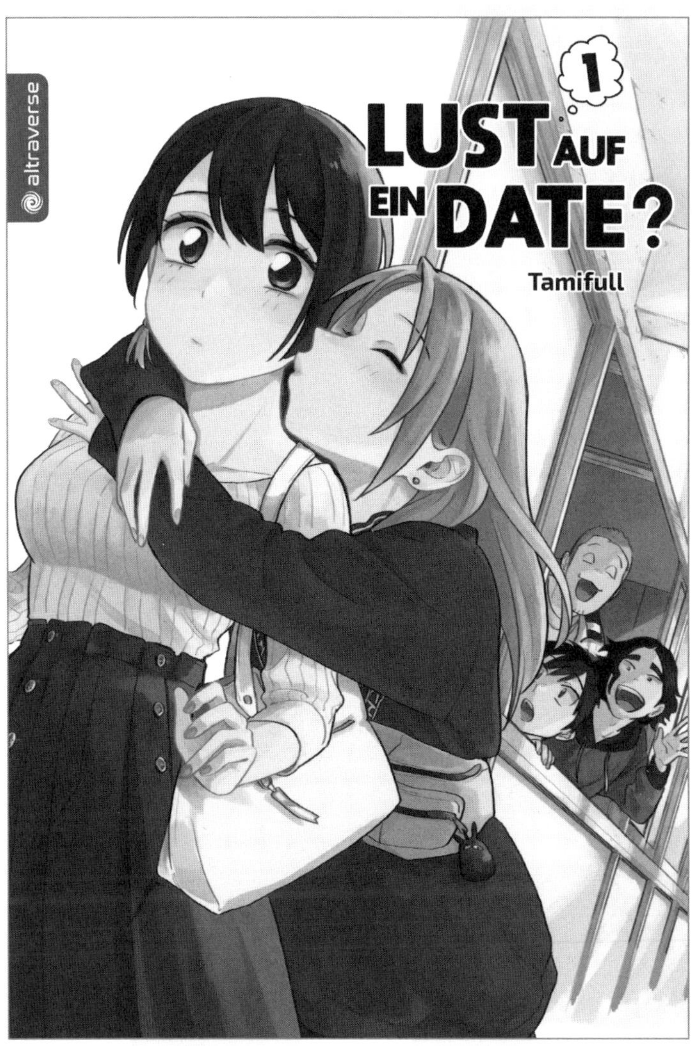

Lust auf ein Date?

Tamifull

Miwa mag eigentlich schon immer Mädchen, hat sich bisher aber nie getraut, offen dazu zu stehen. Mit Beginn ihres Studiums soll sich das ändern. Gleich am ersten Tag an der Uni trifft sie auf die sehr offene und direkte Saeko, die von Miwa sofort begeistert ist. Kann aus der spontanen Zuneigung, die die beiden füreinander empfinden, eine richtige Beziehung entstehen …?

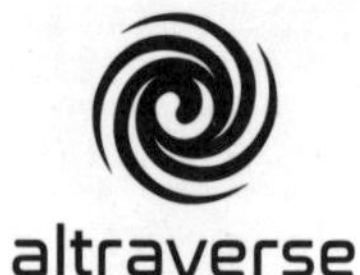

Deutsche Ausgabe / German Edition
Altraverse GmbH – Hamburg 2020
Aus dem Japanischen von Anne Klink

Redaktion: Kathrin Zimon
Herstellung: Nils Bornemann
Lettering: Vibrant Publishing Studio

Druck: CPI books GmbH, Leck
Printed in Germany

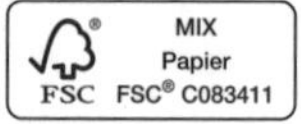

ISBN 978-3-96358-503-6
1. Auflage 2020

www.altraverse.de